明代韩王佛道
营造研究

吴通 著

上海古籍出版社

本书出版得到

西北民族大学"丝绸之路与民族历史文化研究创新团队"

"丝绸之路沿线文化遗产研究创新团队"的经费支持

目　　录

绪　　论

第一节　选题背景、研究对象及意义

一、选题背景

明朝立国后,朱元璋总结历代治乱兴衰的经验教训,认为实行分封制才是维持国祚长久的善策。洪武二年(1369)四月,"诏中书编《祖训录》,定封建诸王国邑及官属之制"。①洪武三年(1370),朱元璋首次分封了9个亲王、1个郡王,②并晓谕群臣:"天下之大,必建藩屏,上卫国家,下安生民。今诸子既长,宜各有爵封,分镇诸国。朕非私其亲,乃遵古先哲王之制,为久安长治之计。"③

洪武初,北元政权在北方依然军力强盛,西南的川蜀、云南等地尚未统一,湖广地区不时有土酋叛乱,沿海一带也常有倭寇侵扰。再者,开国过程中涌现的众多大将权臣势力正盛。对于朱元璋来说,利用家族力量来维护统治无疑是最为

---

① 《明太祖实录》卷四一,洪武二年四月乙亥条,第818页。
② 朱元璋册封第二子朱樉为秦王,三子朱棢为晋王,四子朱棣为燕王,五子朱橚为吴王(洪武十一年改封为周王),六子朱桢为楚王,七子朱榑为齐王,八子朱梓为潭王,九子朱杞为赵王,十子朱檀为鲁王,从孙朱守谦为靖江王。
③ 《明太祖实录》卷五一,洪武三年四月辛酉条,第999页。

有效的手段。洪武十一年(1378),朱元璋再次册封 5 个儿子为亲王。① 洪武二十四年(1391),第三次册封 10 个儿子为亲王。② 至此,朱元璋将自己所有的儿子全部分封完毕,共 24 个亲王,③达成了"诸子当封以王爵,分茅胙土,以藩屏国家"的初步构想。④

朱元璋的分封之策为明朝后来的统治者所沿袭。有明一代,皇诸子受封为亲王者 62 人,⑤受封且建藩就国者 50 人,⑥不计其中因罪夺爵及无嗣除封者,共有 28 个王府存续至明王朝终结。⑦ 众多藩王长期盘踞一地,因不断繁衍分封而产生的庞大宗室,对明代的政治、经济、文化、军事、社会、民生等方面均产生了重大影响。

朱元璋册封的 24 个亲王中,曾有 5 位与现今的甘肃有关。其中,庆王封于宁夏,"以饷未敷,令驻庆阳北古韦州城",理庆阳、宁夏诸卫军务,建邸后,明成祖朱棣令每年至

---

① 朱元璋册封第十一子朱椿为蜀王,十二子朱柏为湘王,十三子朱桂为豫王(洪武二十五年改封为代王),十四子朱楧为汉王(洪武二十五年改封为肃王),十五子朱植为卫王(洪武二十五年改封为辽王)。

② 朱元璋册封第十六子朱栴为庆王,十七子朱权为宁王,十八子朱楩为岷王,十九子朱橞为谷王,二十子朱松为韩王,二十一子朱模为沈王,二十二子朱楹为安王,二十三子朱桱为唐王,二十四子朱栋为郢王,二十五子朱㰘为伊王。

③ 朱元璋共有二十六子,除长子朱标立为太子、二十六子朱楠出生后逾月即殇,其余二十四子全部封王。

④ 《明太祖实录》卷五一,洪武三年四月乙丑条,第 1000 页。

⑤ 太祖朝 24 人,建文朝 3 人,成祖朝 2 人,仁宗朝 8 人,英宗朝 7 人,宪宗朝 10 人,世宗朝 1 人,穆宗朝 1 人,神宗朝 4 人,崇祯朝 2 人。

⑥ 太祖朝 23 人,成祖朝 2 人,仁宗朝 5 人,英宗朝 5 人,宪宗朝 9 人,世宗朝 1 人,穆宗朝 1 人,神宗朝 4 人。

⑦ 山东三王——德王、鲁王、衡王;山西三王——晋王、代王、沈王;河南七王——周王、郑王、唐王、赵王、崇王、潞王、福王;陕西五王——秦王、庆王、韩王、肃王、瑞王;湖广七王——楚王、岷王、襄王、荆王、荣王、惠王、桂王;江西二王——淮王、益王;四川一王——蜀王。

图 0-1　明代亲王藩封图

韦州度夏。① 岷王最初封于岷州，后一再改封，最终驻藩湖北。真正在甘肃建藩的有肃王、安王、韩王，安惠王朱楹无嗣除封，与明王朝相始终的只有都于兰州的肃藩与建藩平凉的韩王。这两个庞大藩府二百余年的存在，对甘肃地区产生过重大影响。关于肃王的研究，因考古文物遗存多而且多集中于兰州一地的优势，引起诸多学者关注，相关成果相对较多。② 相比而言，对韩王的研究则非常欠缺。

　　韩王最初被封于辽宁开原，韩宪王朱松从未之国。永乐年间，明朝"弃大宁三卫地，开原逼塞不可居"，③适逢建藩平凉的安王府因朱楹身后无嗣而除国，韩王遂于永乐二十二年（1424）被改封平凉。从韩恭王朱冲㸌洪熙元年（1425）之国平凉建立藩府，到崇祯十六年（1643）末代韩王朱亶㙊因农民起义军攻陷平凉而被执，韩王在平凉共传十王（追封三王不计在内），④繁衍分封了 35 府郡王。⑤ 韩王在平凉的 218 年，对平

---

① （清）张廷玉等：《明史》卷一一七庆王朱㮵传，北京：中华书局，1974 年，第 3588 页。
② 宋法仁：《明肃王对兰州的贡献》，《甘肃社会科学》1993 年第 4 期；施连山：《明肃王墓考略》，《西北史地》1997 年第 4 期；林健：《兰州明肃王府遗迹、遗物调查研究》，《陇右文博》2005 年第 1 期；林健：《明代肃王研究》，兰州：甘肃人民出版社，2005 年；郭永利：《明肃藩王妃金累丝嵌宝石白玉观音簪》，《敦煌研究》2008 年第 2 期；刘毅：《甘肃榆中明肃庄王陵墓调查》，《中原文物》2012 年第 3 期。
③ （清）张廷玉等：《明史》卷一一八韩王朱松传，第 3604—3605 页。
④ 韩恭王朱冲㸌—韩怀王朱范圯—韩靖王朱范坫—韩惠王朱徵钋—韩悼王朱偕沇—韩康王朱偕灊—韩昭王朱旭櫏—韩定王朱融燧—韩端王朱朗锜—末代韩王朱亶㙊。
⑤ 襄陵王、乐平王、临汾王、开城王、西乡王、襄城王、通渭王、平利王、高陵王、汉阴王、广安王、彰化王、高平王、西德王、渭源王、陇西王、宁远王、长泰王、永福王、建宁王、长洲王、昆山王、长乐王、高淳王、休宁王、庆阳王、通安王、崇明王、长吉王、保德王、绥平王、咸阳王、商丘王、固原王、汶阳王。

凉及其周边地区产生了深远影响,留下了丰富多样的历史文化遗存,而且多与宗教有关。业师杜斗城先生对与韩王有关的文物古迹颇为关注,指导笔者尽可能地穷尽与韩王有关的实物资料,在此基础上对韩王在佛教、道教方面的营造问题,以及韩王与明代陇东宗教发展的相关问题展开全面、系统的研究。于是,就有了笔者在本书中将要展开的这个议题。

二、研究对象的界定

(一)明代:虽然称为"明代",但并非严格地等同于公元1368—1644年。文献及实物资料中,将韩王与宗教明确联系起来的时间是在宣德元年(1426)至崇祯三年(1630)之间,因此,主要内容的研究都将在这个时间段内展开。

(二)韩王:明代在平凉的10位韩王,资料证明与陇东地区宗教发展明确相关的有韩恭王朱冲㷖、韩昭王朱旭櫏、韩定王朱融燧、韩端王朱朗锜及末代韩王朱亶塉。需要说明的是,具体研究中所涉及的人物除了韩王外,还有一些支持、信奉佛教或道教的韩府宗室、女眷、王府属官等。

(三)陇东地区:这里所说的"陇东地区"是一个广义的现代概念,实际研究中涉及的地域是以明代韩王的封国平凉府所领辖地域为中心,同时涉及明代巩昌府的秦州。对应到现代的行政区划,包括整个平凉市以及庆阳市镇原县、宁夏固原市、天水市麦积区,涉及甘肃东部、东南部和宁夏南部地区。但这一区域绝大多数处在陇山(六盘山)以东,而且本书研究重点关涉的平凉属于陇东地区,因此以"陇东地区"涵盖本书研究过程中要涉及的上述地域。

(四)宗教:研究中主要涉及佛教、道教、民间信仰以及儒释道三教融合的信仰。

三、研究意义

《明实录》及一些方志资料显示，韩王在当时的固原监牧所、凤翔府、庆阳府、巩昌府、临洮府等地均有庄田产业，可见其影响范围是以平凉为中心而直接辐射到了周边的今陕西宝鸡，宁夏固原，甘肃庆阳、天水及定西的广大地区。众多留存至今的重要文物古迹则极好地证明了韩王与宗教的密切关系，参以有关文献记载便可知道：自宣德元年（1426）初到平凉的韩恭王朱冲㶇在岷州营建广福寺，到铭文中出现了末代韩王朱璿㙉名字的鼎形铜香炉，平凉周围诸多佛寺的出现、崆峒山道教宫观群落的形成以及重要佛教建筑的营造、庄浪云崖寺诸石窟的开凿、天水仙人崖道场的繁荣发展等，都与韩王息息相关。但到目前为止，尚未见到研究韩王的专门性成果。因此，深入、系统地对明代韩王家族的佛道营造问题进行研究，具有一定的学术价值和现实意义。

（一）甘肃平凉、天水等地关于韩王的文物古迹很多，但分布零散、种类繁杂，通过有效的考古调查对这些资料进行全面掌握，然后结合文献记载来对其分类研究，不但可以弄清楚与韩王相关的文物古迹的分布与保存情况，揭示出这些遗存本身所承载的文化内涵和历史价值，为相关研究提供资料与参考；同时可以形成对韩王历史贡献与影响的总体认识，使人们对这个影响西北地区二百余年的明代宗藩有一个全面、客观的了解。

（二）陇东地区的佛教、道教传统深厚，对韩王与陇东地区宗教发展的研究，是关于明代西北宗教史与宗教艺术研究的重要组成部分，对相关问题的有效讨论可以推动西北地区宗教文化研究的进展。这一点主要体现在以下方面：韩王对佛教的支持，使得明代平凉城及崆峒山出现了许多寺塔建筑，庄浪诸石窟在佛教艺术整体式微的形势下也得以大规模地开凿造像；明代西北地区道教的影响力超过了金元时期，全真道作为西北地区道教的主流呈现出分散发展的态势，而以崆峒山为中心的平凉是西北地区道教发展的繁荣之地，韩王对道教的信仰则是促成这种局面的一个极为重要的因素；明代崆峒山的营建奠定了现今崆峒山面貌的主体格局，韩王对崆峒山基础建设及佛道二教的支持是其中最为重要的推动力；作为韩府官地的仙人崖营建频繁，三教融合的道场呈现出繁荣兴盛的气象。

（三）明代宗藩群体庞大、分布广泛、影响深远，对明代宗藩问题的研究，是明史研究的重要领域，有助于对明代政治、经济、文化、社会、民生等层面研究的推动。明代诸藩中，与王朝相始终、存在时间最长的有 14 个藩府，[①]韩王即为其中之一。除了各种专题研究、考古发掘研究以外，关于山东、山西、河南、湖广、江西诸藩及其他重要宗藩的系统研究均已出现了很多成果，相比之下，作为明代宗藩研究重要组成部分的韩王研究，则显得非常薄弱。因此，开展对韩王的系统研究，不仅可以弥补相关研究的缺失，完善对明代宗藩研究的体系，而且有益于西北区域史研究及明史研究。

第二节　研究现状述评

目前所见涉及明代韩王以及与韩王有关的文物遗存的研究，可以从综合研究、关于庄浪石窟的研究、对天水仙人崖石窟的研究、对韩王与平凉地区宗教关系的研究这四个方

---

① 　山东鲁藩；山西晋藩、代藩、沈藩；河南周藩、唐藩、赵藩；湖广楚藩、岷藩；四川蜀藩；陕西秦藩、肃藩、庆藩、韩藩。

面来进行梳理。

一、综合研究

涉及明代韩王的研究,最早见于著名明史专家王毓铨先生 1964 年发表的一篇重要论文《明代的王府庄田》。[①] 该文对明代王府庄田的规模、获得途径、类别、性质、管理方式、租赋征纳以及庄民等都作了详尽论述。文中对韩府攘夺民业、扩置庄田的情形以及王府庄田、佃户规模略有涉及,附表二"陕西明藩庄业表"将康熙《陕西通志》所记顺治年间清查的陕西明代王府庄田产业辑出,其中就包括了韩王府的庄业。

对明代韩王的综合研究,主要见于平凉地方史研究者祝世林先生的《平凉古代史考述》。[②] 该书下卷"平凉史地考证资料"中有两篇讨论韩王的专文。其中,《明代封于平凉的韩王》一文,第一部分述韩王分封、韩王世系及韩府 35 位郡王,第二部分述韩府宗室繁衍、岁支禄粮、王府内官设置、韩府护卫军、韩王对平凉工商业及农业的影响,第三部分述韩恭王、韩昭王、韩定王主要事迹,韩王府、襄陵王府、乐平王府、通渭王府之所在,韩昭王营修柳湖,韩府宗室骄横不法、凌辱守臣、生计困窘等事。同时,对韩王的宗教取向也有涉及,认为"前数代的韩王好佛",在平凉城建延恩寺塔、崇福寺、南庄寺、韩二府寺、韩六府寺、襄四府寺,"仙人崖有韩碑一座,也曾为韩王修建",崆峒山"凌云塔"或也与韩王有关;"后数代韩王信奉道教",崆峒山八台九宫十二院大部为韩王所建。第四部分述末代韩王被执及"王子坟"。文后附有"韩王系统诸郡王世

① 王毓铨:《明代的王府庄田》,载中国科学院历史研究所编《历史论丛》第 1 辑,北京:中华书局,1964 年,第 219—306 页。
② 祝世林:《平凉古代史考述》,平凉地区地方志编纂委员会办公室,甘新出 028 字总 367 号。

系”。第二篇为《明亡后末代韩王行踪考异》，通过对末代韩王朱亶埢下落及复明斗争中出现的“韩王”的不同记载之讨论，认为当时可能有两个韩王。《平凉古代史考述》上卷“平凉地区古代史简述”中有“封于平凉的韩王”一节，该节内容比下卷中《明代封于平凉的韩王》一文简要，不再赘述。

武沐先生的《甘肃通史·明清卷》中也有对明代韩王的述论（见第一章《明朝甘肃的军政建制》之第三节“明代的分封与历代韩王、肃王在甘肃的活动”），[①]内容主要借鉴了祝世林先生《平凉古代史考述》中所述，未能有新的突破。

二、关于庄浪石窟的研究

对庄浪石窟的研究首推程晓钟、杨富学二位先生。程晓钟先生 1998 年发表的《庄浪云崖寺石窟内容总录》一文，[②]对云崖寺石窟及其周围的大寺石窟、红崖寺石窟、西寺石窟、朱林寺石窟、乔阳寺石窟、金瓦寺石窟、佛沟寺石窟、殿湾石窟、店峡石窟、木匠崖石窟、三教洞石窟，总计 12 处石窟进行了统一编号；根据遗存情况，对各石窟内容作了详略得当的全面介绍；同时，依据碑刻、题记及造像、壁画的风格特点，对有关窟龛的开凿与重修时代加以判断。

1999 年，孙修身、杜斗城、杨富学、程晓钟四位先生对庄浪石窟进行了全面调查，发现并解决了一些新的问题。此后，程晓钟、杨富学先生合著的《庄浪石窟》一书出版，[③]这是目前对庄浪石窟最为系统、完整的调查研究成果。该书第一章在论述“明代的庄浪石窟及其繁荣”的问题时，认为“历代韩王均

① 武沐：《甘肃通史·明清卷》，兰州：甘肃人民出版社，2009 年。
② 程晓钟：《庄浪云崖寺石窟内容总录》，《敦煌研究》1998 年第 1 期，第 30—41 页。
③ 程晓钟、杨富学：《庄浪石窟》，兰州：甘肃文化出版社，1999 年。

虔信佛教,奖掖、扶持当地的佛教事业",平凉现存的许多佛教建筑都是由韩王府督造,而云崖寺及大寺石窟的三处碑刻、题记则直接证明了庄浪石窟兴建与韩王的密切关系;韩王家族的崇佛举动影响了庄浪官僚士绅的佛事活动,从而极大地刺激了庄浪一带佛教的发展,直接导致了庄浪石窟的兴建在明朝时期达到高潮。第二章《庄浪石窟内容总录》,在程晓钟《庄浪云崖寺石窟内容总录》一文的基础上,增加了对陈家洞石窟、葛家洞石窟、石窑河滩石窟、红崖湾石窟的介绍。第三章探讨"庄浪石窟的特点及其历史地位",从全国石窟艺术发展趋势、庄浪石窟的地理环境、韩王的支持等方面,交代了庄浪石窟在明代蓬勃发展的背景及原因;通过对庄浪石窟中明代洞窟的统计,对明代庄浪石窟的形制、艺术风格、造像工艺进行探讨,认为庄浪石窟在一定程度上反映或代表了明代皇家艺术水平,是陇东地区晚期石窟艺术的集大成者,"是中国石窟营建史上大规模开窟造像之风的最后止息地",对中国晚期石窟与佛教艺术的研究有着极为重要的价值。第四章《庄浪石窟艺文总录》中,对《主山云崖寺成碑记》《云崖刊石撰书碑》等重要碑记录文并注解。另外,书中还公布了庄浪石窟的一些图片资料,特别是保存完整、最能体现庄浪石窟的艺术价值且与韩王有直接关系的云崖寺第6窟、第7窟的部分造像。

2000 年,杨富学、程晓钟先生发表《明代庄浪石窟及其艺术价值》一文,[①]但内容实为《庄浪石窟》第一章第五节"明代的庄浪石窟及其繁荣"及第三章《庄浪石窟的特点及其历史地位》的综合。

2005 年,甘肃省文物局中小石窟调查组东部小组对庄浪

---

① 杨富学、程晓钟:《明代庄浪石窟及其艺术价值》,《佛学研究》2000年第 9 期,第 291—294 页。

石窟作了调查。2008年,董广强先生将调查结果整理发表,
是为《庄浪云崖寺等石窟的调查简报》。① 该简报呈现了对云
崖寺石窟、朱林寺石窟、大寺石窟、红崖寺石窟、佛沟石窟、陈
家洞石窟的记录、测绘成果,将云崖寺附近前人未能编号的一
些明显的窟龛痕迹进行了调查编号;同时,从洞窟形制、造像
组合、窟龛年代的判断、庄浪石窟的历史特点及与周边石窟的
关系四个方面,对庄浪石窟(特别是早期窟龛)的相关问题进
行了研究。

三、对天水仙人崖石窟的研究

对仙人崖石窟的调查研究主要见于董玉祥先生的三篇文
章。2003、2004年,《敦煌研究》上发先后表了董先生的《仙人
崖石窟(上)》和《仙人崖石窟(下)》,②简要交代了仙人崖石窟
艺术在明代繁荣的背景;对仙人崖石窟最早开凿的南崖及崖
下西方三圣殿,精华所在的西崖(三官殿、三教祠、喇嘛楼、地
藏菩萨殿、财神殿、老君殿、观音殿、华严殿、大雄宝殿、毗卢
殿),东崖罗汉堂、梯子洞,南崖玉皇顶上燃灯阁、卧佛洞,东、
西崖之间献珠山上望云楼、无量祖师殿等殿窟的形制、造像、
壁画、碑记、创建与重修、艺术风格等作了全面介绍,对反映明
代仙人崖佛教发展的《大明敕赐灵应寺记》和证明韩王与仙人
崖关系的《钦赐韩府官地碑》录文;并通过对各处造像题材的
详细讨论,认为"仙人崖石窟中佛、道、儒三教兼容并存,是一
座多元化的宗教道场"。2005年"云冈国际学术研讨会"上董

---

① 董广强:《庄浪云崖寺等石窟的调查简报》,《敦煌研究》2008年第3
　　期,第44—54页。
② 董玉祥:《仙人崖石窟(上)》,《敦煌研究》2003年第6期,第32—37
　　页;董玉祥:《仙人崖石窟(下)》,《敦煌研究》2004年第1期,第
　　23—26页。

玉祥先生发表了《仙人崖石窟新发现》，[①]文章从仙人崖石窟新发现的缘由及其盛衰与幸存、仙人崖石窟的基本概况、仙人崖石窟是一处保存完整的明清时期水陆道场三个方面展开，对明清时期仙人崖石窟的性质问题有了更为深入的认识。

此外，麦积山石窟艺术研究所的研究人员对仙人崖石窟艺术也有所关注。张萍《麦积山石窟艺术的延伸——浅论仙人崖石窟艺术》一文，[②]主要从南崖造像入手，分析了仙人崖石窟与麦积山石窟的关系；考察了西崖三清殿、三老殿以及东崖罗汉堂的造像题材，认为"仙人崖受麦积山佛教之影响，除部分反映佛教而外，还受中国本土道教和儒教的影响和民间神话的影响，从而形成了一个多元化宣扬宗教信仰的场所，具有其独特的艺术风格和明显的时代、地方特色"。曲梅英在《简述仙人崖石窟艺术》一文中，[③]重点讨论了仙人崖南崖造像与麦积山石窟的关系、东崖泗州大圣造像及以三教合流为主题的西崖明清时期的佛教艺术。

四、对韩王与平凉地区宗教关系的研究

关于这一部分的研究，海外学者主要有美国佛罗里达大学宗教学系王岗先生，其在《明代宗藩与道士科仪》（*Ming Princes and Daoist Ritual*）[④]以及《明代藩王与道教：王朝

---

① 董玉祥：《仙人崖石窟新发现》，载云冈石窟研究院编《2005年云冈国际学术研讨会论文集·研究卷》，北京：文物出版社，2006年，第110—119页。

② 张萍：《麦积山石窟艺术的延伸——浅论仙人崖石窟艺术》，《丝绸之路》2004年S2期，第42—44页。

③ 曲梅英：《简述仙人崖石窟艺术》，《丝绸之路》2010年第16期，第38—39页。

④ Richard G. Wang, *Ming Princes and Daoist Ritual*, *T'oung Pao*, 2009, Vol. 95, pp. 51 - 119.

精英的制度化护教》(*The Ming Prince and Daoism: Institutional Patronage of an Elite*)中,①从仪式实践、修炼活动、道教书籍的编刊、庙宇护持、对道教的文学护法、与道士的交往、道教法号或道名七个方面,探讨了明宗室藩王支持道教发展的方式与原因,从而展现了他们在地方宗教中的重要角色,其中对韩府襄陵王家族奉祀真武、修建演玄观等事有简要论及。

国内的相关研究以张鹏《崆峒山道教研究——以营建为中心的考察》一文最有价值,②该文涉及韩王的有以下内容:以《韩王夫人重修金城碑记》、"九光殿"题名为据介绍了嘉靖年间韩府在崆峒山的营建;从《新建南天门铁索记》《建三天门铁索碑记》中注意到了韩王所支持的铁索修建对崆峒山黄箓醮活动的推动,并推测《新建南天门铁索记》中出现的大量的韩藩成员不是捐建铁索,而是出资修奉黄箓醮;运用雷祖殿碑刻及明代《平凉府志》资料,讨论了当时韩王对道教支持的减弱及其原因;对襄陵王所献背光镜与真武殿的关系提出怀疑。作者在始终抱定"主题"意识而对崆峒山不同时期营建所作的考察中,提出的上述看法,很有见地。

此外,由于湮没已久的、由韩府襄陵王朱范址撰书的《演玄观记》碑被重新发现,张钦仲发表《明代平凉〈演玄观记〉碑考略》,③在对《演玄观记》碑录文的基础上,主要探讨了演玄

---

① Richard G. Wang, *The Ming Prince and Daoism: Institutional Patronage of an Elite*, Oxford and New York: Oxford University Press, 2012. 该书由秦国帅翻译为《明代藩王与道教:王朝精英的制度化护教》,于 2019 年由上海古籍出版社出版。

② 张鹏:《崆峒山道教研究——以营建为中心的考察》,兰州大学硕士学位论文,2013 年。

③ 张钦仲:《明代平凉〈演玄观记〉碑考略》,《陇右文博》2014 年第 2 期,第 66—68、75 页。

观的地理位置、建筑结构和襄陵王修建演玄观的思想动机、过程及资金来源问题。

　　以上四个方面的研究中,祝世林先生侧重传统文献的综合研究,因而对韩王与宗教关系的涉及有限,而且在未能充分掌握考古文物资料的前提下得出的"前数代的韩王好佛""后数代韩王信奉道教"的认识自然失之偏颇。关于庄浪石窟的研究方面,对重点说明了韩王与庄浪石窟关系的《主山云崖寺成碑记》和《云崖刊石撰书碑》,《庄浪石窟》一书中公布的录文有明显缺陷,而且对于碑文所反映的历史信息也未能充分解读阐释;至于最为重要的云崖寺第 6 窟、第 7 窟,在造像题材与组合、与邻近地区石窟的关系等问题上仍有可以继续讨论的空间;对红崖寺、西寺及大寺石窟的考察均显粗疏,韩王家族与红崖寺石窟、西寺石窟的关系未被判定,红崖寺石窟、西寺石窟具体的开凿年代以及两处石窟的关系问题依然模糊,对云崖寺、红崖寺、西寺及大寺石窟的比较研究以及整体性认识不足。关于仙人崖与韩王府的具体关系问题,因资料有限,相关讨论未能展开。就韩王与平凉地区宗教关系的研究,侧重于道教上的探讨,对佛教方面的研究不足;重视碑刻资料,对其他实物资料的认识还不够。总体而言,现有研究呈现出基于较为单一的材料取向、立足于各自关注的问题指向,对明代韩王与宗教关系的片段性、零散性讨论的特点。在全面搜集整合考古文物资料、文献资料的基础上,对明代韩王的佛道营造问题全面、系统的认识依然缺失,有整体性研究的必要。

第三节　研究资料概述

　　本书的研究资料分为考古文物资料与文献资料两大部分。考古文物资料是指甘肃平凉、天水等地留存下来的与韩王相关的实物资料，主要包括韩恭王墓、碑刻墓志、石窟寺、古建筑以及其他散见文物等，这些资料需要通过全面、细致的考古调查来获得。文献资料主要包括关于明代历史的各种史籍、方志、文集以及金石著作等，需要广泛搜罗并阅读大量文献，从中查检出关涉韩王的各种记载。

一、考古文物资料

（一）墓葬资料

从文献记载及墓志的发现情况看，韩王及韩府宗室墓葬广泛分布于现平凉市区及周边地域，但目前明确可见的仅有韩恭王墓、韩靖王墓。两墓均已被盗空，仅存圹志，但封土、甬道、墓室等基本保存完整。

（二）碑刻墓志

这里介绍的碑刻墓志资料，不包括从属于石窟寺的碑刻，大概可分为两类。其一是墓志、圹志，主要有《韩靖王圹志文》《韩康王圹志》《韩昭王妃郭氏圹志》《韩定王夫人刘氏圹志》《乐平定肃王妃圹志》《保德端简王圹志》《襄陵七世孙奉国中尉桐菴公墓志铭》《襄陵王府奉国中尉朱朗锱墓志铭》《乐平王府镇国中尉朱融燻恭人赵氏墓志铭》《皇明宗室镇国将军夫人高氏墓志铭》《通渭王府楚雄县主圹志》《敕授韩府内职官李公墓志铭》等。

其二是散见于平凉崆峒山等地的与韩王相关的碑刻，主要有崆峒山东台永乐十四年（1416）《敕谕护寺碑》、上天梯处嘉靖二十四年（1545）《新建南天门铁索记》和《建三天门铁索碑记》、皇城真武殿嘉靖三十九年（1560）《韩王夫人重修金城碑》、皇城献殿万历二十九年（1601）《新建飞仙楼记》、中台万历三十一年（1603）《新建藏经阁碑》及《明神宗敕赐护经碑》、南台天启二年（1622）《创修十方禅院碑记》、雷声峰九光殿五方万历年间碑记、皇城献殿康熙三十二年(1693)《重修崆峒山大顶金殿圣父圣母后楼黄箓两廊功德碑记》、乾隆三十年(1765)《重修崆峒山飞仙阁并磨针观碑记》、咸丰十一年(1861)《重修崆峒山大顶正殿献殿暨皇城并金妆圣像碑记》、光绪二十五年(1899)《重修崆峒山藏经阁碑记》,柳湖公园弘治四年(1491)《演玄观记》,泾川县弘治十年(1497)《敕赐华严海印水泉寺记》、嘉靖元年(1522)《重修王母宫碑》、万历三十六年(1608)《重修乾丰寺记》、清乾隆三十九年(1774)《五冢村重修乾丰寺关帝庙碑记》等。

（三）石窟寺资料

与韩王相关的石窟寺有庄浪石窟与天水仙人崖石窟两处,所谓石窟寺资料包括这两处石窟中的造像、壁画、碑刻、题记、附属建筑等所有内容。

庄浪石窟群中主要涉及云崖寺石窟、大寺石窟、红崖寺石窟和西寺石窟,其中说明了韩王与庄浪石窟关系的重要碑刻题记有：云崖寺 10 号窟万历十二年(1584)《主山云崖寺成碑记》和《云崖刊石撰书碑》、大寺 5 号窟嘉靖十一年(1532)刻石题记、西寺 3 号窟外明代万历年间《万古题名碑》。

仙人崖现存明清时期殿宇 27 座,北魏、宋、明、清各代塑像 197 尊,壁画约 84 平方米,明代铜佛像 5 尊。西崖大雄宝殿柱廊嵌立的隆庆四年《钦赐韩府官地碑》,反映了明穆宗晓谕地方,将仙人崖赐给韩王府作为官地的史实。

（四）古建筑资料

崆峒山现存建筑中,除以真武殿为中心的皇城建筑群外,还有两处与韩王相关：雷声峰上建于万历四十一年(1613)的九光殿、中台塔院内万历十四年(1586)重修的凌空塔。平凉市宝塔梁上与韩王有关的建筑为：建成于嘉靖二十五年(1546)的东塔(现称"延恩寺塔")、万历三十三年(1605)重建的"东岳泰山行祠"石牌坊。

（五）其他文物资料

主要包括：现藏平凉市博物馆的崇祯元年(1628)"回光返照"铜镜、崇祯三年(1630)鼎形铜香炉，崆峒区博物馆的崇祯三年铁质彩绘韦陀像、"韩府书办"造铁质彩绘佛像，见于崆峒山的嘉靖二十三年(1544)褒城王等造铁桩 1 根、万历三十三年(1605)韩府宗室造铁桩 3 根。

（六）金石著述

《陇右金石录》，民国甘肃著名学者张维编撰。其中卷八"明平凉重修问道宫碑""韩王香炉""水泉寺诗碑""明孝宗皇帝朱祐樘敕赐华严海印水泉禅寺记碑""重修泾川王母宫碑"等与韩王相关。

吴景山先生《崆峒山金石校释》一书，①对崆峒山现存主要碑刻资料以拓片和录文的方式进行了公布，补充了笔者在调查中未能发现的一些碑记，极为重要。但该书在对有些碑记的录文以及初步认识上，或多或少地存在某些问题。

崆峒区文史资料第十辑《崆峒金石》，②对平凉市崆峒区发现的从商周至当代的主要金石资料，以照片、拓片、现状描述以及录文的形式进行了较为客观、翔实的公布，其中明代金石中关涉韩王者甚多，进一步丰富了本书的研究资料。

二、文献资料

（一）史籍资料

史籍资料主要涉及《明史》《明实录》以及《明会典》。关于明代 11 位韩王及韩府宗室的史料，在《明实录》中保存得最为

---

① 吴景山：《崆峒山金石校释》，兰州：甘肃文化出版社，2014 年。
② 政协甘肃省平凉市崆峒区委员会编：《崆峒金石》，兰州：甘肃人民美术出版社，2014 年。

丰富,如韩王奏请徙封、朝觐、勤王、军屯、俸禄、食盐、药材等,皇帝赐名、致祭、赠谥、褒赏、惩饬等,还有地方官吏上奏的涉及韩王禄米供奉、恣横不法等事。总之,涉及政治、经济、军事、文化等诸多方面,而其中又以礼制方面(名封、生卒、婚嫁、谥葬)的记载为最多。《明实录》为明代历朝官修的编年体史书,因有编修定制且源本档册,故其中存有大量的原始资料,是明代史料的集大成者。"中研院"历史语言研究所校印了 13 朝明实录及作为其《附录》的《明□宗□皇帝实录》《崇祯实录》《明熹宗七年都察院实录》《崇祯长编》和《皇明宝训》。

《明会典》是记载明代典章制度的重要文献,现存 180 卷正德本和 228 卷万历本两种,后者乃申时行等修撰,为目前所通用的版本。卷一《宗人府》、卷三八《廪禄一》、卷四八《册立三》、卷五二《诸王读书仪》、卷五五至五七《王国礼》、卷六九《婚礼三》、卷九八《丧礼三》、卷一八一《工部》、卷二〇三《山陵》等,涉及明代宗室的禄米、朝见仪、册立仪、王国礼、王府及坟茔的修造等诸多制度。

(二) 方志资料

方志资料中关于韩王的记载主要见于明代赵时春的《平凉府志》(13 卷)。赵时春,号浚谷,平凉人,嘉靖五年会元。该志成于嘉靖三十九年(1560),为第一部平凉方志,《四库全书总目》赞其"考证叙述,具有史法,在关中诸志之内最为有名"。① 卷一"城郭""建革""藩封",卷二"人物""孝节",卷三"寺观""祥异",卷四《平凉县》之"山川""河渠",卷一一《华亭县》之"建革""山川"等部分,对韩王在平凉的相关情况有所记载。作为当时名士的赵时春与韩昭王、韩定王及褒城王、乐平王等过从甚密,常有宴饮游乐及诗词唱和,所以其在《平凉府志》中的有

---

① (清)永瑢、纪昀等撰:《四库全书总目》卷七四,台北:台湾商务印书馆,1986 年,第 558 页。

关记载为韩王研究提供了非常可靠且极为重要的资料。

此外,明代李贤《大明一统志》、陈循《寰宇通志》、龚辉《全陕政要》、顾炎武《天下郡国利病书》、马理《陕西通志》,清代贾汉复《陕西通志》、李楷《陕西通志》、许容《甘肃通志》、安维峻《甘肃全省新通志》、王烜《静宁州志》、张延福《泾州志》、郑濬《平凉县志》、费廷珍《直隶秦州新志》等方志中也有关于韩王的内容。

韩王府对崆峒山的营建主要见关于崆峒山的志书:清代张伯魁《崆峒山志》、崆峒山风景名胜区管理局《新修崆峒山志》、国家重点风景名胜区崆峒山管理局《崆峒山新志》、曹建魁《崆峒山道教志》、仇非《崆峒佛教志》。

(三)文集资料

这部分内容主要涉及明代赵时春《赵浚谷文集》《赵浚谷诗集》《浚谷先生集》,明代秦安进士胡缵宗《鸟鼠山人后集》,清代静宁进士王源瀚《六戊诗草》。

第四节 研究思路及研究方法

重点运用以及赖以建构起研究框架的是多种与宗教有关的考古文物资料,具体包括石窟寺、碑刻、古建筑以及铜镜、香炉、造像等各类单体文物。所以,主要采用考古学和宗教学的相关研究方法,同时辅以历史学的文献研究方法。整个研究大体分为三个步骤来进行。

首先,通过对涉及韩王的文献记载(特别是方志、金石录)和研究成果的查阅,整理出与韩王相关的文物古迹资料以及与之有关的历史信息,并按照地域分布,在分类的基础上进行必要的整合、分析,为下一步的实地调查作好前期的指导性资料准备。

其次，深入实地，采用田野考古学的调查方法来获得完备、准确的考古及文物资料。对石窟寺的调查方面，通过摄影、测量等方式，对洞窟形制、造像内容绘制出平面图、剖面图、内容示意图等；对洞窟内容以及保存现状，作出全面、细致、准确的文字记录。对碑刻资料的获取，主要通过拓片和录文的方式。古建筑主要是殿宇、佛塔和石牌坊，因测量难度较大，以摄影、文字记录与绘线描图的方法为主来获得相关资料。墓葬只有一座，且为空墓，主要通过测绘图来表现墓葬结构，同时作出必要的文字记录。对于各类单体文物的了解，采用测量尺寸、拍摄照片、文字描述的方法。

最后，科学地整理所有调查资料，注意对现有研究成果中呈现的相关实物资料进行对比、补充与纠正。在充分掌握历史遗存资料的基础上，查阅与韩王有关的大量各类文献资料，结合不同时段具体、客观的历史环境以及宗教文化背景，设计出合理的研究框架，以文物考古资料与文献资料有机、合理的结合利用，来展开对韩王与陇东地区宗教发展问题的研究，形成最终研究成果。

第五节　研究重点及难点

一、研究重点

本书研究主要藉与韩王相关的考古文物资料来展开，因此，实物资料客观的保存状况及其所承载的历史信息，很大程度上决定了具体研究当中所要关注的重点以及一些不可避免的难点。当然，在实物资料之外，有关文献记载的补充以及某些问题本身的讨论难度也会对此有所影响。

文物古迹遗存以及文献资料中关于韩王与宗教关系的反

映主要集中在平凉地区,具体又可按照遗存的地理分布而分为三个部分:一是崆峒山,二是平凉府城,三是庄浪石窟。韩王对明代崆峒山发展的贡献有基础建设、佛教营建与道教营建三个方面。平凉府城韩王的宗教营建,反映在现存的延恩寺塔、《演玄观碑记》以及明代赵时春《平凉府志》中。庄浪诸石窟在韩王支持下的大规模开凿,更是意义非凡,"正当全国佛教石窟艺术处于低潮的时期,庄浪石窟不仅开窟众多,规模宏大,而且涌现出一大批艺术精品,实为难能可贵"。① 对上述三个部分的详细研究是本书的重点所在,对应到本书的结构,就是第二、三、四章里面的主要部分。

　　明代宗藩对当地社会的影响,除了扩置田业、与民争利、干预地方政务、影响城市布局等共同之处外,又因各藩所在地区的经济、文化、地理等实际情况的特殊性,藩府门风的多样性、宗室成员的复杂性以及朝廷对各藩态度的区别性等因素,而呈现出各自不同的群体特征、个体差异以及十分浓厚的地域性特点。韩王因其封地深厚的宗教文化传统以及崆峒山等著名道场强大的影响力,而特别重视对宗教活动的支持,这也是韩王因地域性优势而形成的不同于其他宗藩的自身特点。对韩王这一特点形成原因以及具体内容的分析,是研究的另一个重点所在。

二、研究难点

　　明隆庆四年(1570)《钦赐韩府官地碑》以及康熙《陕西通志》中的两处记载,双重印证了天水仙人崖作为韩府官地的事实,韩王与仙人崖的密切关系是毋庸置疑的。作为儒释道三教融合道场的仙人崖,在明代得到了极大的发展,是韩王与宗

---

①　程晓钟、杨富学:《庄浪石窟》,第 56 页。

教关系的重要组成部分之一，但目前所知的资料对韩王在仙人崖的具体作为并未有细节上的反映。所以，如何厘清韩王对仙人崖繁荣发展的具体影响，是研究中最大的难点。

　　在全面检视韩王与宗教具体关系的基础上，以当时西北地区的历史发展与宗教文化为背景来讨论明代陇东宗教的发展情况，以及韩王家族的宗教信仰对地方民众、社会所产生的影响，是本书研究的另一个难点所在。

第一章　韩王的相关情况

明代平凉府隶属陕西承宣布政使司,府治在平凉县,领三州七县(泾州,领灵台县;静宁州,领庄浪县;固原州;平凉县、崇信县、华亭县、镇原县、隆德县);①早在洪武三年(1370),徐达、汤和攻下陇东后,明廷在平凉设置平凉卫。平凉的地理位置十分重要,"北连朔方,南襟陇蜀,东抵豳岐,西距安会",居雍凉之交,襟带戎羌,四通交驰,控制要害,亦西陲都会也。②因此,洪武二十四年(1391)朱元璋第三次册封亲王时,即将第二十二子朱楹封于平凉,号称安王。洪武二十六年(1393),封于甘州的肃王朱楧以陕西各卫调戍士卒未集而被命暂驻平凉。③ 安王朱楹永乐六年(1408)就藩平凉,永乐十五年(1417)薨,谥曰惠,因无子而封除,府僚及乐户悉罢,留典仗校尉百人守园。④ 永乐二十二年(1424),原封辽宁开原的韩王改封平凉,明代平凉的韩王时代由此开始。

---

① (清)张廷玉等:《明史》卷四二《地理志三》,第1004—1005页。

② (明)赵时春:《平凉府志》,中国西北文献丛书编辑委员会编:《中国西北文献丛书》第1辑《西北稀见方志文献》第41卷,兰州:兰州古籍书店,1990年,第257、270页。

③ 《明太祖实录》卷二二四,洪武二十六年正月癸亥条,第3276页。

④ (清)张廷玉等:《明史》卷一一八安王朱楹传,第3607页。

第一节　韩王及韩府郡王世系

一、韩王世系

韩宪王朱松(1380—1407),朱元璋庶二十子,①洪武二十四年(1391)封韩王,封国于开原(今辽宁开原市)。韩宪王"聪明有机辩,通知古今,恭谨事上,未尝有过",因从未就国,薨后敕葬南京安德门外向山之原,恤典特厚。②

韩恭王朱冲𤐤(1397—1440),韩宪王朱松嫡长子,永乐九年(1411)至正统五年(1440)在位。明成祖时,"弃大宁三卫地,开原逼塞不可居",③永乐二十二年(1424)韩王由开原改封平凉。在明仁宗朱高炽一再敦促下,洪熙元年(1425)七月,朱冲𤐤偕其弟襄陵王朱冲𤏁、乐平王朱冲炆到达封国平凉。④初到平凉的韩恭王对封国情况不满,多次上书请求改封江南,均被明宣宗朱瞻基安抚劝止。明宣宗特遣行在工部主事毛俊督造韩王府,"并建襄陵、乐平二邸及岷州广福寺"。平凉接边徼,间谍充斥,韩恭王习边鄙利弊,正统元年(1436)上书极言

---

① 《明太宗实录》卷七二,永乐五年十月庚戌条,记朱松为朱元璋第十九子,有误,以《明史》所记第二十子为是。
② 《明太宗实录》卷七二,永乐五年十月庚戌条,第 1012 页。
③ (清)张廷玉等:《明史》卷一一八韩王朱松传,第 3604—3605 页。
④ 《明仁宗实录》卷五下,永乐二十二年十二月乙丑条,第 189 页;《明仁宗实录》卷八下,洪熙元年三月乙未条,第 266 页;《明宣宗实录》卷三,洪熙元年七月上,第 93 页。韩恭王朱冲𤐤之藩平凉的时间,《明史·韩王世表》记为永乐二十二年,嘉靖《平凉府志》记为宣德五年;而《明实录》及《韩恭王圹志》所载一致,俱称在洪熙元年,应当属实。《韩恭王圹志》1987 年发现于平凉市泾川县完颜村,现存泾川县王母宫文管所。

边事,得到明英宗朱祁镇赐书褒答。① 韩恭王勤学好文,有
《惠迪堂集》千余篇梓行。②

韩怀王朱范圯(1420—1444),③韩恭王朱冲𤊹庶长子,正
统二年(1437)年封开城王,④正统八年(1443)至正统九年
(1444)在位为韩王。⑤

韩靖王朱范坤(1421—1450),⑥韩恭王朱冲𤊹第四子,正
统二年(1437)封西乡王,⑦因韩怀王无子而得以继承韩王位,
正统十一年(1446)至景泰元年(1450)在位。

韩惠王朱徵钋(1440—1469),⑧韩靖王朱范坤庶长子,初
封高陵王,景泰元年(1450)至成化五年(1469)在位为韩王。⑨
朱徵钋在位期间,三次请赴京城均未成行,又多次上书奏讨纱
钞、食盐、药材等财货。

韩悼王朱偕㳘(? —1474),韩惠王朱徵钋庶二子,成化元

---

① （清）张廷玉等:《明史》卷一一八韩王朱松传,第 3605 页。
② （明）赵时春:《平凉府志》卷一《藩封》,第 274 页;《明仁宗实录》卷
　　四上,永乐二十二年十一月壬午条,第 140—141 页。
③ 《明英宗实录》卷一一六正统九年五月庚午条记韩王朱范圯薨,享年
　　二十五。
④ 《明英宗实录》卷三〇,正统二年五月壬辰条,第 594 页。
⑤ 关于朱范圯袭封韩王的时间,《明史》卷一〇二《韩王世表》记为正统
　　七年,《明英宗实录》卷一〇四记为正统八年五月乙卯。今以《明英
　　宗实录》所记为准。
⑥ 《明英宗实录》卷一八八景泰元年正月癸酉条记载,韩王朱范坤薨,
　　永乐十九年生,享年三十。
⑦ 《明英宗实录》卷三〇,正统二年五月壬辰条,第 594 页。
⑧ 《明宪宗实录》卷六二成化五年正月乙亥条记韩王朱徵钋薨,生于正
　　统庚申年,享年三十。
⑨ 关于朱徵钋袭封韩王的时间,《明史》卷一〇二《诸王世表三》记为景
　　泰二年,《明英宗实录》卷一九八记为景泰元年十一月丁卯。今以
　　《明英宗实录》所记为准。

年(1465)封广安王。①《明史·韩王世表》称其成化五年
(1469)至成化十年(1474)在位为韩王,但从《明宪宗实录》记
载看,应当在成化八年(1472)至成化九年(1473)。②

　　韩康王朱偕㵍(1459—1501),③韩惠王朱徵钋庶三子,成
化五年(1469)封彰化王。④ 因韩悼王无子而继位,成化十年
(1474)至弘治十四年(1501)在位。⑤

　　韩昭王朱旭櫏(? —1534),韩康王朱偕㵍庶长子,弘治七
年(1494)封渭源王。⑥ 弘治十七年(1504)至嘉靖十三年
(1534)在位为韩王,"性忠孝,工诗,居藩有惠政"。⑦ 朱旭櫏
"雅嗜诗书,善真草,有《冰壶遗稿》《千文法帖》《东海草书》《忠
孝大字》诸草诗行于世"。⑧

　　韩定王朱融燧(? —1565),韩昭王朱旭櫏嫡二子,嘉靖十
五年(1536)至嘉靖四十四年(1565)在位,"惩宗室之横,颇绳
以法"。⑨

------

① 《明宪宗实录》卷二一,成化元年九月壬戌条,第416页。
② 《明宪宗实录》卷九五,成化七年九月甲申条,第1821页;《明宪宗实
　录》卷一〇八,成化八年九月戊申条,第2102页;《明宪宗实录》卷一
　二四,成化十年正月己丑条,第2373页。
③ 《明孝宗实录》卷一七三弘治十四年四月丁酉条记韩王朱偕㵍薨,生
　于天顺三年,享年四十三。
④ 《明宪宗实录》卷六七,成化五年五月甲申条,第1339页。
⑤ 关于朱偕㵍袭封韩王的时间,《明史·诸王世表三》记为成化十二
　年;但从《明宪宗实录》卷一二四成化十年正月己丑条、《明宪宗实
　录》卷一二六成化十年三月庚戌条记载看,是在成化十年。
⑥ 《明孝宗实录》卷九三,弘治七年十月戊辰条,第1709页。
⑦ (清)张廷玉等:《明史》卷一一八韩王朱松传,第3605页。
⑧ (明)赵时春:《平凉府志》卷一《藩封》,第274页。
⑨ (清)张廷玉等:《明史》卷一一八韩王朱松传,第3605页。

韩端王朱朗锜(？—1606)，朱谟㙉嫡二子，[①]韩定王朱融燧之孙，隆庆三年(1569)至万历三十四年(1606)在位为韩王。朱朗锜孝思纯笃，乐善施仁，懿行著闻。[②]

韩王朱亶塉，朱逵杞嫡长子，朱璟浤孙，[③]韩端王曾孙，万历三十九年(1611)至崇祯十六年(1643)在位。崇祯十六年，李自成起义军攻陷平凉而被执，[④]明代韩王由此而终。

明代韩王实际共传十一王，追封三王(韩安王朱谟㙉、韩简王朱璟浤、韩庄王朱逵杞)，除第一代韩王朱松外，其余 10位都生活在平凉。从洪熙元年(1425)韩恭王朱冲炫就藩平凉到崇祯十六年(1643)末代韩王朱亶塉被执，10 位韩王在平凉总共历时 218 年，与明王朝共终。

二、韩府郡王世系

明朝实行大规模的封建制度，其宗室封爵册宝的制度："皇太子、亲王俱授以金册、金宝……亲王嫡长子年十岁，授以金册、金宝，立为王世子；次嫡子及庶子，年十岁，皆封郡王，授以涂金银册、银印……若王年三十，正妃未有嫡子，其庶子止为郡王；待王与正妃年五十无嫡子，始立庶长子为王世子。若

---

① 朱谟㙉，韩定王朱融燧嫡长子，"嘉靖十八年封世子。四十年薨。谥悼恭。后子朗锜袭封，追封王，改谥曰安"[(清) 张廷玉等：《明史》卷一〇二《诸王世表三》，第 2758 页]。

② 《明神宗实录》卷三〇二，万历二十四年九月壬子条，第 5666—5667 页。

③ 朱璟浤，韩端王朱朗锜嫡长子，"隆庆四年封世子，万历二十八年薨"；朱逵杞，朱璟浤嫡长子，"万历二十年封世孙，三十六年薨"[(清) 张廷玉等：《明史》卷一〇二《诸王世表三》，第 2758 页]。《明神宗实录》卷五〇六万历四十一年三月甲申条记载："追封韩敬安王世子璟浤为韩王，谥简，璟浤妃尚氏为韩王妃。追封韩温穆世孙逵杞为韩王，谥庄。"

④ (清) 张廷玉等：《明史》卷一一八韩王朱松传，第 3605 页。

王世子袭封,及王世子拜郡王、娶妃、郡王授封并郡王嫡长子
袭封,朝廷遣人行册命之礼。郡王子授镇国将军,孙授辅国将
军,曾孙授奉国将军,玄孙授镇国中尉,五世孙授辅国中尉,六
世孙以下世授奉国中尉。"①亲王的女儿被封为郡主、县主,女
婿则称仪宾。韩府一共繁衍分封出 35 府郡王,世系可考(表
1-1)。韩府及各郡王府中将军、中尉册封甚众,完整世系已
无法考查。但朱明宗室成员取名有定制。据《明史·诸王世
表一》记载,朱元璋"以子孙蕃众,命名虑有重复,乃于东宫、
亲王世系,各拟二十字,字为一世。子孙初生,宗人府依世
次立双名,以上一字为据,其下一字则取五行偏旁者,以火、
土、金、水、木为序",韩府行辈赐字曰"冲范徵偕旭,融谟朗
璟逵,宣韶愉灏慥,令绪价蕃维"。② 对韩府宗室取名规制的
把握,有助于在研究中准确判断出这些特殊姓名反映出的身
份信息。

　　明代韩藩是有明一代宗藩中宗室人口比较庞大的一支。
嘉靖年间韩府宗室成员的规模,据赵时春在《平凉府志》中记
载:"各府镇国将军四十,辅国将军七十九,奉国将军二百一十
二,镇国中尉二百五十九,辅国中尉七十七,奉国中尉三,共六
百七十。全俸仪宾三百九十四,半俸仪宾一百六十三,优养天
淑恭人六十八。岁支禄粮共四十万七千一百一十石四斗,该
银一十一万一千三百九十六两三钱六分。"③"平凉民虽凋敝,
然宗室卿寺右职颇众,口以数万。"④

---

① 《明太祖实录》卷二四〇,洪武二十八年八月戊子条,第 3495—
　　3496 页。
② (清)张廷玉:《明史》卷一〇〇《诸王世表一》,第 2504 页。
③ (明)赵时春:《平凉府志》卷一《藩封》,第 275—276 页。
④ (明)赵时春:《平凉府志》卷二,第 323 页。

表1-1　韩府郡王世系表

历任韩王	韩府郡王	韩府郡王世系								
韩宪王	韩恭王	朱冲域								朱景沭
	襄陵王 朱冲炑	庄穆王 朱冲煣	恭惠王 朱范址	安穆王 朱徵铃	端和王 朱偕㴐（追封）	懿简王 朱旭橖（追封）	顺清王 朱融炋	恭毅王 朱谟墭	温恪王 朱朗镇	
	临汾王 朱冲烟	朱冲焴	（无嗣封除）							
	乐平王 朱冲㷷	定肃王 朱冲煃	僖安王 朱范场（追封）	恭安王 朱徵𨨲	温定王 朱偕润	安和王 朱旭榳（追封）	昭顺王 朱融煴	庄简王 朱谟㙇	朱朗鉴	
韩恭王	韩怀王 朱范圯（初封开城王）									
	韩靖王 朱范𡎴（初封西乡王）									
	褒城王		昭裕王 朱范堮	宣惠王 朱徵钚	安僖王 朱偕淴	康顺王 朱旭㰒	温靖王 朱融燬	僖和王 朱谟坦	（无嗣封除）	

续表

历任韩王	韩府郡王	韩府郡王世系							
韩恭王	通渭王	庄简王朱范壄	荣靖王朱徵録	恭裕王朱偕湆	安定王朱旭橚	端顺王朱融烑	惠穆王朱谟垹	朱朗鈆	（无嗣封除）
	平利王	怀简王朱范壄	（无嗣封除）						
韩怀王	无子								
韩靖王	韩惠王	朱徵钋（初封高陵王）							
	汉阴王	恭惠王朱徵镶	（无嗣封除）						
韩惠王	韩悼王	朱偕沆（初封广安王）							
	韩康王	朱偕濿（初封彰化王）							

续 表

历任韩王	韩府郡王	韩府郡王世系					
韩惠王	高平王	荣和王 朱偕添	昭简王 朱旭樟	朱融栓	（革爵封除）		
	西德王	昭僖王 朱偕藩	悼昭王 朱旭枞（追封）	康惠王 朱融㷿	端靖王 朱谟堹	朱朗錥	朱璟昊
韩悼王	无子						
韩康王	韩昭王		朱旭樏（初封渭源王）				
	陇西王		安懿王 朱旭梀	（无嗣封除）			
	宁远王		宣和王 朱旭栓	恭懿王 朱融焕	恭靖王 朱谟㙉	朱朗鑯	朱璟裵
	长泰王		荣和王 朱旭横	恭简王 朱融焯	朱谟顼		
	永福王		端僖王 朱旭㭹	恭靖王 朱融㙾	（革爵封除）		

续　表

历任韩王	韩府郡王	韩府郡王世系			
韩康王	建宁王	恭安王 朱旭橺	朱融焻（罪降庶人）	康顺王 朱谟堂（复爵）	朱朗镇
	韩定王	朱融嫅			
韩昭王	长洲王	定恭王 朱融梭	简靖王 朱谟埠（追封）	庄顺王 朱朗铳	朱璟溇
	昆山王	荣康王 朱融校	恭顺王 朱谟堄	庄简王 朱朗鶛	（无嗣封除）
	长乐王	康懿王 朱融焯	荣安王 朱谟圦	朱璟㵾	
韩安王（追封）		朱谟㙺			
韩定王	高淳王	庄懿王 朱谟磁	朱朗𬭬	朱璟㻞	朱逵朴

续　表

历任韩王	韩府郡王	韩府郡王世系						
韩定王	休宁王	安靖王朱谟琭	端惠王朱朗㙄	（无嗣封除）				
	庆阳王	庄懿王朱谟垫	恭恪王朱朗鍄	（无嗣封除）				
	通安王	端裕王朱谟墇	朱朗锖	朱璟淮				
韩安王（追封）	韩端王	朱朗锜						
韩端王	韩简王（追封）	朱璟浤						
	崇明王	怀庄王朱璟清						
	长吉王	庄靖王朱璟澜	朱逵植					
	保德王	端简王朱璟㙤	（无嗣封除）					

续　表

历任韩王	韩府郡王	韩府郡王世系					
韩端王	绥平王	安穆王 朱璟洛	（无嗣封除）				
	咸阳王	康僖王 朱璟㳆	（无嗣封除）				
	商丘王	朱璟澤	（无嗣封除）				
	固原王	安裕王 朱璟渭	（无嗣封除）				
	汝阳王	怀端王 朱璟㳕	（无嗣封除）				
韩简王（追封）	韩庄王（追封）	朱逵杞					
韩庄王（追封）	末代韩王	朱璥𪩘					
末代韩王 朱璽㙉							

资料来源：（清）张廷玉《明史》卷一〇二《诸王世表三》，第2756—2781页。保德王朱璟㳆谥号补充自万历二十年（1592）《保德端简王扩志》，建宁王朱漠堂、长洲王朱朗㙋，咸洲王朱璟㳖，固原王朱璟渭、汝阳王朱璟㳕谥号补充自《明神宗实录》卷三七三、五一九、五八八。

第二节　韩藩王府、官属及庄田产业

一、韩藩王府

明代平凉府城有北、西、南、东四门,分别为定北门、来远门、万安门、和阳门。韩王府居定北门内之西,本为平凉卫,永乐六年(1408)改建安王府,洪熙元年(1425)韩王改封平凉后,朝廷遣行在工部主事毛俊等扩建原安王府而成韩王府。据嘉靖《平凉府志》及康熙《陕西通志》记载,韩王府坐北面南,周围五里,萧墙高一丈五尺,萧墙前门曰棂星门,门内有内侍处所宾馆堂;再内为王城(砖城),王城前门曰端礼门,左右有角门;王城正殿为承运殿,高五丈,殿前门曰承运门,左右有角门;承运殿后为韩王寝宫存信殿,左右各有宫;承运殿东南为韩王世子宫东府宫,宫门曰过厢门,门右有西向琴堂;承运门东有韩府宗庙、宴见便堂秉忠堂(东书堂);承运门西为宴居斋堂慎德堂(西书堂);韩王寝宫存信殿后有惠迪堂,为韩恭王读书处,其前有体良亭;存信殿东有永春园和崇文书院,崇文书院为韩昭王讲读处,匾额乃正德七年(1512)明武宗御赐,院内有寿柏亭、聚景园;存信殿西北有玉渊堂,玉渊堂前有金香亭;存信殿后三十步有览秀楼,北五十步有看花楼;王城(砖城)后门曰广智门。① (图1-1)韩王府建筑布局、府门及主要宫殿的名称等,与已知秦王府、代王府、淮王府的此类情况相似或一致,体现出明代王府营建制度上的统一性。

韩恭王初到平凉时,韩府郡王只有襄陵王与乐平王。后

---

① 　(明)赵时春:《平凉府志》卷一《藩封》,第274页;(清)贾汉复:《陕西通志》卷二七下《古迹》,载首都图书馆编《首都图书馆藏稀见方志丛刊》第24册,北京:国家图书馆出版社,2011年,第85—86页。

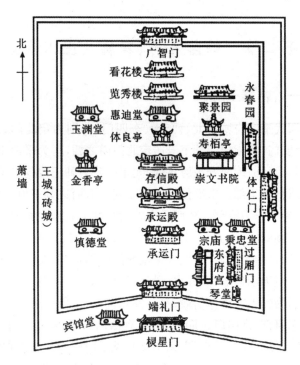

图 1-1　韩王府建筑示意图

来随着宗室成员的繁衍分封,韩府在平凉府城内不断占地建府。如《明英宗实录》所记,先是以平凉县衙为韩府通渭王府,改杂造局为县衙;正统八年(1443)襄陵王朱冲烁请以杂造局为子女府第,明英宗从之,命改高凉驿为平凉县衙,高凉驿徙于平凉府城定北门外。① 正因这样持续地繁衍扩建,以致韩藩王府遍及平凉府城。据嘉靖《平凉府志》卷一《城郭志》记载,韩王府西南方位俱为郡王府;西城南区除平凉县衙、左长史司、安东卫所、苑马寺、雄赡仓等外,"或间以卫所官民居,余皆宗室之府也";东城北区除定北门附近的行太仆寺、右长史

---

① 《明英宗实录》卷一一一,正统八年十二月癸卯条,第2241页。

司、文昌宫、寺丞宅外，其余皆为王府；东城南区除预备仓、关西道、城隍庙、都察院、大马厂外，"间以卫所民居，余皆宗室之府也"。[1]　其中，襄陵王府、乐平王府、通渭王府、褒城王府均在韩王府以西，与平凉卫衙、平凉府衙杂处。[2]

韩藩宗室不仅在府城内扩张建府，而且还在府城内外发展邸店产业。嘉靖《平凉府志》记载，府城东门和阳门东有递运所，"偏多人居，颇间以王府邸店"；再东有重郭环之，置县学、税课司，"嘉靖十一年迁王府邸店为多"；"南山跨城多为山墅，而山谷诸水北接泾流，为园囿台榭，水磨、竹木、蔬果之饶，悉归宗室"。[3]　府城北面之地也被韩府大量占据，"府城西北一里而遥，(泾河)阴疏为中外内三渠，阳亦一渠。东西二十里为磨以百数，咸值五七百金。分流溉园，咸亩直十金以上，或至三十金，少者亩三五金。池塘台榭、花卉竹木相望，而杨柳尤多，皆诸宗豪贵产也"。[4]　城北因泾河之利，韩府宗室多建园囿，其中最大的为嘉靖八年(1529)韩昭王重建的柳湖，以及襄陵王府的长乐园。[5]

二、韩府官属及庄田产业

明洪武二年(1369)，朱元璋令中书省编《祖训录》，定封建诸王及官属之制，初步建立明代分封制度。此后，王府官属设置多次变化。洪武三年，在王府设承奉司，洪武二十八年再定其职："亲王府承奉司掌王府诸事，凡事则呈长史司并护卫指

---

① (明)赵时春：《平凉府志》卷一《城郭》，第 261 页。
② (明)李贤等：《大明一统志》卷三五《平凉府·藩封》，天顺五年内府原刻本；(明)赵时春：《平凉府志》卷二《兵制》，第 295 页。
③ (明)赵时春：《平凉府志》卷一《城郭》，第 261—262 页。
④ (明)赵时春：《平凉府志》卷四《平凉县·河渠》，第 377—378 页。
⑤ 同上书，第 378—379 页。

挥使司行之,与内官衙门不相统摄。设承奉正,秩正六品;承奉副,秩从六品。"①王府长史司,设左、右长史各一人(正五品),"掌王府之政令,辅相规讽以匡王失,率府僚各供乃事,而总其庶务焉。凡请名、请封、请婚、请恩泽及陈谢、进献表启、书疏,长史为王奏上"。②

表1-2 明代亲王府长史司所辖官属

官属	官职及职数	品级	职 责
审理所	审理正一人	正六品	掌推按刑狱,禁诘横暴,无干国纪
	审理副一人	正七品	
典膳所	典膳正一人	正八品	掌祭祀、宾客,王若妃之膳羞
	典膳副一人	从八品	
奉祠所	奉祠正一人	正八品	掌祭祀乐舞
	奉祠副一人	从八品	
	典乐一人	正九品	
典宝所	典宝正一人	正八品	掌王宝符牌
	典宝副一人	从八品	
纪善所	纪善二人	正八品	掌讽导礼法,开谕古谊,及国家恩义大节,以诏王善
良医所	良医正一人	正八品	掌医
	良医副一人	从八品	

---

① 《明太祖实录》卷二四一,洪武二十八年九月,第3513页。
② (清)张廷玉等:《明史》卷七五《职官志四》,第1836—1837页。

续　表

官属	官职及职数	品级	职　　责
典仪所	典仪正一人	正九品	掌陈仪式
	典仪副一人	从九品	
工正所	工正一人	正八品	掌缮造修葺宫邸、廨舍
	工正副一人	从八品	
伴　读	伴读四人,后设一人	从九品	掌侍从起居,陈设经史
教　授	无定员	从九品	掌以德义迪王,校勘经籍。凡宗室年十岁以上,入宗学,教授与纪善为之师
引　礼	引礼舍人三人,后设一人		掌接对宾客,赞相威仪

资料来源:(清)张廷玉等《明史》卷七五《职官志四》,第 1836—1837 页。

　　韩王府官属,设在王府内的有,"承奉司,在端礼门西。纪善所、典宝所、典膳所、良医所、典仪所、工正所,俱承运门内东西前向……广受库,在端礼门外向。驾库,在棂星门东";设在王府外的有,"长史司,左在府南四十步,右在府东北百步。典簿厅,在长史司东。审理所、奉祠所,俱在府南。仪卫司、群牧所、安东中护卫,俱在府南"。①

　　朱元璋在分封诸王时,还设有王府护卫指挥使司(王府仪卫司),负责"防御非常,护卫王邸。有征调,则听命于朝"。②韩府仪卫司设置于洪武二十五年(1392),初为"开元中护卫",

---

① (明)赵时春:《平凉府志》卷一《藩封》,第 276 页。
② (清)张廷玉等:《明史》卷七六《职官志五》,第 1865 页。

后改称"安东中护卫"。① 韩王改封平凉后,安东中护卫设在韩王府之南,掌护守城池、巡视宫城之事,"步军三百人,遇冬讲武,分守龙隐、杏原等墩,屯地七百六十九顷九十八亩……征粮夏秋四千六百二十五石八斗八升,输于平凉府雄赡仓,分给本卫官军,亦征地亩银即为修府之费"。② 安东群牧千户所,掌韩王府护卫刍牧之事,有食粮旗军二百一十人,以平凉府雄赡仓民税给之;"草场地在固原牛营至八营等堡,遣官二员、旗军二十八人以治牧地,余众供城守之役视,护卫仍守安国镇墩"。③ 据《明英宗实录》记载,韩府护卫屯军总数大约维持在 700 人。④ 韩府安东中护卫与安东群牧所屯地,在东起灵台县,西到静宁州,北自镇原县,南至华亭县的整个平凉府范围内均有分布,而且多为膏腴之地。韩府牧地除在固原州有分布外,隆德县境内也有被侵夺而成为牧地者。⑤

　　韩府的禄粮地遍及平凉府,平凉县、华亭县、泾州、灵台县、镇原县等都承担着较大的纳粮份额,⑥但韩府宗室依然在各州县大肆兼并田地,其中一种被称为"敬依地"或"钦依田"。⑦

---

① 《明太祖实录》卷二一七,洪武二十五年丁酉条,第 3200 页。
② （明）赵时春:《平凉府志》卷二《兵制》,第 305—306 页。
③ 同上书,第 307 页。
④ 《明英宗实录》卷一八三,正统十四年九月庚子条,第 3585 页。
⑤ （明）赵时春:《平凉府志》卷一三《隆德县·山川》,第 560 页。
⑥ （明）赵时春:《平凉府志》卷四《平凉县·山川》,第 363—364 页;（明）赵时春:《平凉府志》卷一一《华亭县》,第 527 页;（明）赵时春:《平凉府志》卷一《藩封》,第 276 页。
⑦ （清）王烜纂修:《静宁州志》卷一《疆域志》,凤凰出版社选编:《中国地方志集成·甘肃府县志辑》第 17 册,南京:凤凰出版社,2008年,第 53、55 页;（明）赵时春:《平凉府志》卷六《灵台县》,第 423页;（清）佟希尧修,马魁选纂:《华亭县志》卷上《方舆志》,全国公共图书馆古籍文献编委会编:《中国西北稀见方志》(七),中华全国图书馆文献缩微复制中心,1994 年,第 129 页。

如嘉靖《平凉府志》卷六《灵台县志》记载："右护卫军屯乃韩府军也,其地亩盈歉,每强弱恃势侵夺,或投献作敬依地,而赋税则民纳。"①顺治《华亭县志》载,明成化以后"割萧关北三十里为群牧所,县西六十里为韩府敬依田"。②乾隆《静宁州志》载,静宁州建"韩府安东卫与夫钦依田地"。③韩府对田地的兼并超出了平凉,横跨州府,在凤翔府、巩昌府等地也侵占了大量田地,称为"王田"。④平凉县因是平凉府城所在,韩府"宗室男女,封者盈千,生各有田业,殁各建茔域,僮仆守卫,悉取诸至近而足",全县多半田地因此被侵占消耗。⑤平凉府城内,各王府的护卫差役人数也非常巨大,"王而国者一焉,其护卫一,凡四所,亡虑四千户,而仪卫典仗十百,群牧一千,敬仪自占相埒,不啻万人焉。王而郡者二十,有典仗仗户各百者四,又有奉祀安王坟五百七十户,近虽改属平凉卫,而尚未听命,仗有户五十者二,其余亦不减三十户,而私人不与焉,盖又不啻万也。将军以下至乡君殆逾千矣,役多者数百人,少者以十数,又不啻万焉"。⑥总之,因韩府宗室人口的膨胀及其庄田产业的扩张,使得明代平凉呈现出"城郭繁而民赋寡,纨绮众而间里耗,私家强而官政衰"的畸形繁荣态势。

---

① （明）赵时春:《平凉府志》卷六《灵台县》,第 423 页。
② （清）佟希尧修,马魁选纂:《华亭县志》卷上《方舆·疆域》,第 129 页。
③ （清）王烜纂修:《静宁州志》卷一《疆域志·里卫》,第 53 页。
④ （清）贾汉复:《陕西通志》卷九《贡赋》,载首都图书馆编《首都图书馆藏稀见方志丛刊》第 17 册,北京:国家图书馆出版社,2011 年,第 179、229—231、259 页。
⑤ （明）赵时春:《平凉府志》卷四《平凉县·建革》,第 361—362 页。
⑥ （明）赵时春:《平凉府志》卷四《平凉县·山川》,第 366 页。

第三节　韩王及韩府宗室陵墓

关于平凉明代宗藩陵墓的分布情况,据天顺《大明一统志》记载:

> 安惠王墓。在府城西北四十里。韩恭王墓。在府城东一百三十里。韩怀王墓。在府城东南五里。韩靖王墓。在府城东北四十里。平利怀简王墓。在府城东南一十里。以上五王,俱本朝宗室。[1]

康熙《陕西通志》中对平凉周围韩王府宗室陵墓的记载更为丰富:

> 明安惠王墓。在府城西北。韩怀王墓。在府城东八里。韩靖王墓。在城东北四十里。韩惠王墓。在府东南十里。韩悼王墓。在城东南六里。韩康王墓。在城东南七里。韩昭王墓。在府东南八里。韩庄王墓。在城东南。韩敬王墓。在府东南九里。襄陵王墓。在城西北二十里。乐平王墓。在城东北四十三里。褒城王墓。在府东二十里大岔里。通渭王墓。在府东二十里蒋家山。汉阴王墓。在城南三里。平利怀简王墓。在府城南一十里。[2]

从以上两种文献记载来看,除韩恭王墓远在泾州之外,安惠王墓和韩恭王之后历代韩王及韩府郡王的墓葬均分布在平凉周边,主要是在东、南方位。平凉现已发现的明代亲王墓葬有安惠王墓、韩恭王墓、韩靖王墓。韩恭王墓在今泾川县完颜村九顶梅花山。《韩恭王圹志》1987年被发现,青石材

---

[1] （明）李贤等:《大明一统志》卷三五《平凉府·陵墓》,天顺五年内府原刻本。

[2] （清）贾汉复:《陕西通志》卷二八《陵墓》,第283页。

质,宽 63 厘米,高 67 厘米,今存泾川王母宫文管所,现录志
文如下:

> 王讳冲㷒,韩宪之长子,母妃冯氏。王生于洪武三十
> 年九月初七日,永乐二年四月初四日册为韩世子,九年十
> 月十三日袭封王,洪熙元年四月之国平凉,正统五年十二
> 月□十二日以疾薨,享年四十有四。讣闻,深哀悼,辍视
> 朝三日,遣官致祭,谥曰恭,命有司营葬事。妃韩□中兵
> 马指挥彬之女。子男五,范垘、范坤、范壑、范垙、范墅,女
> 四。以正统六年十月初十日癸酉,葬于平凉府泾州长寿
> 里香炉山之原。呜呼! 王以国家懿亲,孝友恭俭,乐善循
> 理,著闻中外,宜享多福。王止于中寿,岂非命耶! 爰述
> 其概,纳之于圹,用垂不朽云。谨志。
> 正统六年十月初十日。

《韩恭王圹志》主要记述了就藩平凉的第一位韩王——韩
恭王朱冲㷒生平,特别是对其就藩平凉的时间有明确反映,与
《明实录》记载一致,证明了《明史》、嘉靖《平凉府志》、嘉靖《陕
西通志》中所记之误。关于韩府宗室赴泾州祭祀韩恭王情况,
《明英宗实录》卷三〇一记载,天顺三年(1459),"通渭王范墅
奏,臣父韩恭王并嫡母妃韩氏俱葬于平凉府泾州,久缺拜扫,
乞赐亲诣坟茔,以展孝敬。从之"。[1] 嘉靖二十五年(1546),
"韩王融燧请自修先祖韩恭王坟茔,亲诣祭祀一次,以展孝思。
许之"。[2]

韩恭王墓因山为之,现已被盗空,墓正面封土被打开,甬
道及前室、侧室暴露并有塌残,但墓葬结构大致完整。墓道未
被完全打开,可见部分长约 10 米,宽 3.1 米,高 2.55 米,是由

---

① 《明英宗实录》卷三〇一,天顺三年三月戊子条,第 6385 页。
② 《明世宗实录》卷三一六,嘉靖二十五年十月壬子条,第 5911 页。

砖砌后再作白粉壁。甬道距前室约 9 米处有扦板式石门;再前 1.85 米处为第二道石门,双扉枢轴式,可开合。墓室全部由青砖砌成,拱券结构,拱壁为五券五伏,墓室平面呈"十"字形布局。(图 1-2)前室宽 3.5 米,高 4.3 米,进深 10.4 米。西侧室宽 3 米,进深 8.5 米,高 4.1 米;东侧室宽 3 米,进深 8.5 米,高 3.7 米。后室宽 6.1 米,进深 5.6 米,高 6.5 米。后室正壁、左右两侧壁上均凿出边长 1 米的拱形壁龛。后室西壁及顶部上各有一个盗洞。

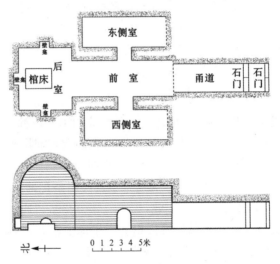

图 1-2　明韩恭王墓墓室平面图、剖面图

明代藩王墓墓室形制与明代帝陵相仿,只是规模较小。明代初封平凉的安惠王,位于平凉市安国乡油坊庄。其陵墓墓室也曾被打开,墓室平面呈"十"字形,由甬道、前室、中室、两耳室及后室、壁龛组成,为砖砌拱券结构。韩恭王墓墓室布局,与安惠王墓、宁夏庆庄王墓、湖北辽简王墓、江西宁献王墓、河南潞简王墓等明代其他亲王的墓室形制相似，①但是没有中室，规制稍显简单。

韩靖王朱范坤墓，位于平凉市四十里铺庙底下锦凤山原上，已被盗空，砖砌拱券结构墓室和石门保存尚好，发现圹志一方，②圹志所载韩靖王生平与《明实录》记载一致。

平凉市博物馆存"大明韩康王圹志"铭盖一件，采集于平凉南塬，墓室情况不明。平凉市博物馆还藏有一批韩府宗室的墓志，弘治二年(1489)《韩昭王妃郭氏圹志》，记其葬于平凉城东十里许翠屏山。嘉靖三十六年(1566)《韩定王夫人刘氏圹志》，记其葬于平凉南坪之墟。万历二十年(1592)《保德端简王圹志》，记韩端王朱朗锜嫡三子朱璟㳛(1566—1592)万历四年册封为保德王，卒后葬于平凉南山之原丁山。正统七年(1442)《乐平王妃圹志》，记乐平定肃王朱冲烌妃王氏葬于平凉县由延上里金屏山原之阳。万历二十六年(1598)《乐平王府镇国中尉朱融燣恭人赵氏墓志铭》，记其葬于平凉大岔之南。《襄陵王府奉国中尉朱朗锱墓志铭》记其葬于平凉南山。《通渭王府楚雄县主圹志》记其葬于"郡南之麓"。上述墓志多为偶然发现，墓葬情况大多不明，但通观墓志所记韩府宗室墓葬的分布情况，几乎都在平凉城东、南方位，与文献记载相合。

---

① 参见潘谷西主编《中国古代建筑史》第 4 卷《元明建筑》，北京：中国建筑工业出版社，2009 年，第 222—229 页。

② 平凉市地方志编纂委员会、平凉地区志编纂委员会编：《平凉地区志》下册，北京：中华书局，2012 年，第 1912 页。

第二章 韩王在平凉府城及周边的寺观营建

　　本章内容虽然重点关注明代韩王在其封国平凉府城周围（不包括崆峒山）的寺观营建，但韩恭王初到平凉，在增造王府的同时就曾在岷州营建广福寺。明代岷州辖于陕西都司，广福寺不能算作平凉的寺观。但广福寺营建是目前资料所见，明代韩王最早的宗教活动，一定程度上揭示了明代韩王家族佛教信仰的渊源。所以将这个问题在此单列一节，首先讨论。

第一节　韩恭王营造岷州广福寺

　　洪熙元年（1425）七月，初到平凉的韩恭王朱冲𤊨对封国的情况颇为不满，以"资用未备、居室未修、护卫官军惮远多逃"为由请改封江南，被明宣宗以已令有司解决相关问题及"先帝之命在，固不敢违"而劝止。①

　　洪熙元年（1425）九月，朱冲𤊨又奏称：

　　　　今之国平凉，上有母，下有诸子，比安王眷属稍众，而旧府湫隘，不足容。请增造居室。襄陵、乐平二弟今居平凉府卫，乞因以为居。弟府中军校多未至，暂借军民给使令，俟军校至，悉放还。……府中火者但有十人，不足于

――――――――――

① 《明宣宗实录》卷三，洪熙元年七月戊寅条，第86页。

用,及请给驿符验并安王所遗田地房屋等物。①

明宣宗对朱冲𪩘奏请的问题——一作出解决性的回应,并于宣德元年(1426)正月,命陕西布政司及都司协助增修韩王府第,令行在工部遣专人前往督造。②

宣德元年(1426)七月,"行在工部言:'初,韩王冲𪩘奏宫眷多,房屋少,已遣主事毛俊往彼相度增造,并造襄陵、乐平二王府及岷州广福寺。后陕西都司、布政司言,秋夏薄收,军民乏食。'诏暂停止。韩王又奏:'已拆偏傍小屋,若俟冬寒则用工愈艰,请量拨夫匠,仍为增造。'上曰:'王府中屋既拆毁,当令用工。襄陵、乐平二府可姑缓,广福寺其即罢之。'"③《明宣宗实录》中的这处记载说明,韩王朱冲𪩘在修建王府的同时,还在岷州(今甘肃岷县)营造广福寺。此事在篇幅极为有限的《明史·韩王传》中也有交代:

> 宣宗初,(朱冲𪩘)请徙江南。不许。请蠲护卫屯租,建邸第。许之。遣主事毛俊经度,并建襄陵、乐平二邸及岷州广福寺。陕西守臣言岁歉,请辍工。帝令缮王宫,罢建寺役。④

从朱冲𪩘之国平凉后的多次奏请来看,初到平凉的韩府至少面临着四个方面的主要问题:一、韩府宗室人口较多,旧有安王府难以安置,襄陵王、乐平王竟然只能借住平凉府署;二、就藩途中,护卫军校逃逸较多,加之王府宦官原本极少,导致可供差使的仆役、军士严重紧缺;三、韩王初来乍到,王府产业不及经营,资财用度极为匮乏;四、当时陕甘一带连年

①　《明宣宗实录》卷九,洪熙元年九月戊午条,第248—249页。
②　《明宣宗实录》卷一三,宣德元年正月庚申条,第365页。
③　《明宣宗实录》卷一九,宣德元年七月庚戌条,第507页。
④　(清)张廷玉等:《明史》卷一一八韩王朱松传,第3605页。

歉收,韩王宫室的增修一直未能完工,以致于到了宣德五年时,韩王府依然是"家庙未创,宫宇未修"的局面。① 但正是在这种极其窘迫的形势下,朱冲㷒却不惜耗费有限的人力、物力,坚持在远离平凉的岷州营修广福寺。如此匪夷所思的举动显然昭示了一个问题:韩恭王朱冲㷒是笃信佛教的。

而关于韩王朱冲㷒所营建的岷州广福寺,据康熙二十六年(1687)《岷州卫志》记载:

> 广福寺,在城南一里,宋乾德三年建。正统十四年奉敕重修。②

康熙四十一年(1702)《岷州志》中录有宋代王钦臣所撰《新修广仁禅院记》,并记此碑"在广福寺"。③

光绪三十三年(1907)《岷州续志采访录》记载:

> 广仁禅院碑,在城西广福寺,俗名西寺,即宋广仁禅院旧址也。宋元丰七年八月新修,碑亦立于此时。④

宣统元年(1909)《甘肃新通志》记载:

> 广福寺,在(岷州)州城南一里,宋王钦臣《新修广仁禅院记》碑在广福寺。⑤
>
> 广仁禅院碑,在岷州城西广福寺,俗名西寺,元丰七

---

① 《明宣宗实录》卷六三,宣德五年二月乙酉条,第 1482 页。
② (清) 余谠:《岷州卫志・寺观》,载《岷州志校注》,甘肃省岷县志编纂委员会办公室编印,1988 年,第 19 页。
③ (清) 汪元絅:《岷州志》卷一七《艺文志上》,载《中国地方志集成・甘肃府县志辑》第 39 册,南京:凤凰出版社,2008 年,第 157—158 页。
④ (清) 陈如平:《岷州续志采访录・金石》,载《岷州志校注》,第 491 页。
⑤ (清) 安维峻:《甘肃新通志》卷三〇《祠祀志・寺观》,中国西北文献丛书编辑委员会:《中国西北文献丛书》第 1 辑《西北稀见方志文献》第 24 卷,兰州:兰州古籍书店,1990 年,第 243 页。

年八月立。①

民国张维《陇右金石录》记载：

> 广仁禅院碑,在岷县广福寺,今存。②

从以上记载不难发现,广福寺是在宋代广仁禅院的旧址上所建。至于广福寺的位置,志书中或言在岷州城西,或言城南,而造成这一差异的原因在于广福寺实际上位处岷州城的西南方位。

岷州在安史之乱中(唐肃宗上元二年)被吐蕃占据后,藏传佛教得以广泛流行。北宋神宗熙河开边,王韶攻取熙、河、洮、岷等州,以"西羌之俗,自知佛教","乃敕数州皆建佛寺"。③ 熙宁七年(1074),宋神宗"赐岷州新置寺名曰'广仁禅院',仍给官田五顷,岁度僧一人"。④ 由王钦臣撰文、刻立于北宋元丰七年(1084)的《广仁禅院碑》,⑤对岷州建广仁禅院之始末有详细反映。⑥ 由碑记可知,自熙宁六年(1073)王韶

---

① （清）安维峻:《甘肃新通志》卷九二《艺文志·金石》,中国西北文献丛书编辑委员会:《中国西北文献丛书》第 1 辑《西北稀见方志文献》第 26 卷,第 580 页。

② 张维:《陇右金石录》卷三《宋上》,甘肃省文献征集委员会校印,1943 年,第 37 页。

③ 张维:《陇右金石录》卷三《宋上·广仁禅院碑》,第 37 页。

④ （宋）李焘:《续资治通鉴长编》卷二五四,熙宁七年六月壬午条,北京:中华书局,1985 年,第 6211 页。

⑤ "此碑高六尺,广三尺,篆额高广俱尺有八寸……首行为'新修岷州广仁禅院记'",志书中因此也称"新修广仁禅院记",《陇右金石录》卷三中录有详细碑文(张维:《陇右金石录》,第 37—39 页)。碑现存岷县博物馆。

⑥ 对《广仁禅院碑》的具体研究,参见汤开健《宋〈岷州广仁禅院碑〉浅探——兼谈熙河之役后北宋对吐蕃的政策》(《西藏研究》1987 年第 1 期,第 74—87 页)、赵逵夫《宋代西和高僧海渊》(《天水师范学院学报》2006 年第 1 期,第 73—75 页)。

收复岷州到元丰七年(1084)广仁禅院建成,营建时间历经十年,知州种谔、张若讷对寺院的营建十分重视,在当地德行昭著的长道(今甘肃西和)僧人海渊被迎请主持建寺工程,吐蕃酋领赵醇忠、包顺、包诚"皆施财造像"。新建成的广仁禅院"凡四百六十区……吾土之未尝有也",可谓规制宏大。熙河开边中收复的其他州也各建佛寺,如熙宁五年(1072),熙州建成大威德禅院;熙宁六年(1073),河州建成广德禅院,熙州又新建东山、东湖二禅院。① 宋神宗敕令新复各州创建佛寺,是因任吐蕃崇佛的习俗,推行教化,统一风气,以怀柔之策经略西陲的重要举措。在这种形势下建成的广仁禅院自然是以弘扬藏传佛教为主,而《广仁禅院碑》中所记岷州吐蕃酋领为寺院施财造像之事即为明证。宋代时,岷州还建有报恩寺、普救寺。② 岷州在元代属吐蕃宣慰司下辖的脱思麻路,蒙古政权尊崇藏传佛教,优礼藏地僧侣,岷州佛教进一步发展,新建了会福寺。③

明洪武三年(1370),故元吐蕃宣慰使何锁南普等人归降明朝,明太祖对新附的河洮岷地区以土流参治的方式进行管辖。军事上,置卫所屯兵以镇抚;④经济上,设茶马互市以互利;政治上,一方面授以藏族部落首领世袭职位,另一方面,以河洮岷一带尊崇佛教的俗尚,"立河州番、汉二僧纲司,并以番僧为之",用僧人的影响力来化导民众,于是僧徒争建佛寺,明

---

① (宋)李焘:《续资治通鉴长编》卷二四八,熙宁六年十二月戊寅条,第6055页。
② (清)余谠:《岷州卫志·寺观》,载《岷州志校注》,第19页。
③ 同上。
④ 岷州在洪武四年在置千户所,属河州卫;洪武十一年升岷州卫,隶属陕西都司;洪武十五年又升为岷州军民指挥使司。[(清)张廷玉等:《明史》卷四二《地理志三》,第1011页]

太祖"辄锡以嘉名,且赐敕护持".① 永乐时,"诸卫僧戒行精勤者,多授剌麻、禅师、灌顶国师之号,有加至大国师、西天佛子者,悉给以印诰,许之世袭,且令岁一朝贡,由是诸僧及诸卫土官辐辏京师",②赴京朝贡的岷州藏僧有坚藏曼郎、失劳坚昝、长觉等.③ 洪武、永乐年间,岷州新建佛寺有真如寺、般若寺、鲁班寺、班藏寺及大崇教寺的前身曲德寺(隆主德庆林).④ 而这一时期深受明廷礼遇的洮岷高僧,莫过于明代宗景泰三年(1452)受封"大智法王"的班丹扎释.

　　班丹扎释出身岷州后氏,其家族在政教方面地位显赫.班丹扎释自幼学佛,拜班丹嘉措为师.后来入乌斯藏,又师从宗喀巴、贾曹杰、得银协巴等十余位大德,成为一位传习各派、显密兼通的高僧.永乐二年(1404),班丹扎释随班丹嘉措朝觐明成祖,次年被派往乌斯藏迎请噶玛噶举派黑帽系第五世活佛、永乐五年(1407)被敕封"大宝法王"的德新谢巴.此后,班丹扎释又两次奉明成祖之命出使乌斯藏,为沟通明廷与西

① 《明太祖实录》卷二二六,洪武二十六年三月丙寅条,第3307—3308页;(清)张廷玉等:《明史》卷三三〇《西域二·西番诸卫》,第8541—8542页.
② (清)张廷玉等:《明史》卷三三〇《西域二·西番诸卫》,第8542页.
③ 《明太宗实录》卷二六六,永乐二十一年十二月丙寅条,第2418页;《明太宗实录》卷二六七,永乐二十二年正月己丑条,第2425页;《明太宗实录》卷二六七,永乐二十二年正月辛卯条,第2425页;《明太宗实录》卷二六八,永乐二十二年二月辛亥条,第2429页.
④ (明)马理:《陕西通志》卷三六《仙释》,载全国公共图书馆古籍文献编委会编《中国西北稀见方志续集》第2册,北京:中华全国图书馆文献缩微复制中心,1999年,第146页;(清)安维峻:《甘肃新通志》卷九二《艺文志·金石》,第134页;(清)安维峻:《甘肃新通志》卷三〇《祠祀志·寺观》,第47页;(清)汪元绲:《岷州志》卷三《舆地志下》,第32页;(清)智观巴·贡却乎丹巴绕吉著,吴均等译:《安多政教史》,兰州:甘肃民族出版社,1989年,第645、643页.

藏政教阶层的关系作出了重大贡献,得到明成祖的器重,被任命为僧录司右阐教。宣德元年(1426),班丹扎释被封为"净觉慈济大国师"。[①]

　　而提携班丹扎释觐见明成祖的班丹嘉措,也是洮岷一带著名高僧。其少年时即研习密乘经典,青年时赴卫藏,求教于索南坚赞等二十五位师长,能读写古印度四大语系的文字,成为著名学僧。后来在洮岷地区弘传佛教,并在岷州创建了班藏寺。永乐二年(1404),班丹嘉措在觐见明成祖后留居京师。[②]

　　综上,我们对于韩恭王朱冲㷒在岷州营建广福寺一事基本上可以得出以下认识。其一,由于明太祖、明成祖对河湟洮岷地区藏传佛教的护持,岷州佛教在明初呈现出繁荣发展的趋势,而班丹嘉措、班丹扎释等岷州高僧与明成祖的密切关系,使得岷州一带佛教的影响闻于皇室宗亲,这应是吸引韩恭王朱冲㷒在岷州建寺的最初动因。其二,岷州自中唐以来即为藏区,佛教信仰传统深厚,广仁禅院在当地本就具有重要地位,加之规制宏大,到明宣德元年(1426)时,虽已历经300余年,但应该规模尚在,是为韩恭王朱冲㷒营建广福寺的基础。据《明英宗实录》记载,正统六年(1441),"陕西岷州卫番僧纲司、广福寺剌麻锁南屋即等"朝见明英宗并进贡了马匹;[③]正统十二年(1447),"岷州卫广福寺剌麻吒什钻竹等来朝贡马及

①　(清)汪元絅:《岷州志》卷一六《人物》,第153页;(清)智观巴·贡却乎丹巴绕吉著,吴均等译:《安多政教史》,第641—642页;张润平、苏航、罗炤编著:《西天佛子源流录:文献与初步研究》,北京:中国社会科学出版社,2012年,第159—173页。

②　(清)智观巴·贡却乎丹巴绕吉著,吴均等译:《安多政教史》,第645、641页。

③　《明英宗实录》卷七五,正统六年正月壬戌条,第1471页。

方物”。[1] 虽然宣德四年(1429),明宣宗即敕令岷州兴修了后来声名显赫的大崇教寺,[2]但至少在正统年间,广福寺是岷州番僧纲司所在。而此时距宣德元年(1426)仅15年,可以说,在韩恭王朱冲烒着意营修之时,广福寺已经是一座具有相当规模的藏传佛教寺院。其三,自韩恭王朱冲烒奏请扩建王府以来,明宣宗曾三次下令陕西都司、布政司协助营修,[3]而岷州军民指挥使司隶属于陕西都司,韩恭王朱冲烒之所以能在远离平凉的岷州营建广福寺,肯定得到了陕西都司的支持,而且广福寺的营建一定程度上也是明廷对西北少数民族地区“因俗而治”方针的一种实践和体现。

虽然半途终止,但韩恭王朱冲烒对广福寺的营造昭示了韩王家族佛教信仰的渊源,成为韩王在甘肃扶持佛教的发端。此后,韩王家族开展了一系列支持佛教的活动。

第二节　平凉府城周围的韩府佛寺

一、平凉府城佛寺的分布及韩府寺院

关于明代平凉府城周围佛寺的分布情况,赵时春在《平凉府志》卷三《寺观志》中有简要罗列:

> 崇福寺。在府城圆通寺东北,苑马寺西半里,居众王府中,皆女尼。
>
> 圆通寺。在崇福寺西南委巷。
>
> 段家寺。在府城外东北,民段氏为之,以市王府,遂大起寺像。

① 《明英宗实录》卷一五二,正统十二年四月条,第2991页。
② 张维:《陇右金石录》卷七《明二·大崇教寺碑》,第25页。
③ 《明宣宗实录》卷三,洪熙元年七月庚辰条,第93页;《明宣宗实录》卷九,洪熙元年九月戊午条,第248—249页;《明宣宗实录》卷一三,宣德元年正月庚申条,第365页。

太子寺。故治平寺，①在浚谷书舍南崖……

张和尚寺。在太子寺东二里，岨谷河西南岸，葬故承奉无祀者，张和尚娶妻有子。

王常寺。在岨谷河北东岸。

寄骨寺。在府城西干沟西岸。

乐平慈化寺。在西门外，校场南。

韩二府寺。在纸房沟二郎庙南。

南庄寺。在南门外南崖，女尼。

韩六府寺。在北门外。

褒四府寺。在东北郭余复古亭东，浚谷东北岸半里。

毛家寺。即指挥毛文祠堂之前。

马家寺。在浚谷河南郭城内，颓废，嘉靖七年有僧以二百金修复……

胡承奉寺。在郎岘。

花家庄寺。在城南。

空同五台寺。去府城三十里崆峒山上。②

作为一位绝对正统的儒家知识分子，赵时春经时济世、心忧天下的使命感在其《平凉府志》得到了突出的体现。因此，这部被时人推崇备至的著名方志中，对国事民生最为用心，至于宗教、寺观等情状，未能考其历史、规模，很大程度上只是作为保证方志体例完备性的部分而被简要列及。至于其中几处稍费笔墨的地方，也只是对僧道中不堪之人、荒唐之事的涉及，并且，这些内容的出现也是为了表明作者本人对佛道影响社会风气教化的审视与忧虑。尽管如此，赵时春《平凉府志·

---

① 天顺《大明一统志》载："治平寺，在府治东，宋时建，元至正五年重修。"[(明)李贤等：《大明一统志》卷三五《平凉府·山川》，天顺五年内府原刻本]

② (明)赵时春：《平凉府志》卷三《寺观》，第357—358页。

寺观志》依然是对明代平凉府城佛寺记载最为丰富的文献,因此,也是了解明代平凉府城佛寺分布最为重要的资料。

此外,明代平凉府城周围的佛寺,赵时春在《平凉府志》中还记有大佛寺,①《东塔寺记》中记韩昭王妃温氏建东塔寺;②嘉靖《陕西通志》记有"云崖寺,在府东四十里,洪武三年建。宝林寺,在府东南五十里,洪武三年建";③乾隆元年《甘肃通志》载有经藏寺,"在府西一里,明洪武年建"。④

通过对以上文献的考察可以略知,明代平凉府城周围存在有 20 余座佛教寺院。其中与韩府相关的有 9 座,具体分为四种情况:其一,韩二府寺、韩六府寺、东塔寺及褒四府寺、乐平慈化寺,为韩王及韩府下衍封的褒城王、乐平王等宗室所建,并以府名名寺;其二,段家寺,本为民间所立,被市与韩府后得以大规模起寺造像;其三,崇福寺,位处众王府中,是一座尼寺,或是为了方便韩府宗室女眷的信仰需要;其四,胡承奉寺及张和尚寺,与韩府属官"承奉"有关,胡承奉寺当为韩府一位胡姓的承奉正所建,而张和尚寺是"葬故承奉无祀者"。

这里需要对"承奉"作以说明。承奉司是明代亲王府中设立的重要职能机构,《明会典》及《明史》中仅有对承奉司职官设置的规定,并无承奉司职能的记述。《明太祖实录》载:"亲王府承奉司,掌王府诸事,凡事则呈长史司并护卫指挥使司行

---

①　(明)赵时春:《平凉府志》卷一《城郭》,第 261 页。

②　(明)赵时春:《赵浚谷文集》卷六《东塔寺记》,载《四库全书存目丛书·集部》第 87 册,济南:齐鲁书社,1997 年,第 333—334 页。

③　(明)马理:《陕西通志》卷三六《仙释》,载《中国西北稀见方志续集》第 2 册,第 145 页。

④　(清)许容等修:《甘肃通志》卷一二《祠祀·平凉府》,载《景印文渊阁四库全书·史部》第 557 册,台北:台湾商务印书馆,1986 年,第 390 页。

之,与内官衙门不相统摄。设承奉正,秩正六品;承奉副,秩从六品。"①《如梦录》在记载明代开封的周王府时,称:"(午门)门内东西承奉司,承奉内官,掌管阖府事务,传递本章,与在京东厂司礼监同。"②由此两则材料,对于承奉司的职能可以知其大概。

赵时春《平凉府志·寺观志》在列述完寺庙宫观后,又云:"凡贵家豪族,崇山灵湫,咸置寺庙,不可胜纪,姑举是数者,以见其概云。"③足见明代韩府宗室在平凉崇山灵湫之地营建寺院已蔚然成风。《平凉府志》等文献所载显然只能见其大略,但却反映了韩府自创寺院、王府宫眷信仰佛教以及王府与民众共建佛寺的情形。

除去文献所载,一件明代造像上的题记(图2-1)反映了韩府创建的又一处寺院——通济寺。④该身铜像武士装,全身穿戴盔甲战靴,双腿分开,坐于方座之上。因左手残失,所持法器不存,所以造像尊格难以判定,可能是韦驮像或天王像。造像底座右侧铸有供养人题记"敕赐韩府通济寺藏经阁住持、比丘僧真怀,徒□□",底座左侧铸年款"崇祯三年四月十八日虔造"。

这尊明代造像上的题记说明,韩府建造的通济寺是皇帝敕赐的寺名,虽不知何时创建,但寺院规模肯定不小,寺中僧人数量应该也不少。因为这尊造像的供养人为通济寺藏经阁住持真怀,显然,通济寺是一座专门建有藏经阁的大寺。崇祯三年(1630)在位的,则是末代韩王朱亶塄。

---

① 《明太祖实录》卷二四一,洪武二十八年九月,第3513页。
② (明)佚名撰,(清)常茂徕增订,孔宪易校注:《如梦录·周藩纪第三》,郑州:中州古籍出版社,1984年,第7页。
③ (明)赵时春:《平凉府志》卷三《寺观》,第358页。
④ 现藏平凉市崆峒区博物馆,高约70厘米。

图 2 - 1　明崇祯三年韩府通济寺造像

　　明朝立国后，朱元璋逐步建立了一套纲目齐备的僧官体系。洪武十五年（1382），在朝廷设僧录司，掌管全国佛教事务。至于地方僧官，府立僧纲司，设都纲、副都纲各一人；州立僧正司，设僧正一人；县立僧会司，设僧会一人。① 明朝的各级僧官不置署，僧司直接设在寺院之内。据嘉靖《陕西通志》记载："十方院，在静宁州治西，洪武三年建，内有僧正司。观音院，在庄浪县治西，洪武中建，内有僧会司。下生寺，在隆德县治西，洪武中建，内有僧会司。"② 可见，平凉府下属诸州县在洪武年间即出现创立寺院的风气，而且这些新建佛寺成为日后僧正司、僧会司之所在，保障了朝廷僧官制度在地方上的落实。据嘉靖《平凉府志》记载，平凉府城内文昌宫之左为寺丞宅，"宅之左咸王府，为僧纲司、大佛寺，官吏习礼仪焉"。③

① （清）张廷玉等：《明史》卷七五《职官志四·僧纲司》，第 1853 页。
② （明）马理：《陕西通志》卷三六《仙释》，第 145 页。
③ （明）赵时春：《平凉府志》卷一《城郭》，第 261 页。

明代平凉府的僧纲司当是设在大佛寺,而且此处还是官吏习礼仪之所。《古今图书集成》卷五五二《平凉府部汇考二·平凉府公署考》亦载:"僧纲司,在大佛寺,为官吏习仪处。"①

二、韩昭王妃温氏创建东塔寺

明代平凉府城周围有 20 余座佛寺,其中至少 10 座与韩王直接相关。但这些佛寺如今几乎都已无迹可寻,唯有平凉市东端宝塔梁上依然耸立的"延恩寺塔",昭示着明代平凉佛教的繁荣。据赵时春《塔记》和《东塔寺记》记载,②韩昭王朱旭㰚的王妃温氏曾于嘉靖二十五年(1546),在平凉府城东郊建成七层琉璃塔——东塔,并以塔为中心,创建了东塔寺。此"东塔"正是现存的"延恩寺塔"。

"延恩寺塔",为明代七级八角筒体楼阁式砖塔。(图 2-2)塔平面为八边形,共七级。通高约 33.3 米,底部周长约 36.64 米,直径约 12 米。塔基由红砂岩条石砌筑,出露地面约 0.1 米。塔身均为青砖扁砌实墙,浆砌材料为糯米石灰浆。塔身外壁亦用糯米石灰浆做了勾缝,呈姜黄色。

塔身第一层由 50 余青层砖叠砌而成,层高 5.15 米,每边长 4.56 米。正南面辟一券门,由此可进入塔心室。券门作半圈券糙砌,二券二伏,高 2.21 米,宽 1.08 米,进深 0.7 米。券门上方有石制匾额镶入塔体,匾额上阴刻"大明"二字。

塔身第二层高 4.31 米,每边长 4.41 米。南、西、北、东四面开券门,为通风洞;其余的西南、西北、东北、东南四面辟圆券形龛;券门及圆券形龛两侧的上方隐作窗户。

塔身第三层高 4.1 米,每边长 3.9 米。南、西、北、东四面

---

① (清)陈梦雷编:《古今图书集成》第 105 册,上海:中华书局,1934 年。

② (明)赵时春:《赵浚谷文集》卷六,第 333—334 页。

辟圆券形龛；其余的西南、西北、东北、东南四面开有券门，为通风洞；券门及圆券形龛两侧的上方各辟小龛。

塔身第四层高 4 米，每边长 3.58 米。各面所开的券门（通风洞）以及圆券形龛和第二层一致，只是券门和圆券形龛两侧的上方各辟小龛，而非隐作窗户。

塔身第五层高 4.05 米，每边长 3.35 米。第七层高 3.45 米，每边长 2.51 米。第五、第七层的形制和第三层基本一致，只是第七层券门（通风洞）及圆券形龛两侧的上方隐作窗户，而非辟出小龛。

图 2-3　"延恩寺塔"第 6、7 层

图 2-2　明代"延恩寺塔"

图 2-4　"延恩寺塔"第 4、5 层

塔身第六层高 4.03 米，每边长 3.13 米，其形制与第二层基本一致。

塔身顶层以斗拱来承托瓦檐，再叠涩收顶，组成了瓦檐与砖叠涩的混合结构。顶部铁铸塔刹由刹柱来支托,柱角落在塔身第七层。塔刹由圆形覆钵、宝珠、露盘、宝盖、相轮以及刹杆等组成,使增高的顶部有直插云霄的气势。

塔身第二至七层,每层均以砖砌出倚柱、槏柱及阑额、地栿,属于较全面的仿木结构,而且各层均用两层叠涩砖在转角处挑出假平座回廊。塔身外壁各层均砌有密檐,密檐挑出塔身约0.7米,乃14层青砖兼用仿木结构挑檐扁砌而成。下面7层各外伸0.1米,上面7层反压内收。塔檐斗拱为三层叠涩出挑,用材较小,平缓短浅的出檐风格颇具元代风貌。塔檐之上铺泥灰,覆以绿色琉璃筒瓦。每层塔檐各檐角皆置绿色琉璃角神,下挂铁铸风铎。

“延恩寺塔”每层收分、檐出为一常数,所以塔身外轮廓线较为平直。空筒形塔体则由下至上逐层收分至顶部,塔内各层用木楼板为间隔,造登塔木梯盘旋而上,贯通各层。

明代创修“延恩寺塔”的具体情形,在赵时春嘉靖二十五年(1546)所作的《东塔寺记》和《塔记》中得以保留。《东塔寺记》云:

> 寺以塔名,重在塔也。浮屠氏起西南夷,患夷俗多欲幻妄,欲以寂虚化之,唯恐其弗胜。其后延入中国,凡王公贵人,反以其富贵施诸浮屠氏,敬而礼之,常恐弗能胜其志。韩国温太妃爱怀先昭王,应世随化,散财酬德,乃卜东郊离面枕冈,考胜为琉璃宫七,以奉浮屠。前为天王,又前为金刚,以呵护山门。宫之左右,各翼以廊,以貌古之礼敬浮屠而得其三昧者。左右廊之前,益之以楼,以载簴镛,为香火讽呗之节。其外环以精舍僧厨,崇垣复门,种种具足。然大要归重于塔,故为亭以居碑者又二,一以志夫寺,一以志夫塔。[1]

---

[1] (明) 赵时春:《赵浚谷文集》卷六《东塔寺记》,第333—334页。

赵时春《塔记》文曰：

> 塔七级，镇浮屠官后。琢石以为基，覆之。视其殿，楯栏薨榭，施砖埴之，工以亿计。周缭铃索，用五金之材以千计。创手于嘉靖乙未初夏，丙午春初告成。凡厥用意勤至，上为明圣祝釐，下为士庶祈休，盖推广先昭王与今嗣王之令德，而欲播诸人人者也。睹斯塔者，当俨然研其精义，入于正觉。彼以杀为戒，则凡省苛法以寿民节，宴游以裕物者，不可不知也。彼以贪为戒，则凡薄赋敛以惠下，谨礼教以睦族，斥远言利之臣，式昭恭俭之德者，不可不知也。彼以嗔为戒，则凡谗佞构间之来，过差嫌隙之端，待之以定性，驭之以至公者，不可不知也。浮屠氏让国以修行，故人贵其身如山岳，是以塔而藏焉。昭王盛年奄弃千乘之尊，太妃晚节施散万金之资，吻合浮屠氏之奥旨矣。则凡被夫教育者，必能恪守宝训，淡泊无为，静以养心，简以御事，怡神于虚明清淑之域，以享大雅乐善之休。兹塔将与有光，时春将阴受其惠焉。故不敢以不习浮屠氏辞，谨奉宣嘉问，以为之记。[①]

当时即以文章名世的赵时春，着实对宗教缺乏兴致，正如他本人所言"不习浮屠氏"，因此，尽管他与韩府宗室关系良好，但在作此二记时却是惜字如金，绝不肯多着笔墨来描绘新成寺塔的规模格局。但他所作的这两篇记文，却是目前所见承载东塔及东塔寺历史信息的唯一文献资料。

赵时春在《东塔寺记》和《塔记》中对此塔并未有明确称呼，只称寺为东塔寺，根据"寺以塔名，重在塔也"，则该塔名当为"东塔"。嘉靖《平凉府志·城郭志》记载："东郭门外之阳有真武庙，

---

① （明）赵时春：《赵浚谷文集》卷六《东塔寺记》，第 334 页。

有新塔寺,今改正学书院,有旧塔寺,极东为东岳庙。"①同时,
嘉靖《平凉府志·平凉府城图》上也标绘出了真武庙、塔寺、正
学书院。(图 2-5)所以,现在所谓的"延恩寺塔"在起初称为
"东塔",是当时笃信佛教的"韩国温太妃"即韩昭王朱旭櫏的
王妃温氏,为已故的韩昭王祈福而建的。在慎重选址后,自嘉
靖十四年(1535)起,至嘉靖二十五年(1546),耗工十载建成。
同时在东塔前塑有天王、金刚,主殿两翼建有长廊,左、右长廊
之前又筑钟楼、鼓楼,最外围环建精舍僧厨、崇垣复门。

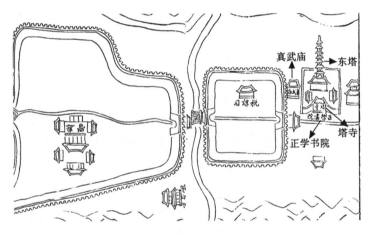

图 2-5 明代平凉府城东塔、东塔寺位置标示图

现"延恩寺塔"所在地,曾发现明初延恩寺断碑。因此,东
塔寺所在地,明初曾有延恩寺,寺中应该有塔,即赵时春在《平
凉府志》中所谓"旧塔寺"。韩昭王妃温氏所建东塔寺为"新塔
寺"。建成后的整个寺院称东塔寺,宝塔高耸,寺宇宏阔,成为
当时平凉府城重要的佛教活动场所。东塔寺,特别是东塔的
影响很大,清光绪进士王源翰有《高平竹枝词》四首写平凉风

① (明)赵时春:《平凉府志》卷一《城郭》,第 262 页。

物,其一曰:"东关浮屠起七层,禅房罗列夜传灯。韩藩好佛人都化,处处经声处处僧。"①清人赵汝冀亦有诗盛赞大明宝塔云:"七层突兀薄霄汉,八面玲珑射斗牛。眼界欲闻登绝顶,秦关百二望中收。"但东塔及东塔寺建成第十年,平凉城即遭遇地震。赵时春《平凉府志》载,嘉靖"三十四年冬十二月十二日夜已尽二更,地大震,城垣尽摧,城中死者十余人,而山居穴处死者数千人"。② 但地震震级应该不大,东塔及东塔寺似乎没有受到太大影响。后以东塔寺所在地原有延恩寺之故,东塔遂被称为"延恩寺塔"。

三、襄陵王朱融焚"奉旨敕修"乾丰寺

平凉市泾川县丰台乡五冢村乾丰寺内现存清乾隆三十九年(1774)《五冢村重修乾丰寺关帝庙碑记》一通,③吴景山先生《泾川金石校释》一书中公布了该碑拓片及录文。此碑起首记道:

> 距州城廿五里,有村曰五冢,树林蓊郁,州火密稠,有古名村风焉。其村之北有曰乾丰寺,村之东有曰关帝庙,相去不远。寺建于明嘉靖二十九年,传襄陵王奉旨敕修。其基址宽阔,庄严辉煌,迥非他寺所能及焉。庙亦建于崇祯末年,规模差狭于寺,而神之威灵则固彰明较著也。村人岁时伏腊,向二处必恭敬,止以告庆焉。④

---

① 路志霄、王干一选编:《陇右近代诗钞》,载《中国西北文献丛书·西北文学文献》第 20 册,兰州:兰州古籍书店,1990 年,第 70 页。王源翰(1829—1899),字奋涛,号海门,甘肃静宁人,光绪十二年进士。官至江西南康知县,晚年历主阿阳、五原各书院讲习。
② (明)赵时春:《平凉府志》卷一《官师》,第 286 页。
③ 碑为砂岩质,高 90 厘米,宽 56 厘米,厚 8 厘米,碑文四周单阴线刻饰卷草纹。
④ 吴景山:《泾川金石校释》,兰州:甘肃文化出版社,2016 年,第 154 页。

泾川县五冢村另存有万历三十六年（1608）《重修乾丰寺记》碑，虽剥蚀严重，但仍然透露出乾丰寺的创建缘起、重修等情况，现录碑文如下：

重修乾丰寺记

　　　　郡一朴主人平斋间焌撰，郡一考吏王天□篆额
　　寺以乾丰名，乾，天也，天之雨旸时若，则年丰□□□
　　感□基□于□抱一□，而自天祐之乾丰□□□□此创□于
　　唐□五冢镇南二里许有遗碑，盖其故址也。历自明兴以来
　　□□深□□□□里人□□□□□风雨，且远弗便于□□，
　　遂□□焉。观音堂创于镇之北隅，□壁一□。是以□□□
　　□□□□□里人又□□□不众□人靡所□敬而□□善，乃
　　偕僧湛游拓厥地□□□□□□□□□□□正殿三楹，易观
　　音像为佛三尊，诸天□□□□忝列于殿之两□□□□□□
　　崛起□□□□□□□规模较广□望较□□□是殿后有僧
　　□□□□原人，幼祝□□□□□□□□□□□□□□□□
　　□乾丰而□□□音殿废殿□队□迄□□□□□□□□□□
　　□□□□□□□□□□□□□□□□□□□□□□方丈
　　□□□观音阁□□□□□□□□□□□□□□□□□□□
　　□□来□合成……
　　以余尝于□□诸□□□□□□□余□□□□□……①

综合以上两碑的内容可以知道，乾丰寺创建于唐末，寺名寓意为祈愿晴雨适时、气候调和、岁稔年丰。从五冢镇南二里处遗存的碑刻来看，遗碑处当为乾丰寺故址。进入明朝以来，以乾丰寺离五冢镇较远，且已颓败，于是观音堂在五冢镇北隅被创建。后来，当地民众与寺僧一起对镇北新建的乾丰寺进

---

① 吴景山：《泾川金石校释》，第150页。

行扩建,正殿辟为三楹,原来供奉的观音像改为三佛尊像,[①]
正殿两侧塑列了作为佛教护法的二十四诸天,另外也拓建了
其他建筑。按照记事碑的行文惯例,对立碑所记的核心事件
往往着墨较多,叙述详细,故而《重修乾丰寺记》所载这次扩建
应该就是完成于立碑的万历三十六年(1608)。《重修乾丰寺
记》碑阴有功德主题名及年款,正面碑文存字有限,其中均未
出现任何与韩王府有关的信息,所以韩王家族应该没有参与
这次扩建活动。如此,《五冢村重修乾丰寺关帝庙碑记》中所
记载的,相传襄陵王于明嘉靖二十九年(1550)"奉旨敕修"乾
丰寺如果属实,应该对应的就是《重修乾丰寺记》中所记乾丰
寺从五冢镇南迁建于镇北一事。襄陵王是由韩王府衍封出来
的郡王,考之《明史·韩王世表》,襄陵懿简王朱旭橦庶一子朱
融焚,嘉靖二十五年至万历十年在位,谥曰"顺清"。[②] 嘉靖二
十九年(1550),襄陵顺清王朱融焚奉敕在五冢镇北重建乾丰
寺,奠定了以观音堂为主体的寺院格局,为万历乾丰寺扩建奠
定了基础。扩建之后的乾丰寺规制宏敞,超过其他一般寺院,
成为当地民众岁时祝祷的场所,颇具影响。

四、宗室"明德子"与泾川水泉寺

平凉市泾川县大云寺博物馆现藏明弘治十年(1497)《敕
赐华严海印水泉禅寺记》碑一方,[③]汉白玉材质,四周阴刻卷

---

① 明清佛教寺院正殿所供三佛尊像一般为三世佛,分为两种组合形式:
迦叶佛、释迦牟尼佛、弥勒佛组成的所谓"竖三世";释迦牟尼佛、阿弥
陀佛、药师佛组成的所谓"横三世"。也有寺院正殿所供的三尊佛为
三身佛:法身佛毗卢遮那佛、报身佛卢舍那佛、应身佛释迦牟尼佛。
② (清)张廷玉等:《明史》卷一〇二《诸王世表三》,第 2758—2759 页。
③ 此碑长 60 厘米,宽 62 厘米,厚 7 厘米。张维在《陇右金石录》中将
其录为水泉寺诗碑,并按云:"水泉寺即华严海印寺,诗为弘治十年
宗室明德子所撰刻。"(张维:《陇右金石录》卷八《明三》,第 45 页)

草纹边饰。(图2-6)现录碑文如下:

敕赐华严海印水泉禅寺记

宗室明德子题

祭毕归来逸兴浓,寻幽潇洒梵王宫。满地莲幢新波绿,四面山屏淡雾笼。忘俗老僧尘世外,争林野鸟夕阳中。坐来不觉凉如洗,走笔留题兴不穷。

予因祀事抵泾,获游水泉寺,已而暑气顿除,胸次洒然,偶成一律,遂援笔麈之。时成化戊戌中元前一日也。

僧正司护印僧智广,住持妙钦、妙铃、妙庆,经禅智本、智全、惠镶,功德主梁鉴、李温、梁赟、王原、何俊、梁济、梁国太、史得庆、史福正、史瓒、李和、梁本、梁豆。

时弘治拾年柒月拾伍日,泾州长寿里庶士史遵书,石匠乔子玉、乔文通人二。

图2-6 华严海印水泉禅寺记碑

　　《敕赐华严海印水泉禅寺记》反映了韩府宗室与泾州僧人交游的情况。由此碑记可知,成化十四年(1478)中元节前夕,韩藩宗室"明德子"因为祭祀之事来到泾州,观览水泉寺后占成七律一首。弘治十年(1497),泾州水泉寺僧人将明德子诗作及后记铭于碑石。清代郑澥《平凉县志》记载明代韩王墓称:"怀王、靖王、惠王、悼王、康王、昭王、庄王、敬王墓俱在县东南。"①已发现的韩靖王墓在崆峒区四十里铺,由此看来,自第三位韩王起,韩王陵墓都在平凉县境内。在泾川发现的韩府宗室墓,目前仅有第二位韩王韩恭王朱冲𤊎墓,明德子前去祭祀的应该就是先王朱冲𤊎。至于"宗室明德子",正如张维在《陇右金石录》中所云:"明时藩封多以别号施之金石文字,不知其为何人也。"②主持刻此碑记的僧人,是泾州僧正司护印僧智广,如此,则华严海印水泉禅寺应当正是明代泾州僧正司所在之处。③

　　韩府宗室明德子游观的这座华严海印水泉禅寺,是一所历史久远的泾州名寺。据嘉靖《陕西通志》记载:"水泉院,在泾州北五里,唐时建,有碑记。"④赵时春《平凉府志·泾州志》载:"华严海印寺,在城北五里。"⑤这两本明代方志中所记的水泉院和华严海印寺,其实是同一座寺院——华严海印水泉禅寺,根据当时所存碑记,该寺的前身可以追溯到唐代。

　　北宋景德年间(1004—1007),解脱禅师将该寺重建,宋真

①　(清)郑澥:《平凉县志·陵墓》,载《中国西北文献丛书·西北稀见方志文献》第43卷,兰州:兰州古籍书店,1990年,第506页。
②　张维:《陇右金石录》卷八,第45页。
③　关于明代泾州僧正司之所在,文献及碑刻资料中均未见记载。
④　(明)马理:《陕西通志》卷三六《仙释》,第145页。
⑤　(明)赵时春:《平凉府志》卷五《泾州·寺观》,第330页。

宗赐名"水泉院"。乾隆《甘肃通志》载:"水泉院,在泾州城北五里,宋景德中建。"①《古今图书集成》卷五五三《平凉府寺观考·泾州》载:"水泉院,在州北五里,宋景德中敕赐,解脱禅师建。元元贞年僧人行寻重建。"②《陇右金石录》载有《解脱禅院碑记》,碑文大部分已剥泐难辨,有"景德□年"纪年及"解脱禅院碑记"篆额。③ 此解脱禅院应该就是解脱禅师所建的水泉院。宋代建水泉院之事在明代《重修水泉上寺碑》中也有反映,碑云:

> 古城之西,近陵生水,苯莩传称紫荆山,山之麓,止水莹澈,名曰青凤泉,宋元统中立寺于其上,因题寺曰水泉,宝古之共池地也。④

关于碑中所言"宋元统中立寺于其上",张维按云:"考元统为元惠宗年号,宋无元统,或统为误字,或即元时所立。寺有华严海印寺碑,为元元贞时物,似以元时所立为近是也。"⑤张维以华严海印水泉禅寺存有元代元贞时《华严海印寺碑》,而倾向于认为水泉院创立于元代元统年间(1333—1335)。元代元贞元年(1295)《花严海印寺碑》(即《华严海印寺碑》),⑥《陇右金石录》中录有碑文:

敕赐花严海印禅寺记并序

……□□有井甃,名曰青凤泉,建寺曰真相院,累经劫灰。大元开国,积善余庆,恢崇三宝,塔寺兰若争上寺

---

① (清)许容等修:《甘肃通志》卷一二,载《景印文渊阁四库全书·史部》第 557 册,第 392 页。
② (清)陈梦雷编:《古今图书集成》第 105 册。
③ 张维:《陇右金石录》卷三《宋上》,第 16 页。
④ 张维:《陇右金石录》卷八《明三》,第 45 页。
⑤ 同上书,第 46 页。
⑥ 现存平凉市泾川县王母宫石窟文管所。

> 重修，想不忘灵山之付嘱尔。故经云□□□讳了彬，西蜀剑阁阴平邑人……□岁□锡此山，复兴故址，划荆榛而作净土，似□躬往京师，得宣诰命，名曰花严海印水泉禅寺。圣寿之场，营修罗汉大殿；妆塐云周，复建花□蜃楼……现度门弟子三十有余，皆青出于蓝，冰寒俱高。①

《花严海印寺碑》另一面碑文刻八思巴文，蔡美彪先生曾对其作过译释，《泾川县志》中也录有这一汉文译文。② 从译文看，这是元廷颁布的一道要求保护泾州华严海印水泉禅寺财物及告诫寺中僧人不要越轨行事的圣旨。碑身下段为泾州僧正及文武职官汉文题名，但姓名全已剥落。

《花严海印寺碑》立于元贞元年（1295），但碑中所述都为此前的事，元贞元年之前即元世祖忽必烈至元时期。据碑文所载，元朝开国后，西蜀僧人了彬来到泾州，在青凤泉旁真相院的故址上重新规划建寺，③并因此前往京师请命，忽必烈赐寺名曰“花严海印水泉禅寺”；《花严海印寺碑》背面的八思巴文圣旨应该就是此时颁布的，其文末纪年“牛儿年夏末月初三”，蔡美彪先生在《泾州水泉寺碑译释》一文中已明确考知为至元二十六年（1289，己丑年）。

《花严海印寺碑》已经说明，“花严海印水泉禅寺”是忽必烈敕赐寺名，而且寺院最迟于元贞元年（1295）已经在泾州青

---

① 张维：《陇右金石录》卷五《元》，第26页。

② 蔡美彪：《泾州水泉寺碑译释》，载元史研究会编《元史论丛》第三辑，北京：中华书局，1986年，第231—242页；泾川县县志编纂委员会：《泾川县志》，兰州：甘肃人民出版社，1996年，第732—733页。

③ 《古今图书集成》所载“水泉院……元元贞年僧人行寻重建”，但元贞元年《花严海印寺碑》所记重建水泉寺的僧人是了彬，行寻与了彬当是同一人。

凤泉边建成。但上文中提到的张维对明代《重修水泉上寺碑》中"宋元统中立寺"的辨析如果成立,则泾州青凤泉边的水泉院是在元代元统年间(1333—1335)创立。一座由忽必烈赐名、有30余僧人的新成寺院,在不到40年之后又被重建并改名,显然不太可能。因此,明代《重修水泉上寺碑》"宋元统中立寺"一句中的舛讹,应当是在纪年的"元统",而非表明朝代的"宋"字上。况且,乾隆《甘肃通志》及《古今图书集成》的记载已经说明,水泉寺之名始于北宋,而《重修水泉上寺碑》中也称"因题寺曰水泉"。《花严海印寺碑》亦言及,元朝之前,青凤泉旁曾"建寺曰真相院"。既然已经可以确定水泉院之名始于北宋景德年间,则"真相院"或许就是嘉靖《陕西通志》中所载水泉院在唐代创建时的名称。

　　明弘治十四年(1501)《重修水泉上寺碑》对明代水泉寺的情况有所反映,由碑记可知,水泉寺(即华严海印寺或华严海印水泉禅寺)所在之地为紫荆山山麓,山顶平坦广阔,山腰则险不能上。成化年间,有一位修持佛法的天齐上人来到泾州,看到山下的水泉寺中"缁流充满兰若,无置锥可居",僧人已达饱和的程度,便率领徒弟智辩等四五人,在山腰开出小道,披荆斩棘,建成佛寺一座。即将竣工之际,发现山顶有古之胜景遗迹,天齐上人于是又在此故址上兴建了"栋宇崇丽、位显像严、金碧辉煌"的另一座寺院。整个工程始于成化九年(1473),终于弘治十四年(1501),前后近30年,山下原来的水泉寺称为下寺,新建山腰寺院为中寺,山顶寺院为上寺。[①] 据弘治十年(1497)《敕赐华严海印水泉禅寺记》,韩府宗室明德子游览水泉寺是在成化十四年(1478)。此时,天齐上人还未

---

① 参见张维《陇右金石录》卷八《明三·重修水泉上寺碑》,第45—46页。

建成中寺及上寺,明德子游览的寺院还是原来的水泉寺。至
于明德子对天齐上人正在山上开展的建寺工程是否施财资
助,没有资料可以表明。

　除韩府宗室成员外,韩府属官的佛教信仰情形在一些现
存文物中也得到了反映。平凉市崆峒区博物馆藏有一尊明代
毗卢遮那佛坐像(图2-7),高35.6厘米,铁质。佛像螺发,肉
髻高隆,肉髻顶上有摩尼宝珠顶严;佛面相方圆,神态沉静,着
双领下垂式袈裟,双手于胸前结最上菩提印,单跏趺于略显束
腰的台座上。佛螺发施以蓝色,面部及身部涂为金色,台座则
绿、蓝、红三色分层图绘。佛像背部铸有铭文"韩府书办蒋和
同室人王氏发心铸造佛一尊,吉如意"(图2-8)。造像比例协
调,神态处理尚可,但整体技艺粗糙,面部及衣纹处理显得粗
率模糊。

图2-7　韩府书办蒋和施造佛像　　　图2-8　韩府书办蒋和施造
　　　　　　　　　　　　　　　　　　　　　　佛像背部铭文

第三节　韩王在平凉的道教营建

平凉府城西去约 30 里即为道教名山崆峒山,因此,平凉府城一带的道教宫观相对于佛寺来说不是很多。嘉靖《平凉府志·寺观志》中仅记载有城隍庙、天台观、西岳庙、太白庙、问道宫、玉清宫。其中,问道宫为崆峒山宫观,而西岳庙、太白庙已经颓废。① 但在《城郭志》中,赵时春提到,平凉城万安门内附近有荧惑宫、神霄宫、老君庵、玉皇阁,东郭门外有真武庙、东岳庙;②《平凉府城图》中,来远门外标绘有演玄观,文昌宫与行太仆寺之间有关王庙,城隍庙之北标绘有火星庙。③此外,嘉靖《陕西通志》记载有朝元宫,"在府北五里天坛山,至元间建,有古碑"。④

以上 10 余处宫观中,神霄宫是明代平凉府的道纪司所在。据嘉靖《平凉府志·城郭志》记载,平凉城东南的万安门内有哈指挥宅,"邻神霄宫、道纪司"。⑤《古今图书集成·职方典》卷五五二《平凉府公署考》载:"道纪司,在神霄宫。"⑥关于神霄宫的创建年代,据天顺《大明一统志》卷三五《平凉府·寺观》记载:"神霄观,在府治东南,元延祐中建。"⑦这里的神霄观和嘉靖《平凉府志》中提到的神霄宫都是在平凉府城内东南方位,二者所指应是同一座道观。对道教极为崇信的宋徽

---

① （明）赵时春:《平凉府志》卷三《寺观》,第 358 页。
② （明）赵时春:《平凉府志》卷一《城郭》,第 261—262 页。
③ （明）赵时春:《平凉府志》,第 259、260 页。
④ （明）马理:《陕西通志》卷三六《仙释》,第 145 页。
⑤ （明）赵时春:《平凉府志》卷一《城郭》,第 261 页。
⑥ （清）陈梦雷编:《古今图书集成》第 105 册。
⑦ （明）李贤等:《大明一统志》卷三五《平凉府·寺观》,天顺五年内府原刻本。

宗，受道士林灵素"天有九霄，而神霄为最高，其治曰府。神霄玉清王者，上帝之长子，主南方，号长生大帝君，陛下是也"这一套神话附会的蛊惑，不仅自封"教主道君皇帝"，还令天下皆建神霄玉清万寿宫，"于是神霄、玉清之祠遍天下"。[①] 平凉府城内这座神霄宫的历史或许可以上溯到宋徽宗时期。

天台观的情况较为复杂，据嘉靖《平凉府志·寺观志》记载：

> 天台观，在城北五里虎山原墩台下，瞰城郭泾川。相传有贺老子学仙于此，既殁，众为立观。至成化间，哈指挥昭迁于宅之右玉皇阁后。今废，市为王府，独玉皇阁、老君庵尚存。[②]

天台观原在平凉城外，是为纪念修仙道人贺老子所立。明代成化年间，哈昭将天台观迁至其府宅右边的玉皇阁后面。关于"哈指挥昭"其人，嘉靖《平凉府志》只说他曾任固原守备，成化二年（1466）年战死于迭迭山。[③] 嘉靖《固原州志》中有"天顺五年，以平凉卫指挥使哈昭守备固原""哈昭，都指挥佥事，天顺五年，守备固原；成化二年，大虏入寇，率兵出战，没于阵"的记载。[④] 哈昭祖父名卜延答失，大同海罗人，元朝降将，洪武十年（1377）授大同右卫镇抚。父亲哈拉苦出调任平凉卫中所镇抚，因军功于正统二年（1437）升为平凉卫指挥使。其

① （元）脱脱等：《宋史》卷四六二《列传第二二一·林素灵》、卷四七二《列传第二三一·蔡京传附子攸传》，北京：中华书局，1977 年，第 39 册，第 13528—13529、13732 页；（清）毕沅：《续资治通鉴》卷九二，北京：中华书局，1957 年，第 2386—2387 页。
② （明）赵时春：《平凉府志》卷三《寺观》，第 358 页。
③ （明）赵时春：《平凉府志》卷二《兵制》，第 296 页。
④ （明）杨经：《固原州志》卷一，银川：宁夏人民出版社，1985 年，第 8、37 页。

子哈震官至平凉卫指挥佥事。其孙哈经、哈纬后来相继担任平凉卫指挥使。[1] 明朝实行卫所兵制，而哈氏一族正是平凉卫世袭军职的军户，由于家族成员长期在平凉卫担任中上级职务，所以家族势力较大，哈指挥宅在平凉城内也颇具规模。但到嘉靖年间时，不仅哈氏家族迁建的天台观已然颓废，就连哈氏府宅也被市于王府了，[2]其中缘由有迹可考。

　　《武职选簿》是记载明代各卫所职官袭替补选情况的登记簿，收录于《中国明朝档案总汇》。其中《平凉卫选簿》对哈昭家族的记述可以补充嘉靖《平凉府志·兵制》对哈氏家族记载之阙。据《平凉卫选簿》记载，哈经袭任平凉卫指挥使的时间是弘治十五年（1502）至嘉靖二十年（1541）。哈经去世后，其庶弟哈纬袭授平凉卫指挥使，但其因宿娼问题，于嘉靖三十四年（1555）被调至"宁夏中卫带俸差操"，至隆庆二年（1568）去世。[3] 所以，嘉靖年间时哈氏府宅被市于王府的原因，应该就是哈纬遭遇了从平凉卫指挥使被迁调宁夏中卫的变故。

　　哈指挥宅本就与平凉府道纪司所在的神霄宫及玉皇阁、老君庵相邻，成化初，哈昭又将天台观迁至玉皇阁后，显然，哈氏一族是非常尊信道教的。嘉靖时期，哈指挥宅及颓废的天台观被售卖并改建为王府，[4]但玉皇阁、老君庵没受到影响，依然还在。从明嘉靖元年（1522）彭泽撰文的《重修王母宫碑》看，1503—1534 年在位的韩昭王是支持道教发展的，哈指挥宅及颓废的天台观被王府收购，可能与韩昭王朱旭櫏

① （明）赵时春：《平凉府志》卷二《兵制》，第 296 页。
② （明）赵时春：《平凉府志》卷一《城郭》，第 261 页。
③ 中国第一历史档案馆、辽宁省档案馆：《中国明朝档案总汇》第 56 册，桂林：广西师范大学出版社，2001 年，第 189—190 页。
④ 因文献信息有限，不知是建为韩王府的一部分，还是设为韩藩一系的郡王府。

有关。

至于关王庙，张维《陇右金石录补》中有一处相关材料：

> 重修关庙碑，在平凉县城，今存。
> 　按此碑立于弘治二年六月，凡十五行，行三十八字。
> 韩府左长史、奉议大夫临川徐光翰篆额，右长史、奉议大
> 夫江夏李彦华书丹，襄陵王教授、将仕郎金城张绎撰文。①

张维对此碑未有录文，但从按语看，平凉府城内的关王庙（关庙）在弘治二年（1489）得以重修，而且这次重修与韩王府及襄陵王府密切相关。《重修关庙碑》篆额为韩王府左长史徐光翰，书丹为韩王府右长史李彦华，而撰文则为襄陵王府教授张绎。当时在位的韩王为康王朱偕灣，襄陵王为恭惠王朱范址，此二人都是崇道的。因此，韩府宗室与此次关王庙重修的关系，不仅仅是他们的三个重要内臣合作创修了《重修关庙碑》，真实情况或许是韩康王与襄陵恭惠王支持了这次重修。

除以上文献资料中所见韩王府与道教的关系外，从现存碑刻及建筑资料来看，明代韩王及韩府宗室在平凉府城的主要道教营建有演玄观和"东岳泰山行祠"石牌坊，②在平凉府下辖的泾州则重修了王母宫。

一、襄陵王朱范址创建演玄观

张维《陇右金石录·校补》中记有"明平凉演玄观碑，在平凉县城，今存"，仅有存目，未录碑文，但有按语云："此碑今存

---

① 张维：《陇右金石录补》卷二，载国家图书馆出版社辑《地方金石志汇编》第 27 册，北京：国家图书馆出版社，2011 年，第 32 页。

② 严格来讲，东岳泰山信仰属于山川崇拜及民间信仰，不能纳入道教范畴。但历史时期的泰山信仰与道教又有千丝万缕的关系，为了行文方便，本书姑且将其看作道教俗信仰来讨论。

平凉县府,原为明演玄观故碑,弘治四年,韩王子襄陵王撰书,王弟范埄有跋在碑阴,下列韩府宗室殊众,可补史阙。旧在县城西二里,清时移至平凉府署,今改县府也。"①后来在《陇右金石录补》中,张维对《演玄观碑》作了完整录文,并在按语中对碑阴所刻题名情况作了介绍。②

此后,《演玄观碑》便湮没无闻,以致于 1996 年《平凉市志》中称《演玄观碑》"今佚",而所附碑文也是以《陇右金石录补》为来源。③ 直到 2013 年,《演玄观碑》于平凉市柳湖公园内被发现。此次发现该碑的张钦仲先生发表了《明代平凉〈演玄观记〉碑考略》,文章在对《演玄观记》碑录文的基础上,主要探讨了演玄观的地理位置、建筑结构和襄陵王修建演玄观的思想动机、过程及资金来源问题。④

《演玄观碑》碑首及碑座不存,仅余碑身,现存平凉市柳湖公园内。碑身高 252 厘米,宽 110 厘米,厚 42 厘米,重约 3 吨,形制可谓巨大。阳面碑文保存完好,楷书字迹清晰,共 19 行 649 字,字径约 4 厘米。为了后文讨论方便,现录《演玄观碑》正面碑文如下:

演玄观记

演玄观,予襄陵王范址所创也。观以演玄名,乃朝廷赐号也。予自少及老,锐意老子法者几数十年,盖喜其清虚谦让,不博而约也。观其答孔子之问,纤悉细微,曲折详尽,岂寡陋以为约者哉! 予所以有见于老子也。

---

① 张维:《陇右金石录·校补》,第 18—19 页。
② 张维:《陇右金石录补》卷二,第 32—36 页。
③ 平凉市地方志编纂委员会编:《平凉市志》,北京:中华书局,1996 年,第 827 页。
④ 张钦仲:《明代平凉〈演玄观记〉碑考略》,《陇右文博》2014 年第 2 期,第 66—68、75 页。

弘治戊申，将有事于观，以广老子祀，遂以其事请于上。事下，卒可其请，且赐扁以是名。乃即平凉国治之北郭，距城仅一射许，以园地数十亩，区分南北，以官道中分为详，所以通往来也。谋既集于是，略基址，揣高下，度广狭，具粮粮，量工命，日不愆于素。越弘治四年辛亥，工乃落成。

凡观之所祀，皆推老子教之所自出，以及夫得老子教者也。故路北则有玉皇殿，殿之后有后土殿，曰天曹天王殿、灵山一会殿，则在后土之左右也。后有三清殿，曰三官殿、三省殿，则又在三清之左右也。殿下两庑，各有神祇，圈门以石，门上有阁，所以祀玄帝也。二门有青龙、白虎、朱雀、玄武之神。路南则雷神殿、钟鼓楼，与夫扁额、碑亭之类是也。神厨、道院、器物备具。妆严绘塑之功，无不毕举。两观对峙，周匝皆树土为墙，土厚而墙坚也。其间木石版筑工役之费，皆每岁移禄养之半以给，未尝毫发募取诸人。所以工克成，人亦无怨之者。然不可无记，记者之意，非欲自侈其成，劳以要人也，亦非窃效以徼福于老子者也。

尝闻瑞泉清溪观无记可考，草庐吴公为之再记，竟莫知其兴创得名之由。至有谓尝有异人饮甘其水之诡，尚方观，寥无记志。赵清敏公来主观事，亦莫知其观之从来。至有谓晋代飞仙往来其地，因以立观之说。以是二者质之，则今演玄之不可无记明矣。兹固记者意也，使后之人，因其记而知演玄之所以作。废者举之，坏者修之，蒙旧者更新之。作观之意，垂之久远而无穷，则又记者之厚望也。

若夫崆峒在西，虎山在北，泾水逝于东，大统峙其南，观之形胜也。记者不及致详，固皆在人目也。

记者谓谁？皇明太祖孙襄陵王自谓也，谨记。

弘治四年七月初九日立石。

这篇由襄陵王朱范址撰文的碑记主要内容是说，弘治四年（1491），襄陵王朱范址在平凉府城西来远门外建成演玄观，来扩大对老子的祭祀。朱范址（1429—1506），韩府襄陵庄穆王朱冲炑庶长子，正统七年（1442）封镇国将军，成化十五年（1479）封襄陵王，正德元年（1506）薨，谥恭惠。①

据《演玄观碑》中襄陵王朱范址自述，他本人是一个"自少及老，锐意老子法者几数十年"的道教信徒，对老子清虚谦让、自然无为的思想推崇备至，并有自己的一番见地。弘治元年（1488），朱范址打算修建宫观，举行祭事，以扩大对老子的祭祀。他将此事上奏明孝宗朱祐樘，明孝宗从其所请，并给宫观赐以"演玄观"匾额。

从正统一直到成化时期，由于明英宗、明宪宗对佛道的崇信、放任，滋生了许多问题。明孝宗在继位初期，采取了一系列抑制佛道的措施。成化二十三年（1487），明孝宗在登基当天颁布的大赦诏中即有一条称："内外官员军民僧道人等，今后不许指以古迹，辄便奏讨修盖寺观名额护敕，因而占夺军民地土。如有已经奏准未修盖者，即便停止，违者治以重罪。"② 弘治元年年初，又出台了清查国内敕建、敕赐寺观及给度僧道，禁止私创寺观，限制僧道数量等规定。③ 正因如此，朱范

---

① 参见《明武宗实录》卷一八正德元年十月乙卯条、《明英宗实录》卷九一正统七年四月己未条、《明宪宗实录》卷一八八成化十五年三月丁丑条。《明史》卷一〇二《韩王世表》载朱范址为朱冲炑嫡长子，成化十七年（1481）袭封，皆有误。〔（清）张廷玉等：《明史》卷一〇二《诸王世表三》，第2758—2759页〕

② 《明孝宗实录》卷二，成化二十三年九月壬寅条，第23页。

③ 《明孝宗实录》卷一〇，弘治元年闰正月丙戌条，第230—231页。

址欲建道观的计划是要奏请朝廷批准的。结果是,继位不久的明孝宗虽然正在推行抑制佛道的政策,但对宗室襄陵王朱范址请建道观一事不仅同意,而且还赐以观名、匾额。

得到明孝宗的准许与支持后,朱范址在平凉城北郭,距城大约"一射"(约一百二十至一百五十步)远的地方,用原有的数十亩园地,选基度量,鸠工庀材,开始营建。嘉靖《平凉府志》对演玄观无文字记载,仅见《平凉府城图》上,于府城东北角来远门之北之标绘有"演玄观"。(图2-9)弘治四年(1491),演玄观建成。新建演玄观被官道分为南北二区,北区自南而北,依次建有玉皇殿、后土殿,后土殿左右两边分别为天曹天王殿、灵山一会殿;再北为三清殿,其左右两边分别建三官殿、三省殿。三官殿及三省殿两侧的廊庑上,各奉祀神祇,石门上有阁,用以奉祀真武大帝。二门上有青龙、白虎、朱雀、玄武四神。显然,演玄观北区是完全奉祀道教神仙的神

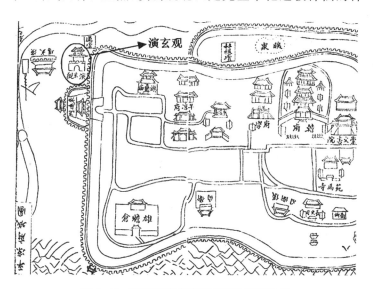

图2-9　明代平凉府城演玄观位置标示图

域。南区建筑相对简单,有雷神殿、钟鼓楼,以及匾额、碑亭等次要的附属建筑,此外则为道士们的生活区域。南北两观以官道为界,相互对峙,宫观周匝皆夯起坚厚的土墙。(图 2-10)营建工程历时四年,襄陵王朱范址每年拿出禄粮的一半用于材料、工役等一切支用。据《明会典》记载,韩府郡王初封者岁支禄米一千石,袭封者相同。[1] 但实际情况是,襄陵王朱范址袭封后每年的禄米为八百石,直到弘治十一年(1498)才增为九百担。[2] 因此,创建演玄观时,朱范址所谓"每岁移禄养之半以给",具体为禄米四百石。

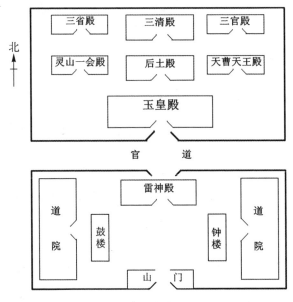

图 2-10　演玄观主要建筑分布示意图

---

① （明）申时行等:《明会典》卷三八《禀禄一·宗藩禄米》,载《续修四库全书》编纂委员会编《续修四库全书》第 789 册,上海:上海古籍出版社,2002 年,第 668 页。
② 《明孝宗实录》卷一三四,弘治十一年二月壬申条,第 2354 页。

由于现存位置及碑体难以翻转的原因,《演玄观碑》碑阴部分现在无法看到。但据《明代平凉〈演玄观记〉碑考略》所言,"上刻文字绝大部分已被人为损坏,所剩碑文寥寥无几",可辨有韩藩宗室姓名及"镇国将军范堦跋"等字。① 所幸,张维在《陇右金石录补》中以按语的形式对碑阴的情况有所交代:

> 碑阴有王弟、镇国将军范堦跋语。附刻王子镇国将军徵钤、徵釲、徵锤、徵鐩、徵鑢五人;侄辅国将军徵鍬等十六人;孙辅国将军偕灟等十六人;侄孙奉国中尉偕淞等四十三人;曾孙镇国中尉旭杴等四人;外甥、外孙三人;督管工役内官、仪宾十三人;及陕西总兵官陈瑛,平凉府知府刘玺,同知、通判、韩府长史、陕西都指挥、仪宾、教授、典仗、典膳、百户、义官、术士、总小旗舍人等六十三人;木匠、塑士、画士、画匠、妆銮匠、泥水匠、石匠、窑匠、雕銮匠、油漆匠、搭材匠、镌字匠、铁匠、铸匠等六十二人;住持二人。惟襄陵王长子、镇国将军徵钤名次有四言文曰"宗室之中,尔为长子。宫观之修,见吾创始。继志述事,营造在尔。礼义之心,保尔胤嗣",次子镇国将军徵釲四人名次文曰"继承前烈,在尔后人。嘱尔同气,相与维新。能遵父训,获福无垠",总督工、内官苏尚德名次文曰"入山采木,陟险曳碑。督人跋涉,异地取龟。功劳之大,苏氏多亏。一碑文载,万古名垂",督工仪宾彭鉴、总旗刘祥名次文曰"土木提督,宫观玉成。帮助之功,千载流名",皆出范址手笔。……

襄陵庄穆王冲烁者,宪王庶二子,永乐二年封,成化

---

① 张钦仲:《明代平凉〈演玄观记〉碑考略》,《陇右文博》2014 年第 2 期,第 66 页。

十三年薨。嫡子恭惠王范址成化十七年袭封,正德元年薨。子安穆王徵钤正德六年袭封,嘉靖十七年薨。子偕㳘先薨,未袭。孙旭橦亦先殁,以子袭封。今碑徵钤为长子,与表文合;孙偕㳘,前有偕㳘、偕溜、偕溗三人,则偕㳘当为第四孙;曾孙仅有旭枂、旭果、旭杶、旭櫂四人,无旭橦,或其时尚未出生。……

　　此碑原在县城西北二里演玄观旧址,清时移至平凉府廨,府废,改为县府,故今在县府前院。①

从张维按语来看,《演玄观碑》碑阴题名中,有宗室成员四代共 85 人,其中除襄陵王府宗室外,侄徵鐩等 16 人、侄孙偕㳘等 43 人、曾孙旭枂等 4 人中,绝大多数应当为韩王府及韩府下已经衍封出的乐平王、褒城王、通渭王、高平王、西德王其他五家郡王府的宗室成员。题名中还有陕西、平凉各级军政官吏,韩王府长史、教授、典仗、典膳等王府内官以及仪宾等,总 63 人。虽然朱范址在《演玄观记》中称"木石版筑工役之费,皆每岁移禄养之半以给,未尝毫发募取诸人",但如此浩大的、明孝宗敕赐的道观营建工程在平凉城外进行了四年,仅靠襄陵王朱范址每年四百石禄粮是不敷支用的,韩王府、韩府下乐平王等五家郡王府及地方官吏更不可能无动于衷。当时在位的韩康王朱偕㶇乃朱范址孙辈,成化十年(1474)即曾奏请明宪宗表彰襄陵王朱范址孝行,②其对演玄观工程定然也是持积极态度的。因此,对于演玄观的创建,韩康王朱偕㶇、韩府下乐平王、褒城王、通渭王及韩府仪宾、内臣,陕西、平凉等军政官吏,应该都是作出了实际支持的。

　　此次工程中,督管工役的有王府内官、仪宾共 13 人,其中

---

① 张维:《陇右金石录补》卷二,第 34—36 页。
② 《明宪宗实录》卷一二九,成化十年六月丁卯条,第 2450 页。

总督工为襄陵王府内官苏尚德,督工有襄陵王府仪宾彭鉴、总旗官刘祥,此三人在整个工程中督管有功,因此朱范址特意在他们题名后作文褒扬。木匠、塑士、画士、画匠、妆銮匠、泥水匠、石匠、窑匠、雕銮匠、油漆匠、搭材匠、镌字匠、铁匠、铸匠等62人题名,则反映了演玄观具体营建中,各类工匠艺人的分工及贡献。此外,题名中还有"住持二人",当为演玄观住持道士。

《明史》称赞襄陵王朱冲炑及朱范址皆侍亲笃孝,多次受到朝廷表彰,后来五世同居,门风雍肃,韩府诸王中"以襄陵家法为第一"。① 这一点,在《演玄观碑》碑阴襄陵王朱范址为五个儿子所作四言名次文中既得到了体现。朱范址对将来嗣位的长子徵钤和徵鈒等其余四子,分别作出了与他们身份相符的告诫。

演玄观建成后,俨然成为平凉府城最为宏阔的道观和最大的道教活动场所。到嘉靖时期,赵时春有《演玄观》诗赞曰:"王子昔年朝玉真,绛幰朱节启瑶宸。百灵像想中天里,六御萧森泾水滨。"②

二、韩端王重建"东岳泰山行祠"

平凉市东端宝塔梁上,在延恩寺塔往东约 300 米处,现存石牌坊一座,面南而立,宽 6.5 米,高约 7 米。石牌坊四柱三间三楼式,柱不出头,三楼皆为歇山顶。(图 2-11)

主楼正脊两端有鸱吻,龙头鱼尾,双目圆睁,张口吞脊。正脊上浮雕牡丹和莲花图案。楼檐由四个出四跳的斗栱铺作托起,楼檐的檐椽、连檐、瓦垄、瓦当、滴水等,完全按照木建筑结构尽皆雕刻出来;斗栱铺作的雕刻稍显简单,但能看出栌斗、华栱、泥道栱,出四跳也很清楚;大额枋上无平板枋,斗栱

① (清)张廷玉等:《明史》卷一一八韩王朱松传,第3606页。
② (明)赵时春:《赵浚谷诗集》卷三,第78—79页。

图 2‑11　明代"东岳泰山行祠"石牌坊

直接起自大额枋。大额枋上高浮雕二龙戏珠；小额枋浮雕卷
草纹；小额枋下面做出骑马雀替，浮雕更为精细的二龙戏珠图
案，并雕刻出海水纹及云纹。坊额正中，以双阴线勾勒的方法
横刻"东岳泰山行祠"六个大字，左侧竖刻"万历乙巳"，右侧竖
刻"韩藩重建"，四周为阴刻忍冬纹边饰。明间宽 2.5 米，中
柱高约 5.2 米。固定两根中柱的滚墩石形制相同，滚墩石下
段为大鼓，鼓身雕出系带圆环及两排鼓钉，鼓子心皆为浅浮
雕海水龙纹图案；滚墩石上段雕双狮并列蹲坐于仰覆莲束腰
座上。

　　两侧边楼正脊及鸱吻与主楼的情况大致相同。楼檐由两
个出四跳的斗栱铺作托举，①楼檐与斗栱情况与主楼也一样。
左右两侧的次间宽 2 米，边柱高约 3.5 米。固定两侧边柱的
前面两个滚墩石形制一样，下段雕刻大鼓，鼓身雕出系带圆环
及两排鼓钉，鼓子心皆浮雕大叶牡丹图案；上段雕一小狮子蹲

---

① 　一般情况，边楼斗栱要比主楼斗栱少出一跳。

踞仰覆莲束腰座上。

　　左侧次间，大额枋上浅浮雕一马昂首扬尾，四蹄腾起，奔驰于海水纹上，四周雕饰云纹；小额枋上浮雕卷草纹；小额枋下面做出骑马雀替，浅浮雕一只大凤鸟，引颈张喙，振翅扬尾，飞舞于云间；(图 2－12)大小额枋之间的花板上阴刻一条身躯舒展的长龙，四周阴刻卷草纹边饰。右侧次间情况与左侧次间大体一致，唯一不同之处在于，大额枋浅浮雕一麒麟，回首扬尾，奔驰于海水之上，其前后又雕刻出云纹及山岳叠嶂图案。

图 2－12　明代"东岳泰山行祠"石牌坊左次间骑马雀替浮雕图案

　　石牌坊背面的雕刻与正面相比，略有不同。明间坊额上，正中横刻"永护封疆"四个大字(即"东岳泰山行祠"之背面，也是用阴线双勾出字形)，四周阴刻卷草纹边饰。左侧次间(正面右侧次间)，大额枋上浅浮雕一卧牛，其前后为山岳图案及云纹，下方为海水纹。右侧次间(正面左侧次间)，大额枋浮雕一麒麟，构图与正面右侧次间大额枋浅浮雕的麒麟图案基本一致。固定两根边柱的后面两个滚墩石，形制与前面相对应的滚墩石相同，唯一不同之处是鼓子心浮雕的图案均为莲花。

　　石牌坊主楼坊额正中横刻"东岳泰山行祠"，左侧竖刻"万历乙巳"，右侧竖刻"韩藩重建"。"万历乙巳"即万历三十三年(1605)，当时在位的韩王为韩端王朱朗锜。"东岳泰山行祠"则说明这座石牌坊是韩端王为奉祀东岳泰山而建。据嘉靖

《平凉府志·城郭志》记载,明代平凉府城东郭门外有东岳庙:

> 东郭门外之阳有真武庙,有新塔寺,今改正学书院,
> 有旧塔寺,极东为东岳庙。①

"新塔寺"即嘉靖二十五年(1546)韩昭王夫人温氏所建东塔寺,是现在延恩寺塔和"东岳泰山行祠"石牌坊所在之处。东塔寺之东为东岳庙,韩端王所建"东岳泰山行祠"石牌坊显然就是为东岳庙所立。嘉靖《平凉府志》在《平凉府城图》中,标绘有真武庙、塔寺(即新塔寺)及正学书院,位于极东方位的东岳庙未能标出。(图 2-13)图中所绘七层佛塔即现存延恩寺塔(明代东塔)。延恩寺塔现距"东岳泰山行祠"石牌坊甚近,约 300 米,但明代真武庙和新塔寺中间是有相当距离的,说明"东岳泰山行祠"石牌坊是后来从其原本所在的东岳庙被西移至现存之地的。

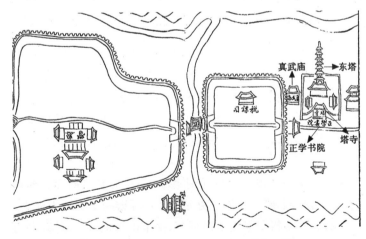

图 2-13　明代平凉府城东岳庙位置标示图

---

① （明）赵时春:《平凉府志》卷一《城郭》,第 262 页。

　　东岳庙奉祀的主神是东岳泰山神。泰山信仰起源于古人的山岳崇拜文化。关于"泰山"的最早记载见于《诗经·鲁颂》。《礼记·王制》与《尚书·舜典》中，天子巡守四方时祭祀泰山已成为国家制度。从秦朝开始，泰山祭祀被纳入国家的山川祭祀仪式。不仅如此，自秦始皇、汉武帝泰山封禅之后，这一制度化的礼仪大典被后世帝王所延续，对泰山的官方祭祀以及民间信仰随之兴起，泰山的神灵化及泰山神的人格化在这一历史过程也逐渐实现。西汉时期出现"泰山治鬼说"，干宝《搜神记》中出现"泰山府君"的称呼，泰山神在两汉魏晋时期已成为冥界主管。唐代时，奉祀泰山神的祠庙已经出现，[①]泰山神开始被授予各种封号。唐玄宗开元十三年（725）"封泰山神为天齐王"。[②] 宋大中祥符元年（1008），宋真宗在泰山封禅后，封泰山神为"天齐仁圣王"；大中祥符四年（1011）进封泰山神为"东岳天齐仁圣帝"。[③] 为了方便民众奉祀泰山神，大中祥符三年，宋真宗还曾敕令"从民所欲，任建祠祀"，[④]于是"天下郡县悉建东岳行宫"。[⑤] 两宋时期，随着泰山信仰在民间的迅速流行，东岳庙在全国各地纷纷涌现。[⑥] 至元二

---

① 《元和郡县图志》卷一〇《河南道·兖州》载："泰山府君祠，在（鱼台）县西十二里。"[（唐）李吉甫撰，贺次君点校：《元和郡县图志》，北京：中华书局，1983年，第266页。

② （唐）杜佑：《通典》卷四六《礼六·山川》，北京：中华书局，1988年，第1283页。

③ （元）脱脱等：《宋史》卷一〇二《礼五·社稷》，第2486—2487页。

④ （清）胡聘之：《山右石刻丛编》卷一二《大宋国忻州定襄县蒙山乡东霍社新建东岳庙碑铭并序》，载《石刻史料新编》第1辑，台北：新文丰出版公司，1977年，第20册，第15199页。

⑤ 李修生主编：《全元文》卷一二二一《东岳行宫记》，南京：凤凰出版社，2004年，第39册第117页。

⑥ 宋代东岳庙分布，可参见刘云军《两宋时期东岳祭祀与信仰》附录一、附录二，北京师范大学博士学位论文，2008年，第109—116页。

十八年(1291),忽必烈封东岳为"天齐大生仁圣帝"。①

明洪武三年(1370),朱元璋整顿祀典,对岳镇海渎山川的国家祭祀进行了重新规定,去除前代帝王对泰山的各种封号,改封为"东岳泰山之神"。② 明代对泰山神的国家祭祀,除了礼制规定的常规祭祀外,其他临时性的祭祀几乎都是为了祈求雨雪、消除水灾地震。③ 泰山神的职能凸显在攘除自然灾害,保证风调雨顺、年岁丰稔以及河漕畅通上。正统十二年(1447),明英宗敕令在都城之东朝阳门外建东岳庙,并在庙成后的御制碑文中申明东岳泰山神生发万物的职司权能,来强调祭祀东岳的缘由:

> 天下之岳有五,而泰山居其东,民之所欲,莫大于生,而东则生之所从始,故书称泰山曰岱宗,以其以生万物为德,为五岳之尊也。庙而祀其神,于都城之东,示欲厚民生也。④

在中国阴阳五行观念中,东方属木,主生发。《周易·系辞传》云"天地之大德曰生",东岳泰山神的"主生"职能可谓重大。忽必烈封东岳为"天齐大生仁圣帝",其中"大生"即正是对泰山神"主生"的凸显。归纳明英宗御制东岳庙碑文及祝神辞,东岳泰山神的"主生"职能具体表现为:兴云致雨,泽润万物,主导年岁丰稔;庇护君民土地,保佑灾疫不兴、战事不起。

---

① (明)宋濂:《元史》卷七六《祭祀五·岳镇海渎》,第1900页。

② 《明太祖实录》卷五三,洪武三年六月癸亥条,第1035页。

③ 详见《明英宗实录》卷二〇五景泰二年六月甲申条、卷二二六景泰四年二月戊子条、卷二三一景泰四年七月壬戌条;《明宪宗实录》卷七九成化六年五月己丑条、卷八六成化六年十二月丙辰条、卷一一五成化九年四月戊辰条、卷二六四成化二十一年四月戊午条;《明世宗实录》卷一四九嘉靖十二年四月庚子条、卷三九四嘉靖三十二年二月壬戌条;《明穆宗实录》卷三六隆庆三年八月庚申条;《明神宗实录》卷一九八万历十六年五月壬子条。

④ 《明英宗实录》卷一五七,正统十二年八月甲申条,第3063页。

　　除了官方祭祀制度中认定的泰山神神格职能外,民间道教系统中泰山神还具有其他职司。托名东方朔,实际成书于南北朝时期的《五岳真形图》记载:"东岳泰山君,领群神五千九百人,主治死生,百鬼之主帅也。"①以碑刻形式存在的《五岳真形图》上,泰山神的职司权能更为丰富,掌管着世人的仕途前程、生死之期以及祸福贵贱等命分。如明代陇西县《五岳真形图》碑云:"东岳泰山乃天帝之孙,群灵之府也……封号天齐仁圣帝。东岳者,主世界人民官职及定生死之期,兼注贵贱之分、长短之事也。"②

　　万历三十三年(1605),韩端王所建石牌坊主楼额枋背面匾额上横刻"永护封疆"四个大字(即"东岳泰山行祠"背面),"永护封疆"昭示了韩端王重建"东岳泰山行祠"的主要目的。上文已经言及,在明代国家祭祀东岳的礼制中,东岳泰山神的主要职司就是生发万物、消弭灾祸,具体表现在能使雨雪适时,泽被万物,保证岁收丰熟;庇护皇权稳固,灾疫不兴,战事不起,国泰民安。东岳泰山神的这些职司权能对于封国一方、宗室庞大的韩端王来说,显然是十分重要的。"东岳泰山行祠"匾额右侧"韩藩重建"四字,说明"东岳泰山行祠"石牌坊为韩端王所建无疑,鉴于东岳泰山神非凡的神格职能,韩端王当时应该是重建或者整修了平凉城外的这座东岳庙。

　　元明时期,牌坊的功能发生了极大的变化,由原来作为里坊的大门而独立出来,引申成为建筑群空间序列中的第一道象征性大门,使用非常普遍。同时,牌坊也演变为一类纪念性建筑,"旌表建坊"成为制度。③ 明永乐以后,牌坊开间数增

---

① 《洞玄灵宝五岳古本真形图》,载《道藏》第 6 册,北京:文物出版社,1988 年,第 735 页。
② 张维:《陇右金石录》卷七《明二》,第 1 页。
③ 潘谷西主编:《中国古代建筑史》第 4 卷《元明建筑》,北京:中国建筑工业出版社,2009 年,第 431 页。

多,四柱三楼、四柱五楼的牌坊形式普遍出现,并成为此后牌坊建造的主流。四柱三间三楼式"东岳泰山行祠"石牌坊符合当时流行的牌坊形式,其具体功能是作为平凉东岳庙的山门,同时具有彰显宗藩韩端王营造东岳庙的纪念意义。

三、韩端王营修五龙宫、通玄观、三教堂

平凉市博物馆现藏明万历三十七年(1609)《敕授韩府内职官李公墓志铭》一合(图2-14),①志盖竖行阳刻篆书"敕授韩府内职官李公墓志铭";志文除个别字迹脱落外,大部分保存清晰完好,志文内容反映了墓主李甫生前作为韩王府内职官协助韩端王修葺五龙宫、通玄观、三教堂等事。

图2-14　明代《敕授韩府内职官李公墓志铭》

现录《敕授韩府内职官李公墓志铭》中涉及道教营建的内容如下:

> 韩定国主谟猷才识迥出侪人,及由散官进升门官,职

---

① 青石材质,方形,盖右侧及志石右下边缘残缺。志盖长宽均为60厘米、厚11.8厘米,志石长宽均为60厘米、厚12.8厘米。志盖正面四周阴刻海水龙纹,志石正面四周阴刻卷草纹。

守椒星，礼接朝士，从容应对，君命不辱。隆庆己巳，韩端国主即位，始命督营宫殿，继命督监门牌。思副君心，曲为筹画，□及□载，厥功落成。万历戊子，国主母薨逝，敕修陵园，锐意率作，焦劳夙夜。且于山之麓葺五龙宫，以祷晴雨；通玄观，作三教堂，以便祝延。夫公身居中贵，志在林壑。己丑，城南置地顷余亩，鼎沟山庄，前后有屋，左右有廉，树之嘉卉，通其流泉，两掖高阜，建雷神一祠、观音一祠，延方士以焚燃。

根据李甫墓志铭记载，李甫为西安临潼人，性资聪敏，通文知理，韩定王时由王府散官晋升为职守韩王府正门——椒星门的门官。韩端王即位后，对李甫愈加重用，令其监督营造王府宫室。万历十六年（1588）韩端王母妃马氏去世，[1]李甫奉命为其营修陵园。前文已经述及，从韩惠王以来韩王陵墓几乎都分布在平凉府城东南，马氏墓应也在此范围。不仅如此，韩端王还令李甫在邻近母妃马氏墓的平凉南山北麓修葺了五龙宫，以便祈祷风雨调顺；并新建了通玄观、三教堂，用以祈福消灾、祝祷延寿。

三教堂是将孔子、释迦牟尼、老子进行合祀的一种民间信仰活动场所，其出现是"三教合一"思想在民间信仰层面的反映，也是一种多神信仰的产物。正如梁景之先生所言："唐宋以降，当'三教合一'开始成为一种社会思潮时，在民间社会，'三教合一'却早已成为一种不争的事实，而其身体力行者就是所谓的'乡愚百姓'。乡村百姓出于最朴素的感情、最现实的考虑，圆融三教诸神，无差别地纳入自己的宗教世界，构筑了一幅地地道道的三教混同、仙佛圣同尊的多神信

① 据《明穆宗实录》卷五〇"隆庆四年十月丙辰条"所载"封韩王朗锜生母马氏为韩安王继妃"，是以知韩端王朱朗锜生母为马氏。

仰图式。"①明朝中后期"三教合一"思想的活跃,促动了三教堂的兴建,三教堂的供奉群体因此也趋于多样,韩端王营建三教堂的活动正是在这一背景下展开的。韩端王是历代韩王中支持宗教营建最为活跃的一位,而且充分反映了其对佛教、道教及民间信仰类营建的广泛兴趣。

　　此外,在营修五龙宫、通玄观和三教堂的第二年,即万历十七年(1589),李甫在平凉府城南置地修建庄园,选择地势高处营造了奉祀雷神和观音的祠庙各一所,并延请方士来常驻焚修,供奉香火。雷神信仰源于古代先民对雷电的自然崇拜,唐宋以来随着雷神灵应事迹的传播及帝王对其不断加封,在国家祭祀与民间信仰的互动过程中,雷神逐渐转变成具有复杂社会职能的神,约撰成于北宋末年的《无上九霄玉清大梵紫微玄都雷霆玉经》更是推称其"主天之灾福,持物之权衡,掌物掌人,司生司杀",②雷神崇拜于是日渐兴隆,但总的来说其仍归属于道教神仙信仰体系。

　　值得注意的是,无论是韩端王营修的五龙宫、通玄观、三教堂,还是李甫新建的雷神祠、观音祠,都充分体现了一种圆融三教诸神的多神信仰模式。特别是李甫"延方士以焚燃"的做法,更是以从事命相易卜风水的人物来执掌奉祀道教、佛教尊神的祠庙,"一方面促进了民间宗教与正统的佛教、道教在乡村基层社会的全面合流与渗透,同时也在很大程度上改变着民间宗教本身的面貌"。③这种多宗教交错融合的信仰活动对当时以及后来平凉地区民间信仰所产生的影响,梁景之

---

①　梁景之:《清代民间宗教与乡土社会》,北京:社会科学文献出版社,2004年,第296页。

②　《无上九霄玉清大梵紫微玄都雷霆玉经》,载《道藏》第1册,第752页。

③　梁景之:《清代民间宗教与乡土社会》,第290页。

先生在《清代民间宗教与乡土社会》一书中列举了一个典型个案：清顺治年间活动于平凉府一带的三宝门教（又称三宝教或三宝门），是一个僧道杂糅、具有明显混同色彩的民间教派；从其构成来看，其"总会头"，即"掌法"彭三阳为草峰原三教堂久住道士，其他成员有道士、尼姑、居士、善士等；从活动情况来看，主要是烧香聚会、吃斋诵经、念佛打醮，通过相互合作能够多方面满足当地民众的信仰需求。[①]

四、韩昭王支持重修回中山王母宫

平凉市泾川县城西泾、汭二河交汇处，有回中山（亦称回山、宫山），山之东麓为北魏永平三年（510）开凿的王母宫石窟，山顶则建有奉祀西王母的王母宫。据明代嘉靖元年（1522）《重修王母宫碑》记载，正德至嘉靖年间，泾州士绅重修王母宫时，"宗藩韩王亦乐施助，期终其事"。

（一）明代之前的回中山王母宫

关于回中山王母宫的创建时间，北宋乐史在《太平寰宇记》卷三二有关泾州保定县（今泾川县）西王母祠的记载中，引北周所修《周地图记》云：

> 王母乘五色云降于汉武，其后帝巡郡国，望彩云以祠之，而云浮五色，屡见于此。《汉书》上之□□□也，因立祠焉。每水旱，百姓祷祈，时有验焉。[②]

这处记载将回中山王母宫的创立与汉武帝联系起来。因西王母见汉武帝时乘五色云而降，汉武帝后来巡游时，见到五色云即要祭祀，而五色彩云屡见于泾州回中山，因而在此立西

① 梁景之：《清代民间宗教与乡土社会》，第 290—291 页。
② （宋）乐史撰，王文楚等点校：《太平寰宇记》卷三二《泾州》，北京：中华书局，2007 年，第 692—693 页。

王母祠。至于西王母的主要神格功能,集中体现在降雨救灾上。天顺五年《大明一统志》记载回中山王母宫时,沿用了这一说法:

> 王母宫。在泾州西五里。旧志:武帝时,西王母乘五色云降,后帝巡郡国,望五色云而祀之。而五色云屡见于此,因立祠,后改为宫。①

而到清朝时期,回中山王母宫的创建年代已被明确认定为汉武帝元封元年。乾隆《甘肃通志》载:"王母西真宫,在泾州回中山,汉元封元年建。"②《古今图书集成·职方典》卷五五三《平凉府祠庙考·泾州》载:"王母西真宫,在回山,汉元封元年建。"③

历代重修回中山王母宫留下的碑刻资料中,关于其创建年代的问题则一直是模糊的。元代《重修王母宫碑》云:"山之脊有宫焉,即汉武帝尝祠西王母于此。陶谷有碑纪之详矣,此不复云。"④明嘉靖元年(1522)《重修王母宫碑》云:"宫在泾原西五里回中山颠,祠所谓西王母,盖古迹也。世传周穆王、汉武帝皆尝西游与王母会,故有宫于兹,又谓之王母宫。宋陶学士秀实记之详矣。"但北宋开宝元年(968)陶谷撰文的《重修回山王母宫颂》,⑤只是以钩索文献关联的方式提到了周穆王会见西王母、汉武帝西巡朝那之事,称"回中有王母之庙,非不经也。年禩寝远,栋宇堕坏",并未清晰地涉及王母宫的创建年代。基于可靠资料的缺乏,张维对回中山王母宫的创建年代也只能存

---

① (明)李贤等:《大明一统志》卷三五《平凉府·寺观》。
② (清)许容等修:《甘肃通志》卷一二《祠祀·平凉府》,第389页。
③ (清)陈梦雷编:《古今图书集成》第105册,上海:中华书局,1934年,第29页。
④ 张维:《陇右金石录》卷五《元》,第8页。
⑤ 陶谷撰文的这方碑记,历史情形比较复杂,具体见后文解释。

疑,称:"王母宫建于何时,今无可考。(陶)谷文作于宋初,即云年禩寖远,栋宇堕坏,盖其来久矣。顾宋前金石,竟无一字。"①

虽然始创年代已无法准确得知,但文献记载及碑刻资料都同时将回中山王母宫的创建缘起认定在西王母与汉武帝会见的故事上。

西王母的传说"或许是中国古代神话中最为复杂的课题之一",②其复杂性主要源于早期文献中对西王母记载的多样性、这些文献本身的真伪及成书年代,以及西王母被道家、道教逐渐仙化等问题。殷墟卜辞中就出现了具有神格的"西母",但其与传世文献中"西王母"的关系,学界历来争论不定。关于"西王母"详细而明确的记载,以《山海经》为最早,《庄子》《竹书纪年》《穆天子传》等文献中也有记述。西王母的形象自战国时期出现伊始,就集人、兽、神的特质于一身,身份极为神秘复杂。但发展到西汉时期,西王母已经由神话传说演变为受人信仰崇拜的偶像。西汉中期焦延寿所著《焦氏易林》中,有多处祈求西王母消灾赐福的记载。③《汉书》记载,汉哀帝建平四年,由于旱灾的缘故,关东民众群起而"传行西王母筹",席卷26个郡国,齐聚京师祭祀西王母。④ 从目前考古发现的材料看,西王母图像以年代约在西汉中晚期昭帝与宣帝之间的洛阳卜千秋墓室壁画上所见为最早,⑤时间稍晚的西

---

① 张维:《陇右金石录》卷三《宋上》,第22—23页。

② [美]巫鸿著,李淞译:《论西王母图像及其与印度艺术的关系》,《艺苑》1997年第3期,第36页。

③ (汉)焦延寿:《焦氏易林》,《丛书集成初编》,上海:商务印书馆,1937年。

④ (汉)班固:《汉书》,北京:中华书局,1962年,第342、1312、1476页。

⑤ 洛阳博物馆:《洛阳西汉卜千秋壁画墓发掘简报》,《文物》1977年第6期,第8—12页;孙作云:《洛阳西汉卜千秋墓壁画考释》,《文物》1977年第6期,第19页。

王母图像见于河南南阳、郑州等地西汉后期画像砖。东汉时期,西王母图像更为普遍,画像石、画像砖、墓葬壁画、铜镜、摇钱树、灯座及漆画等考古资料中均有发现,遍及河南、山东、陕西、四川、山西、浙江、江苏、湖南等广大地域。汉代西王母图像所表现的主题也基本都是祈求长生、升天登仙。"这些图像实物的规模大大超过了文献中对西王母信仰的描述,在很多地区得到了集中而完整的体现,使我们惊奇地看到西王母图像在当时的普及和重要程度"。[①] 而最迟到东汉后期,早期道教已经明确将西王母列为尊奉的神仙。东汉道经《老子中经》记载的 55 位神仙中,西王母居东王父之后,位列第四,[②]仙阶极高。总之,两汉时期,对西王母的仙化已经初步形成,西王母信仰与崇拜在社会上广泛流行。

1992 年重修回中山王母宫时,故址上出土许多残砖断瓦,其中有残长 15 厘米、厚 1.2 厘米的灰陶粗绳纹大板瓦。经有关文博工作者将其与平凉静宁县李店乡、泾州古城出土的大量西汉板瓦进行对比分析,认为回中山王母宫遗址出土的板瓦为西汉之物无疑。[③] 这说明当时回中山顶是有建筑物的,鉴于汉代西王母信仰流行的历史背景,回中山顶的汉代建筑物可能就是奉祀西王母的场所。

但是,关于汉武帝会见西王母的记载,直到汉末魏晋时才出现。《汉武故事》《汉武帝内传》《博物志》《汉武洞冥记》《十洲记》等文献,对汉武帝会见西王母之事大都有细致演绎,但

---

① 李淞:《论汉代艺术中的西王母图像》,长沙:湖南教育出版社,2000年,第 3 页。

② 张泽洪、熊永翔:《道教西王母信仰与昆仑山文化》,《青海社会科学》2010 年第 6 期,第 3 页。

③ 刘玉林:《泾川王母宫建筑的有序传承》,《平凉日报》2013 年 11 月第 3 期。

西王母并不是乘五色云而降,而且其中也没有提到泾川回中山。将回中山王母宫的创立与汉武帝会见西王母的故事直接关联起来,最迟始于北周《周地图记》,这种关联也不是凭空而来。据《汉书》记载,汉武帝曾四次"行幸回中",四次到达安定。① 关于"回中"的地理位置,古人在为《史记》《汉书》和《后汉书》作注时已经出现分歧,应劭、颜师古认为在安定,服虔、孟康认为在北地,徐广、李贤等则认为在汧县。准确考定"回中"的具体所在已极为困难,泾川回中山何时得名也已无从可考,但泾川回中山在西汉时属于安定郡确是不争的事实。既然有对追求长生不死之术十分狂热的汉武帝多次巡幸安定的史实,汉武帝会见西王母的故事又已经广为流传,人们将回中山王母宫的创立与汉武帝会见西王母的故事牵扯起来便成为可能,甚至又在此基础上继续演绎,将周穆王会见西王母的故事也纳入回中山王母宫创立的渊源之中。在神化与历史的交织形塑下,回中山王母宫逐渐成为一处奉祀西王母的圣地。

现存碑刻资料中对回中山王母宫的记述,最早见于北宋翰林学士、刑部尚书陶谷撰文的《重修王母宫记》。② 陶谷记文现存两碑,其一为僧人梦英书丹的《重修王母宫记》,高四尺,宽二尺二寸,篆额"泾州回山修王母宫记",原存王母殿南廊,碑文后有"宫主道士元□□"等字;③其二为上官佖所书

---

① 参见(汉)班固《汉书》卷六《汉武帝本纪第六》,北京:中华书局,1962 年。

② 天顺《大明一统志》及嘉靖《陕西通志》俱载,泾州回中山王母宫内有唐代崔立诗碑,其诗也关涉西王母故事,碑已早佚。张维据《宋史·崔立传》考证,认为曾任泾州知州的开封鄢陵人崔立当为诗碑作者,明代方志"讹宋为唐"(张维:《陇右金石录补》卷一,第 568—569 页)。

③ 张维:《陇右金石录》卷三《宋上》,第 14 页。

《重修王母宫颂》，①篆额"重修回山王母宫颂"，碑阴有上官佖自题记文。据此可知，陶谷为重修回中山王母宫所作记文，最初刊立于北宋开宝元年（968）；咸平元年（998）柴禹锡知泾州时削去旧字，请南岳宣义大师梦英重书其文；至天圣三年（1025），军州知州上官佖认为梦英所书字多舛误，笔迹诡俗，有碍陶谷名文传世，于是以小篆重书，刊立于王母殿之北楹。

　　陶谷记文文辞绚烂，真正涉及重修王母宫具体情状的内容并不多，仅知王母宫"年禩寖远，栋宇堕坏。坛墠杏朽，蔽荆棘于荒庭；井废禽亡，噪鸟鸢于古堞"，镇守泾州的张铎"申命主者，勾工缮修。薙蔓草于庭除，封植嘉树；易颓檐于廊庑，缔构宏材。丹青尽饰于天姿，黼藻增严于羽帐"。这次重修是在北宋立国不久的开宝元年（968），具体负责修建工程的是王母宫"宫主道士元□□"，可见王母宫当时虽然破败，但也没有完全颓废，宫观中还有道士在活动。而且从王母宫"年禩寖远，栋宇堕坏"的故址来看，王母宫在唐代还是一处颇具规模的灵庙。1992 年重修王母宫时出土的两件唐代莲纹瓦当，更是唐代回中山建有王母宫的明证。② 而王母宫在开宝元年重修之后更为壮丽辉煌，从《重修王母宫颂》碑阴，宋代皇祐、元丰、元祐、大观、宣和年间的十处题名及金大定二十五年题名，可见回中山王母宫在宋金时期一直深受地方军政官员及民众的重视与崇奉。

　　此后，回中山王母宫的情况见于元代《重修王母宫碑》。据此碑记载，元初，泾州一带因长期遭受金末战乱破坏，城邑

---

① 通高 283 厘米，宽 86 厘米，厚 17 厘米。今存泾川县王母宫石窟文管所。

② 刘玉林：《泾川王母宫建筑的有序传承》，《平凉日报》2013 年 11 月第 3 期。

洞敝，人烟稀少。泾、邠二州都达鲁花赤史阔阔徒广行仁政，使得泾州人口增加，生产恢复。回中山王母宫在战乱中虽也有所损毁，但尚存许多屋宇，史阔阔徒倡议重修，得到官吏士庶的积极响应，并计划邀请一位有影响力的道门中人主持其事，"闻秦陇教门提点洞阳真人卢公阐教西土，德望素著，即日□□□□□□□□□□□□□敬知宫门事，率徒侣以效营造，盖戊戌岁正月也。郭公既领师旨，食息弗遑，剪棘除□□□□□□□□□□□□之未安者以次而崇饰之，期□□已一切完整"。① 秦陇教门提点洞阳真人卢公派弟子"郭公"来主持对王母宫的重修。《重修王母宫碑》"碑末有道正郭德敬"，② 当即碑文所谓郭公。

此碑文多漫漶，创立时间因此不明。张维先生认为碑中"戊戌岁"为"蒙古太宗戊戌，当宋嘉熙二年"。③ 其实，碑中所言泾、邠二州都达鲁花赤史阔阔徒，在嘉靖《陕西通志》及嘉靖《平凉府志》中有载："史阔阔徒，大德间为泾、邠二州都达鲁花赤。公节用爱人，军民畏爱。"④因此，元代这次对王母宫的重修应该是在干支同为戊午年的元大德二年（1298）。这次重修，是史阔阔徒为了顺应民情，笼络人心，维系新生蒙古政权在地方上的统治，而借助民间素来奉祀的王母宫以推行教化。从客观影响来说，这次重修不仅使得王母宫建筑得以修缮一新，而且，秦陇教门提点洞阳真人卢公的弟子郭德敬率徒众来到泾州，担任泾州道正司道正，促进了元代泾州道教的恢复与发展。

---

① 　张维：《陇右金石录》卷五《元》，第7—9页。
② 　同上书，第9页。
③ 　同上。
④ 　（明）马理：《陕西通志》卷二八《乡贤》，第627页；（明）赵时春：《平凉府志》卷五《官师》，第408页。

（二）韩昭王对重修回中山王母宫的支持

今存泾川回中山、刻立于明嘉靖元年（1522）、由兵部尚书彭泽撰文的《重修王母宫碑》（图 2 - 15），①反映了韩王对正德至嘉靖年间王母宫重修活动的支持。现录明代《重修王母宫碑》碑文如下：

> 宫在泾原西五里回中山颠，祠所谓西王母，盖古迹也。世传周穆王、汉武帝皆尝西游与王母会，故有宫于兹，又谓之王母宫。宋陶学士秀实记之详矣。路当孔道，古今名士登览祗谒，题咏甚富，蔼然为郡之胜迹。然自胜国初重修，迄今逾二百载，渐以颓毁。郡之耆旧屡欲修葺之，未能也。属泾太学生间君沂，念父兄师友尝绩学卒业于斯，资其幽僻闲远，以游以息，经明行修，登高第而跻膴仕者后先相望，乃慨然谓诸耆旧曰："仙家之荒唐无足言，周穆汉武之游览无足取，第兹宫为吾郡千余年之胜迹。自我国朝奄有万方，陕为西北巨藩，自关辅以达西南诸夷，不啻万里。延宁甘肃诸镇文武重臣，以及奉命总制、经略、抚按、册封，出使外夷，大儒元老，名公硕士，百五十年来经此者不知其几，而吾泾缙绅士民得以亲炙而交游之，皆以斯宫之在兹。而吾泾自国初抵今，藏修于兹以登仕途者，又不特寒族父兄子侄也。必欲重修，吾当为之倡，其视倾资破产于佛老虚无寂灭之教以资冥福者，当有间矣。"于是出私帑若干缗以先之，诸耆旧士庶欢然合谋，鸠材僝工。一时宗藩韩王亦乐施助，期终其事。经始于正德甲子五月上旬，落成于嘉靖壬午五月中。为王母殿、玉皇阁者各五楹，周穆王、汉武帝行祠六楹，其余雷坛及

---

① 红砂岩质，碑身高 220 厘米，宽 101 厘米，厚 30 厘米；龟趺高 106 厘米，长 205 厘米。今镶嵌于泾川县王母宫石窟文管所碑墙上。

玄帝等殿有差，则皆乡者之意，欲为旱潦疫疠之祷而设也。规制整严，轮奂丽美，大非昔比。

　　工既讫，乃走书于兰，属泽为之记。夫圣人不师仙盘游者，圣帝明王之深戒，吾儒之教也。第闻生沂之论，盖不溺于其说而自有说之可取。故不辞芜陋叙述之，以纪岁月。后之游览于此者，观此其亦有取也。夫闻生也，能由此而克充之，敦天伦，重礼教，足法于家而遗范于党里，则斯举为可称矣。不然，则昧先师务民之义、敬鬼神而远之之训，是亦佛老之流耳，奚足为世轻重哉！①

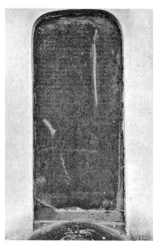

图 2 - 15　明嘉靖元年(1522)《重修王母宫碑》正面、碑阴

---

①　乾隆《泾州志》录彭泽《重修王母宫记》，但有多处讹误，记文也不够完整[（清）张延福：《泾州志·艺文志》，载《中国西北文献丛书·西北稀见方志文献》第 42 卷，兰州：兰州古籍书店，1990 年，第435—438 页]。《陇右金石录》著录此碑时，完全照录了乾隆《泾州志》，并无增补改订（张维：《陇右金石录》卷八《明三》，第 47—48 页）。本书依照原碑录文，彭泽文最后一段为其过泾州时所作七律一首，与本书关系不大，且有几处字迹残泐难辨，因此该段碑文未录。

　　彭泽此文前半部分,侧重交代了重修王母宫的背景以及缘由。此次重修王母宫的倡议者是泾州籍太学生(即国子监生员)闾沂,有感于父兄曾在幽僻清静的回中山读书治学,最终经学博洽,德行美善,科举中式,相继荣登高位,闾沂于是召集泾州乡耆士绅,倡议重修王母宫。闾沂主要从两个方面强调了回中山王母宫的重要性:其一,泾州地处交通要道,王母宫又为临近州城、历史悠久的名胜古迹,长久以来,西北诸镇文武重臣、因战事特设职官以及来往使臣等达官名士经过泾州时大都要慕名登览拜谒,泾州缙绅士民因此得以与他们结交;其二,王母宫所在的回中山是一个可供读书治学的清静之所,许多寒门、望族子弟从这里走上科举仕途,重修王母宫有纪念先贤、激励后学的作用。

　　据明成化十四年(1478)闾钲所立《故修职郎闾君(瑛)墓表》,[①]及嘉靖《平凉府志》、乾隆《泾州志》记载,闾氏一族世居泾州,闾瑛曾祖闾仲贤,元至正十三年(1353)进士,任延安府知府;祖父闾斌,洪武八年(1375)乡举,任山东胶州知州;闾瑛曾任四川保宁府经历,赠知府;闾瑛生闾鉴、闾铎、闾钲、闾锐、闾钊、闾铠六子。闾钲,成化八年(1472)进士,官至贵州布政使,成化十三年(1477)死于贵州米鲁叛乱,赠礼部尚书;闾锐,成化十九年(1483)举人,补州序廪膳生;闾铠,弘治五年(1492)举人,官至贵州思南府知府。[②] 闾钲子闾潼,受父荫入国子监学习。[③] 闾铠

①　墓表汉白玉材质,四周阳刻卷草纹边饰,今镶嵌于泾川县王母宫石窟文管所碑墙上。
②　(明)赵时春:《平凉府志·泾州志》,第409—410页;(清)张延福:《泾州志》,第358、378—381页。
③　《明武宗实录》卷二二正德二年闰正月丙辰条:"贵州右布政使闾钲死于贼难,荫子潼为国子生。潼没,其弟子瀛为后,奏乞补荫,许之。"(台湾"中研院"历史语言研究所校印,1963年,第618页)

子间漳,嘉靖年间以岁贡入太学,好古力学,事亲至孝。① 间
钘子间瀛,弘治年间岁贡,后入国子监,官至湖广竹山知县。②
此外,间氏族中还有一位间洁,"成化丙午乡魁,癸丑进士,授
监察御史,升山东按察司提学副使"。③ 嘉靖《重修王母宫碑》
碑阴的官佐题名中,也出现了间钲、间铠、间洁,对三人任职的
记载,④与上文基于方志文献梳理出来的信息一致。间沂的
亲属关系尚不明确,彭泽称其父兄"登高第而跻膴仕者后先相
望",间氏族中虽多科举仕宦之人,但能真正符合彭泽此话的
也只有间钲、间洁,间沂的父兄应该就是此二人。

　　自元代起,泾州间氏一族在科举仕宦上就一直人才辈出,
到间钲、间洁辈时,这个素来以儒家礼法、忠孝之道安身传家
的门族,声望已臻鼎盛,因此间沂得以号召重修王母宫。间沂
的倡议不仅得到了泾州士绅百姓的热烈响应,"一时宗藩韩王
亦乐施助,期终其事"。此时在位的韩王为韩昭王朱旭櫏,据
《明史》及嘉靖《平凉府志》记载,朱旭櫏秉性忠孝,雅嗜诗书,
是一位能行仁政的贤明亲王。⑤ 韩昭王对泾州重修王母宫之
事非常重视,欣然施财助工,希望此次重修工程能够顺利竣
工。此次重修"经始于正德甲子五月上旬,落成于嘉靖壬午五
月中",但正德朝并无甲子年,此"甲子"应为"甲戌"(正德九
年,1514)或"丙子"(正德十一年,1516)之误。从落成于嘉靖

---

① （清）张延福:《泾州志》,第383、369页。
② （清）张延福:《泾州志·选举志》,第382页。间瀛之父不明,《明武
　　宗实录》称以间钲"弟子瀛"补荫为国子生,间钲有间钘、间铠二弟,
　　间铠有子间漳(嘉靖时以岁贡入太学),间瀛应为间钘之子。
③ （明）赵时春:《平凉府志》卷五《泾州·进士》,第409页。间洁之父
　　不明。
④ 参见吴景山《泾川金石校释》,第130页。
⑤ （清）张廷玉等:《明史》卷一一八韩王朱松传,第3605页;（明）赵
　　时春:《平凉府志》卷一《藩封》,第274页。

元年(1522)的时间推算,此次营修工期长达七八年之久。

彭泽文称,王母宫"然自胜国初重修,迨今逾二百载,渐以颓毁。郡之耆旧屡欲修之,未能也"。"胜国"指亡国、前朝,于明朝而言,"胜国"即为元朝。自元初大德二年(1298)王母宫重修,至明正德十一年(1516),正所谓"迨今逾二百载"。显然,这是营造自元初大德二年以来王母宫的首次重修,而且正是在泾州望族闾家的倡导、驻藩平凉的韩昭王的大力支持之下,这次历时六年的工程才得以开展并最终完成,使王母宫逐渐衰落的局面得以改观,宫观规模扩大,"规制整严,轮奂丽美,大非昔比",为以后的发展奠定了基础。

值得注意的是,因为闾氏一族从科举入仕途的家族传统,以及家族成员在科举功名上取得的荣耀,闾沂从倡修王母宫伊始就强调此次重修意在宣扬儒家礼教,表现出与"倾资破产于佛老虚无寂灭之教以资冥福者"相区别的态度。陶谷在文末也重申了敦天伦、重礼教、轻佛道的宗旨。此外,碑阴还刻列了闾钲、闾铠、温应璧、刘汉、杜举、刘汲、闾洁、脱腾、刘浩等约30位泾州籍官吏的姓名及官职,①以现实的例子标榜读书修身、科举仕宦的入世价值取向。乾隆《泾州志》记载回中山上有文昌阁,②应该就是建于此时。

尽管如此,回中山王母宫毕竟是一处历史久远的奉祀西王母的道教宫观,其禳灾降福的灵威神佑功能早已深入人心且最为普通民众所看重,所以,此次重修的实际结果是一批奉祀王母、玉皇等道教神仙的殿宇被建成,"为王母殿、玉皇阁者各五楹,周穆王、汉武帝行祠六楹。其余雷坛及玄帝等殿有差,则皆乡者之意,欲为旱潦疫疠之祷而设也"。据乾隆《泾州

---

① 其中10余人可与嘉靖《平凉府志·泾州志》及乾隆《泾州志·选举志》中所载科举人物对应。

② (清)张延福:《泾州志·地舆志》,第272页。

志》载,回中山上还有三清楼,①从明嘉靖到清乾隆时,再不见关于回中山王母宫营建的记录,三清楼应该也是建于此次重修之时,用以奉祀道教最高尊神——玉清、上清、太清。

明代《重修王母宫碑》碑阴,在"乡耆姓氏"文忠、李梅等49人姓名之后,还刻列了王母宫三辈14位道人姓名:

> 本宫□□□正安演洪
> 住持景演浇、牛演深
> 杨演泞、□演□、□演澄
> 温全忠、李全安
> 钱教成、□教□、米教珠、
> 闫教荣、张演洁、□全义

全真道华山派之传代派字,前两句为"至一无上道 崇教演全真"。显然,明代中期回中山王母宫为一处华山派道观,上述王母宫道人正好为华山派第七、八、九代,道人规模也已相当可观。其中,安演洪应该是泾州道正司道正,而景演浇为王母宫住持道人。嘉靖元年(1522)王母宫重修之后,泾州道教的发展出现了新的局面。

而关于明代平凉一带佛道信仰流行的情况,赵时春在《平凉府志》中有这样一段述论:

> 私创庵观,律有明条,琉璃在今,请命遣工。宸濠至横,亦不敢自造琉璃,必待奏报。时都御史林俊驳之曰:"毋涉吴王几杖之求。"今私创庵观,宗室庭居多,饰飞龙、琉璃,皆非法也。
>
> 僧设七七水陆大斋会,道士作黄箓醮三日夜。削发冠簪而皆娶妻,亦有斋民夫妇诵经醮斋者,名曰土居。斋

---

① （清）张延福:《泾州志·地舆志》,第272页。

毕供巨豚首大嚼,名曰散斋。受馈金,名曰亲经钱。诸生
无赖者赞礼成毕亦或效之,求食而已,不知愧也。噫,天
小旱,群无赖土居,僧道即祈雨;雨多即祈晴,雨旸顺即异
土偶纷然,祈修庙宇,循环不休。①

　　嘉靖《平凉府志》中所反映的韩府宗室创建寺院宫观的情
况,在上文的论述中已经得到印证。值得注意的是,由于韩府
宗室特别是历代韩王对佛道二教的崇奉,以及明代平凉佛教、
道教的发展,导致水陆法会和黄箓大醮在当时极为流行。但
民间对这种佛道法事的盲目崇信,造成了耗费资财、僧道徒众
持戒不严的乱象,对社会风化造成了严重的不良影响,引起了
儒家士绅们的不满。

---

① （明）赵时春:《平凉府志》卷二《风俗》,第 414 页。

第三章 韩王与明代崆峒山 宗教的繁荣

崆峒山,位于甘肃平凉市西 12 公里处,为六盘山支脉,位处秦汉鸡头道的形胜之地,亦是丝绸之路西出关中后的第一座名山,险峻雄奇,钟灵秀美,被誉为"西来第一山""西镇奇观"。因黄帝问道广成子的文化渊源、历代以来山上道教发展的传承积淀,以及民间信仰崇拜的社会影响等多重因素的不断形塑,崆峒山被认为是"道源所在""天下道教第一山"。

第一节 明代之前的 崆峒山宗教

关于历史时期平凉崆峒山的情况,以唐代为界,大致可以划分为两个时期。唐代以前的崆峒山文化,主要体现在文献中所载的黄帝问道、汉武登临的故事以及学者们对"崆峒"这一地理概念的注解上;而自唐代开始,崆峒山的情况立刻明晰起来,相关文献以及文物资料可靠地呈现了崆峒山在不同时期的发展特点。

一、唐代之前的崆峒山

"黄帝问道"出自《庄子·在宥》:"黄帝立为天子十九年,令行天下,闻广成子在于空同之上,故往见之。"①随后,《在宥篇》以黄帝与广成子相问答的方式,将道家治国思想、关于道的认识和求道的方法进行了全面深刻的揭示。②《史记》卷一《五帝本纪》记载,黄帝巡狩四方时,曾"西至于空桐,登鸡头"。③于是,这两种记载被关联起来,演绎成了黄帝问道崆峒的典故,并引起了人们将"崆峒"这一概念在具体地理位置上的认定。

黄帝问道广成子虽属传说,但却是真实的历史文化,不仅对道家向道教的演变、道教修炼之术产生了深远影响,奠定了崆峒山在道家、道教文化史上的重要地位,以及崆峒山早期道教营建的主题,而且在凝聚中华民族文化认同方面对后世历史不断地产生着实际影响。黄帝之后,崆峒山又与尧、舜二帝有了关联。南朝任昉《述异记》载:"崆峒山中有尧碑、禹碣,皆籀文焉。"④民国时期甘肃著名学者张维以颇为认真的态度将尧碑、禹碣著录于《陇右金石录》中。⑤

进入秦汉时期,秦皇汉武的巡游登临,又赋予崆峒山非同寻常的历史意蕴。《史记》卷六《秦始皇本纪》记载:"二十七年,始皇巡陇西、北地,出鸡头山,过回中焉。"⑥据刘满先生考证,当时的鸡头山就在今六盘山。⑦秦始皇从鸡头山过回中

① 陈鼓应:《庄子今注今译》,北京:中华书局,2008 年,第 278 页。
② 刘永明、赵玉山:《"黄帝问道广成子"对道教和道教的影响——兼议陇东与道教文化》,《天水师范学院学报》2008 年第 6 期,第 52 页。
③ (汉)司马迁:《史记》,北京:中华书局,1963 年,第 6 页。
④ (梁)任昉:《述异记》,《丛书集成初编》第 2704 册,北京:中华书局,1991 年,第 4 页。
⑤ 张维:《陇右金石录》卷一,第 1 页。
⑥ (汉)司马迁:《史记》,第 241 页。
⑦ 刘满:《秦汉陇山道考述》,《敦煌学辑刊》2005 年第 2 期,第 266 页;刘满:《秦皇汉武巡幸陇右地名路线考释——兼论历史上的鸡头道》,《敦煌学辑刊》2015 年第 2 期,第 1—20 页。

时,很有可能登临崆峒山。如果说秦始皇登崆峒只是巡游经过,那么汉武帝登崆峒则是抱着强烈的求仙目的。《史记》及《后汉书》载,术士公孙卿向汉武帝进献了一个升仙的办法:"黄帝由封禅而后仙",封禅泰山可以成仙。除封禅外,公孙卿所言黄帝升仙过程是很具体的:"黄帝郊雍上帝……其后黄帝接万灵明廷。明廷者,甘泉也……黄帝采首山铜,铸鼎于荆山下。鼎既成,有龙垂胡髯,下迎黄帝。"黄帝于是乘龙升天。狂热追求长生的汉武帝对黄帝成仙表现出极大的向往,称"吾诚得如黄帝,吾视去妻子如脱履耳","遂郊雍,至陇西,西登崆峒,幸甘泉"。① 汉武帝郊雍、登崆峒、幸甘泉的举动显然是在效仿黄帝。可见,黄帝问道崆峒的故事在当时已然流行并受到了重视。

魏晋南北朝时期,关于崆峒山的情况罕见记载。或与当时不得长期稳定的政治形势及北方道教隐居深山的修行方式有关。

二、唐代至元代的崆峒山

(一)唐及五代时期的崆峒山

从现有资料来看,崆峒山上的寺观营建最晚可以上溯到唐代。寺观创建必有其具体所在,崆峒山山形地势比较复杂,为了以后行文方便,先将崆峒山山势在此略作说明:山下营建集中在山之南麓,泾河北岸,俗称前山;山腰处则五峰竞秀,素称中台、东台、南台、西台、北台,各台皆有创建,

---

① (汉)司马迁:《史记》,第 467—468、1393—1394 页;(南朝宋)范晔:《后汉书》,北京:中华书局,1965 年,第 3163 页。汉武帝登崆峒是在元鼎五年(前 112)。《汉书》卷六《武帝纪》载:"五年冬十月,行幸雍,祠五畤。遂逾陇,登崆峒。"[(汉)班固:《汉书》,第185 页]

但以中台地势最为广阔，寺观也最多；自中台西南方向，穿过朝天门，沿天梯攀援而上可达崆峒山主峰——隍城，通往隍城的山径两侧多有宫观散布；隍城南侧向东延伸出一条陡峻山岭，为雷声峰，亦有宫观；从隍城再往上，为崆峒山最高处——香山。

唐初，李唐皇室尊老子为先祖，自称"神仙之苗裔"，这种出于政治目的的做法以及奉道教为皇家宗教等一系列崇道举措，为唐代道教的发展开创了一个非常有利的环境。在道家道教文化系统中的"黄帝问道"故事，关乎道教起源，因此也被当时社会所重视。在此背景之下，崆峒山有据可查的早期道教营建开始出现。据嘉庆《崆峒山志》记载，"问道宫，山麓泾北，唐时已有之"，"轩辕宫，唐建"。①《太平寰宇记》卷八载："禹迹之内山名崆峒者有三焉：其一在临洮……其一在安定。二山高大，可取财用，彼人亦各于其处为广成子立庙。"②唐代崆峒山出现的早期主要宫观——问道宫、轩辕宫、广成子庙等，显然都是以"黄帝问道"为主题而营建的。

崆峒山佛教的发展，最晚也可以上溯到唐代。据嘉庆《崆峒山志》和民国《平凉县志》记载，崆峒山真乘寺内有金大安二年（1210）铜钟，钟上铭文曰"崆峒明慧禅院开山祖师

---

① （清）张伯魁：《崆峒山志》，《中国地方志丛书·华北地方》第352号，台北：成文出版社，1970年，第61、65页。崆峒山有专志始于明代，最早为万历十七年（1589）成书的《崆峒山志》，平凉李应奇编纂，共3卷，有分野、建革、疆域、形胜、田赋、仙迹、题咏7门，收入万历《内阁书目》和《四库提要存目》；明人许登也纂有《崆峒山志》，已佚无考。由于此二志均已不存，清代嘉庆二十四年（1819）张伯魁所修《崆峒山志》遂成为现存唯一一部古代崆峒山志。

② （宋）乐史撰，王文楚等点校：《太平寰宇记》，第145页。《太平寰宇记》成书于宋初，所记多为宋前之事。

讳仁智,于大唐间创建禅林,唐太宗御赐田宅,历代六朝云"。① 金大安铁钟铭文,在追溯崆峒山明慧禅院的历史时提到,明慧禅院为仁智和尚于唐初所创,唐太宗还御赐田地、屋宅。据以上两处记载,真乘寺的前身正是明慧禅院。据嘉庆《崆峒山志》记载,真乘寺在崆峒山中台嵚崟处,②则明慧禅院当时也当建在中台。金泰和《明慧禅院智琼和尚碑》所载"崆峒山明慧禅院……祖师智公和尚,开山于□□□,始营佛宇,创立丛林",③应该也是指仁智创建明慧禅院一事。禅宗于唐初始创于今湖北黄梅,唐太宗时尚未传至崆峒山一带。不过,仁智和尚在崆峒山建寺弘法,确为崆峒山佛教的发展奠定了基础。

五代时期,崆峒山佛教发展依然兴旺,明慧禅院出现了赐紫沙门。④ 崆峒山现存一后周显德五年(958)石经幢,⑤正面刻佛像一身(头部残),其余刻"佛顶光聚真言""金轮佛顶真言",款题为"大周显德五年岁次戊午七月庚辰朔十五日甲午,崆峒山主明慧禅院赐紫沙门志諲教法传空,印心化度,知身是幻,预切修茔,造窣显诚,乃镌斯□。前静难军随都孔目官马辅,□凉州司马嘉尧□"。此经幢创立于周世宗禁佛时期,乃

① （清）张伯魁:《崆峒山志》,第62页;郑濬、朱离明:《平凉县志》,载凤凰出版社编选《中国地方志集成·甘肃府县志辑》第13册,南京:凤凰出版社,2008年,第377页。
② （清）张伯魁:《崆峒山志》,第62页。
③ 金泰和《明慧禅院智琼和尚碑》,今存崆峒山文管所。
④ 自唐代至北宋元丰改制(1080年),三品以上官员常服为紫色,官品不及而有大功,或为皇帝恩崇者,特赐服紫,称为"赐紫"。僧衣有赤、黄、黑、青等色,本无紫色。修为高深或功德卓著的僧道也常被赐服紫,以示尊宠之意。
⑤ 砂岩质,仅碑身残存,八棱柱体,高37厘米,直径18厘米。今存崆峒山文管所。

平凉地方官吏为明慧禅院沙门志諲预修茔墓所立。志諲不仅是赐紫沙门，还是崆峒山主，可见，佛教显然成为唐至五代时期崆峒山宗教发展的主流，在地方官民间颇有影响。

（二）宋代的崆峒山

北宋时期的崆峒山佛教，在唐及五代的基础上继续发展。北宋天圣七年（1029），泾源路军政官吏 30 余人发愿，请终南山铸铜匠人陈训、上清太平宫道士陈宗秀铸成铜钟一口，①钟上关于负责此次铸钟一事的僧人题名中，有"崆峒山主赐紫沙门重仪"。这位重仪和志諲一样，是身为崆峒山主的赐紫沙门，他应该也是出自明慧禅院。之后不久，明慧禅院的僧人还受到了朝廷的褒奖。据《续资治通鉴长编》卷一三八记载：

> （庆历二年十二月）乙巳，赐渭州崆峒山慧明院主赐紫僧法淳号志护大师，法涣、法深、法汾并赐紫衣，行者云来等悉度为僧。初，法淳率其徒与西贼战，能护守御书院及保蕃汉老幼孳畜数万计，故赏之。②

庆历二年（1042），崆峒山慧明禅院住持法淳因率领徒众抵御西夏，③保护御书院及民众、财物有功，被宋仁宗赐号"志护大师"，弟子法涣等被赐紫，行者云来等悉度为僧。宋仁宗景祐五年（1038），李元昊称帝建国，由此引发第一次宋夏战争。继三川口、好水川之战后，庆历二年（1042）九月，西夏"以

---

① 天圣铜钟，原在平凉关岳庙，今存平凉市博物馆。钟上铭文可参见张维《陇右金石录补》卷一，第 569—570 页。

② （宋）李焘：《续资治通鉴长编》卷一三八，庆历二年十二月乙巳条，第 3328 页。

③ 《续资治通鉴长编》卷一三八记载法淳和尚为"崆峒山慧明院主"，结合崆峒山明慧禅院的历史沿革来看，法淳和尚所在的"慧明院"应该就是唐初创立的"明慧禅院"。

兵十万,分二道,一出刘璠堡,一出彭阳城,入攻渭州。葛怀敏援刘璠,战崆峒北,败没",西夏军队越过平凉直达潘原,①是为定川寨之战。定川寨(今宁夏固原西北)距崆峒山不远,法淳率徒抵御西夏之事应该就是在定川寨之战中。法淳此前就已经是赐紫僧人,而且明慧禅院的僧人在与西夏兵相抗中能保护民众、财物为数甚巨,足见崆峒山明慧禅院自唐初创建以来,发展到宋代时已成为颇具规模、僧徒众多的大寺。

　　崆峒山现存有宋建中靖国元年(1101)佛顶尊胜陀罗尼幢,②首行刻"佛顶尊胜陀罗尼幢,西京□□广爱寺三藏沙门赐紫重达译",文末刻款"皇宋建中靖国元年十月三日□□□□□僧海昭□□□□等建幢"。此经幢并未刻《佛顶尊胜陀罗尼经》全文,只刻了该经最为重要的音译"尊胜陀罗尼"部分,并且,经文前有非常珍贵的启请文。③

　　关于佛顶尊胜陀罗尼经幢上所刻经文,唐代几乎全是佛陀波利译本,只有少数刻其他译本。入宋以后,刻不空译本的经幢略有增加。另外,有极少数的经幢所刻为其他译本,如《加句灵验佛顶尊胜陀罗尼》,义净译本。④ 但崆峒山这座经幢上所刻尊胜陀罗尼,明确记为"西京□□广爱寺三藏沙门赐

① （宋）李焘:《续资治通鉴长编》卷一三八,庆历二年十月己酉条,第3310 页。

② 砂岩质,今存崆峒山法轮寺。幢身八棱柱体,高 131 厘米,直径 35厘米;幢座高 18 厘米。幢顶现不存,但据《新修崆峒山志》记载,幢帽高 15 厘米。(仇非:《新修崆峒山志》,兰州:甘肃人民出版社,1996 年,第 106 页)

③ 从第十世纪后半叶开始,有的经幢上开始出现"陀罗尼启请"。"启请"是密宗在经典或陀罗尼读诵之前奉请的启白。(刘淑芬:《经幢的形制、性质和来源——经幢研究之二》,"中研院"历史语言研究所集刊第六十八本第三分,1997 年 9 月,第 659 页)

④ 刘淑芬:《经幢的形制、性质和来源——经幢研究之二》,"中研院"历史语言研究所集刊第六十八本第三分,第 658—659 页。

紫重达译"。文献中关于北宋西京广爱寺沙门重达的记载很少且极简略,北宋志磐《佛祖统纪》卷四三《法运通塞志第十七》载:

> (淳化)二年,太原沙门重达自西天还,往反十年。进佛舍利贝叶梵经,赐紫服,住西京广爱寺。[1]

崆峒山佛顶尊胜陀罗尼幢上所刻经文,显然是沙门重达于淳化二年(991)自"西天"取回贝叶梵经后的新译本。此译本《佛顶尊胜陀罗尼经》本就罕见的,但百年之后能出现在崆峒山,关陇佛教受中原地区的影响由此可见一斑。

宋代是唐代之后道教发展的第二个高潮。宋真宗、宋徽宗两位皇帝是推动道教在北宋达到发展高潮的关键人物。宋真宗不仅在东京营建极尽奢华的玉清昭应宫,诏令天下遍建天庆观;而且还注重道书的收集与整理。宋徽宗则更是狂热的道教信仰者,他甚至以"教主道君皇帝"自称。另外,宋徽宗还于大观二年(1108)将道教科仪《金箓灵宝道场仪范》颁行天下;仿照朝廷官吏的品秩,设立道官道职;提倡学习道经,设立道学制度和道学博士;编修道教历史为《道史》《道典》,组织人力编成并刊行《万寿道藏》。在一系列持续性政策、举措的扶持之下,道教几成国教,全国大兴道观。

因赵宋以轩辕黄帝为赵氏始祖赵玄朗之化身,崇饰黄帝庙,崆峒山作为"黄帝道场"而受到当时朝廷的关注。宋代崆峒山道教的情况主要见于元至正十七年(1357)《重修崆峒山

---

① 载《大正藏》第49册,第400页下栏。《佛祖统纪》卷五二《历代会要志第十九之二·诸国朝贡》:"沙门重达自西天还,进佛舍利梵经。"(《大正藏》第49册,第457页上栏)

大十方问道宫碑》,①碑曰:

> 宋政和□年,集贤承旨张庄奉旨董修宫宇,命京兆天
> 宁万寿观赵法师住持。迨金之□□,殿庑俱烬。

这通元碑在回溯崆峒山问道宫营修历史时,明确提到北
宋政和年间(1111—1118),宋徽宗敕令集贤承旨张庄重修崆
峒山道教宫观,京兆(长安)天宁万寿观的赵法师被延请来山
住持。实际主持此次重修工程的张庄,在《宋史》中有传。《宋
史·张庄传》记载:张庄,应天府人,元丰三年进士,"历提举
司、讲议司检讨官,出提举荆湖、夔州等路香盐事。改提举荆
湖北路常平、本路提点刑狱,进龙图阁直学士、广南西路转运
副使"。宋徽宗崇宁年间,蔡京推行开边拓土政策,张庄与桂
州知州王祖道锐意拓土设州,因功授集贤殿修撰、桂州知州、
融州知州、黔南路经略安抚使、靖州知州。后因受广南西路安
化民变事件影响,"责舒州团练副使,永州安置,再贬连州,移
和州"。政和二年(1112),蔡京再度辅政后,张庄"起知荆南
府,徙江宁。复进徽猷阁直学士,历知渭亳襄州、镇江东平府。
宣和六年,坐缮治东平城不加功辄复摧圮,降两官,提举嵩山
崇福宫。卒,赠宣奉大夫"。②

从上述张庄仕宦经历可以看出,因为广南西路拓土设州
之事以及与蔡京微妙的政治关系,张庄经历了先迁后贬又再
度被起用的官场曲折。政和二年(1112)之后出任渭州知州的
张庄,历经宦海浮沉后对宗教恰有精神上的需求,所以在得到

---

① 砂岩质,通高374厘米,宽144厘米,厚31厘米。碑首雕二龙盘绕;
　碑首正中为高106厘米、宽96厘米的长方形碑额,篆刻"重修崆峒
　山大十方问道宫碑"。现存崆峒山问道宫。

② (元)脱脱等:《宋史》卷三四八《列传一〇七·张庄》,第11042—
　11043页。

宋徽宗营建崆峒山宫观的旨意后,对其渭州辖境内的这座道教名山的营修工程非常重视,不仅完成了对问道宫等宫观的整修,还特意从京兆(长安)天宁万寿观延请赵法师来山主持道教事务。如此一来,在极为崇信道教的宋徽宗对崆峒山道教发展颇为重视的有利形势下,从中央到地方的双重扶持,宫观营建、人才调配等多元举措,有效推动了北宋时期崆峒山道教的发展,加强了崆峒山与关中地区的道教交流,极大提高了崆峒山作为道教名山的地位。

（三）金代的崆峒山

金代是道教从教派、教理,到教团组织、影响规模都全面鼎盛的阶段。北方地区出现了一些新的道教宗派,萧抱珍创立太一道,刘德仁创立真大道,王重阳创立全真道。金朝统治者对这些新兴道派的支持,使得新道教很快就得到了北方人士的认同,教团组织发展迅速,社会影响巨大。但由于直接资料的缺乏,金代崆峒山道教发展的具体情况还不甚明朗。

金代崆峒山佛教的发展情形,主要见于金石资料。崆峒山现存金泰和《明慧禅院智琼和尚碑》,[1]碑云:

> 崆峒山明慧禅院故琼□□□□□□□祖师智公和尚,开山于□□,始营佛宇,创立丛林,持坚固□,续无尽灯,光焰腾辉,日增殊胜,继振祖风,累叶不凋。师讳智琼,字伯玉,俗姓吕氏,平凉五龙社人也。师年十五,……礼崆峒山主赐紫惟□为师。于定三年,披缁落发,受业于崆峒。随师于本府治平寺上生院侍师礼终。后充山知事,迁为山主。承安间,经火□废,殿堂屋宇悉皆焚尽。师纠集僧

---

① 砂岩质,高30厘米,宽57厘米,厚6厘米。碑左下角残损,今存崆峒山文管所。

众,再复营葺,焕然一新。泰和五年,退让于师弟赟公。……至(泰)和六年二月二十五日忽终。①

从此碑所载智琼和尚生平看,金代崆峒山明慧禅院仍有赐紫僧人,而且明慧禅院的住持也依然称为"崆峒山主"。智琼和尚本在崆峒山出家,后随师尊"惟□"和尚到平凉府城内的治平寺修习,再后又返回崆峒山任明慧禅院住持,并于金承安年间(1196—1200)重建了毁于火灾的明慧禅院。由此也可见,崆峒山僧人与平凉府城寺僧之间的参学交流情形。

崆峒山真乘寺原存金大安时铜钟,据嘉庆《崆峒山志》记载,铁钟上有铭曰"崆峒明慧禅院开山祖师仁智于大唐时创建丛林,历代六朝云"。② 民国《平凉县志》对此钟记载略详:"崆峒真乘寺,旧名潒沱寺,内有金大安二年铁钟一,高丈余,口径如之。铭曰'崆峒明慧禅院开山祖师讳仁智,于大唐间创建禅林,唐太宗御赐田宅,历代六朝云'。"③这口金大安二年(1210)铁钟,毁于1958年大炼钢铁运动,其相关情况仅见以上记载。④ 但泰和六年《明慧禅院智琼和尚碑》所记"祖师智公和尚,开山于□□,始营佛宇,创立丛林",应正是指大安铁钟铭文所言"明慧禅院开山祖师讳仁智,于大唐间创建禅林"之事。因此,大安铁钟当是金代崆峒山明慧禅院之物,而且是

---

① 碑末原为"至和六年二月二十五日忽终",但金代无"至和"年号。卫绍王完颜永济曾用"至宁"年号(1213年5月至9月),可时间极短。结合碑文看,"至和六年"当为"泰和六年"或"至泰和六年",此碑应立于金章宗泰和六年(1206),碑末漏"泰"字,或误"泰"为"至"。

② (清)张伯魁:《崆峒山志》,第62页。

③ 郑濬、朱离明:《平凉县志》,第377页。

④ 《陇右金石录》对大安铁钟也有著录,但内容引自嘉庆《崆峒山志》,并无增补。(张维:《陇右金石录》卷五《金》,第6页)

铸造于智琼和尚师弟、当时住持明慧禅院的"赟公"时期。唐初创立的明慧禅院，经历五代、宋代，到金代时依然是崆峒山最为重要的佛寺。

金承安二年（1197），崆峒山中台还创建了准提庵。清道光《重修准提庵大殿碑》曰：

> 山之中台有准提庵焉，创自大金承安二年□□□□□修寺院一座。①

嘉庆《崆峒山志》载，准提庵在真乘寺右侧。据明嘉靖二十四年（1545）《建三天门铁索碑记》，②真乘寺乃元代时在明慧禅院基础上所建。嘉庆《崆峒山志》称，真乘寺、准提庵皆居北面南。③ 则金代所创准提庵正是在明慧禅院右侧，即西侧。显然，准提庵的创建，改变了崆峒山中台自唐代以来一直以明慧禅院为主体的寺院格局，为此后崆峒山佛教发展、崆峒山中台建筑格局变化开创了新的局面。

（四）元代的崆峒山

蒙古入主华北之初的几十年，佛道之间曾发生激烈斗争。丘处机西行觐见成吉思汗返回后，因获得了极大的政治优势，全真教发展迅猛，教徒人数激增，北方地区发生全真教徒侵占佛寺等事。1232 年前后，全真教徒编撰《老子化胡经》及《八十一化图》。④ 伪经及图刻板后，首先在陕西一带暗中流传，

---

① 吴景山：《崆峒山金石校释》，第 116 页。
② 现存崆峒山南崖宫门外崖壁下，后文有详细介绍。
③ （清）张伯魁：《崆峒山志》，第 123 页。
④ （元）祥迈：《至元辨伪录》卷三："壬辰中，合罕皇帝吊民洛汭，问罪汴梁，急于外征，未遑内整。而志常奸心狙妒，欲欺佛家，蔑视朝廷，敢为不轨。乘国军扰攘之际，当羽檄交驰之辰，纵庸鄙之徒，作无稽之典。"（载《大正藏》第 52 册，第 767 页）

后来广为散发。① 全真教徒"轻蔑释门,而自重其教"的种种做法,引起了北方佛教徒的反抗。1255—1281 年,在宪宗蒙哥和元太祖忽必烈主持下,佛、道二教领袖主要围绕《老子化胡经》等道教伪经及《八十一化图》对佛教的诋毁问题展开了三次大辩论。辩论的结果是全真教彻查并焚毁一切伪妄经书及板本化图、退还侵占佛寺、铲磨有关石刻塑像等。② 佛教在这场持续近 30 年的斗争中占得上风,但当时元廷"对全真之崇褒,亦未尝少减也"。③ 最终,更能多方面符合蒙古贵族需要的藏传佛教占得了元朝宗教的首席地位。在这种背景下,由于皇族及地方官僚的支持,元代崆峒山的佛教、道教都得到了极大的发展。

1. 元代崆峒山佛教

元代崆峒山佛教的兴盛与安西王家族的扶植有密切关系。第一代安西王为元世祖忽必烈第三子忙哥剌,封于至元九年(1272),授螭钮金印(二等印),"赐京兆为分地,驻兵六盘山",④置王相府,以商挺、李德辉为王相。次年,忙哥剌又被加封秦王,赐兽钮金印(一等印),"其府在长安者为安西,在六盘者为开成,皆听为宫邸"。⑤ 忙哥剌"一藩二印,两府并开"的分封规格,在忽必烈诸子中独一无二,其地位仅次于太子真金。

安西王忙哥剌与崆峒山佛教的关系,见于至元十五年

---

① （元）祥迈:《至元辨伪录》卷三:"使秦川道众,暗板流传,远地发扬,欲妨自害。"《至元辨伪录》列《钦奉圣旨禁断道藏伪经》39 种。
② （元）祥迈:《至元辨伪录》卷五,载《大正藏》第 52 册,第 776—777 页。
③ 陈垣:《南宋初河北新道教考》,北京:中华书局,1962 年,第 52 页。
④ （明）宋濂:《元史》卷七《世祖本纪四》,北京:中华书局,1976 年,第 143 页。
⑤ （明）宋濂:《元史》卷一〇八《诸王表》,第 2736 页。

(1278)《创修崆峒山宝庆寺碑记》,①现节录碑文如下:

创修崆峒山宝庆寺碑记

国家宝运隆昌,圣谟于赫,百度修正,方寓宁谧。

皇帝……诞崇三宝,弘转法轮。龙飞之初,诏槊思吉亦里拣卜八黑思八大师起寺上都大内之西南,车驾时往幸焉。俾东宫皇太子及以次诸王,皆师事之。至元九年十一月,分封安西王于秦,仍以师之叔父槊里吉察思揭兀受戒弟子商从行。商旦夕持诵,修作佛事,小心精进,不懈益虔。安西王暨妃逊多礼,世子阿难丹、帖古思不花、阿董赤,公主讷论普演、怯力蜜失,咸受戒于商,师事之惟谨。商请居平凉之崆峒山,建设道场,凡木石砖甓、丹垩工役之费,皆王之所施予,毫厘不入于己。为殿为堂,轮奂翚飞,金碧炫烂,无不赞叹。十五年秋八月落成,王与妃亲诣其所设佛供,周视规制,嘉其精敏,特授陕西、四川、西夏等路释教统摄,仍刻银比三品印畀之。平生行业及住持修建始末,命作文以志诸石。……

至元十五年秋八月十有八日记。

中奉大夫、王相商挺奉旨撰并书。

此碑由安西王王相商挺撰文并书丹。商挺(1209—1289),字孟卿,曹州济阴(今山东菏泽)人,为忽必烈潜邸旧臣。忽必烈分封诸子出镇四方,权势极重,故多以名臣辅之。商挺为安西王相后,更是被忙哥剌倚为心腹重臣,至元十四年(1277),忙哥剌奉诏北征时曾嘱商挺云:"关中事有不便者,可

---

① 石灰岩质,碑帽、碑身、碑座俱完整,通高 280 厘米。碑帽高 88 厘米,宽 102 厘米,厚 28 厘米,正面、背面均雕双龙垂首,碑帽正面中间位高 49 厘米、宽 32 厘米的圭形碑额,隶刻"宝庆寺记";碑身高 162 厘米,宽 80 厘米,厚 28 厘米。今存崆峒山东台。

悉更张之。"①

凉州会谈以后，藏传佛教对蒙元上层的影响日渐增强。1253 年，忽必烈出征大理之前在六盘山召见八思巴，深受其说教的影响，与王妃察必接受了八思巴传授的萨迦派喜金刚灌顶。② 忽必烈尊八思巴为上师，可以说是后来元朝以藏传佛教为国教、设立帝师制度的滥觞。③ 1260 年忽必烈即大汗位后，八思巴被封为国师，执掌总制院（1264 年设立，掌管全国佛教及藏地行政事务）。忽必烈对八思巴的尊奉，也直接影响了其整个家族的佛教信仰。

《创修崆峒山宝庆寺碑记》开篇即言，忽必烈尊信并弘护佛法，优礼八思巴，诏其在大都西南建寺（此寺当为大护国仁王寺），太子真金及忽必烈其余诸子皆尊八思巴为师。此外，据《汉藏史籍》和《红史》记载，萨迦班智达和夏尔巴·意希迥乃的弟子意希坚赞喇嘛，也是忙哥剌的上师。④ 可见，忙哥剌在大都时已经成为一名藏传佛教信徒。封王出镇时，忙哥剌又礼请八思巴叔父糜里吉察思揭兀的受戒弟子商从行。这位能够持诵不倦、精修佛事的僧人商，显然是一个颇有地位的藏僧。忙哥剌及王妃逊多礼、世子阿难丹（即阿难答）、其余几位王子公主等也都从其受戒，尊为上师，师礼甚恭。

安西王的开城府及其驻兵的六盘山临近崆峒山，僧商请

---

① （明）宋濂：《元史》卷一五九《列传第四十六·商挺》，第 3740—3741 页。

② 阿旺贡噶索南著，陈庆英、高禾福、周润年译注：《萨迦世系史》，拉萨：西藏人民出版社，1989 年，第 106—108 页。

③ 陈庆英：《帝师八思巴传》，北京：中国藏学出版社，2007 年，第 55 页。

④ 达仓宗巴·班觉桑布著，陈庆英译：《汉藏史籍》，拉萨：西藏人民出版社，1986 年，第 195 页；蔡巴·贡嘎多吉著，东嘎·洛桑赤列校注，陈庆英、周润年译：《红史》，拉萨：西藏人民出版社，1988 年，第 46 页。

在崆峒山建寺安居,得到了忙哥剌的全力支持。帝师八思巴对崆峒山的此次营建也很重视。至元三十年(1293)《重修崆峒山寺碑》载:"拔思巴帝师甲戌至元十三年三月二十日亲□本山,□领番汉徒众□□□□修建,作大佛事。"①可知,八思巴(碑中同音异译为"拔思巴")曾于"甲戌至元十三年三月"亲临崆峒山,率领藏汉两族佛教徒众举行了一场盛大的佛事。但此处纪年似有抵牾,至元时期的"甲戌"年为至元十一年(1274),"至元十三年"有误,当以干支为准。八思巴大约在至元八年(1271)夏初离开大都出居临洮,至元十一年(1274)离开临洮前往萨迦,在此期间,八思巴具备应邀前往距离临洮不远的崆峒山的条件。八思巴居临洮期间,通过一系列弘法建寺活动,扩大了萨迦派在甘青地区的势力。

至元十五年(1278),宝庆寺在僧商的主持下建成于崆峒山东台,②忙哥剌与王妃逊多礼亲临供佛,见宝庆寺"轮奂翚飞,金碧炫烂",对僧商褒赏有加,特授其陕西、四川、西夏等路释教统摄,③崆峒山俨然成为西北一大佛教中心。商挺在碑末又有一段对帝师八思巴及僧商的褒扬之辞,将他们与佛图澄、鸠摩罗什相比。

忽必烈二子真金中统二年(1261)封燕王,四子那木罕至元三年(1266)封北平王,五子忽哥赤至元四年(1267)封云南王,七子奥都赤至元六年(1268)封西平王。排行仅次于太子

---

① 元至元三十年《重修崆峒山寺碑》,详见下文。

② 宝庆寺现已无迹可寻,但民国时原大殿尚存,"内彩塑十大魔王逼真生动,线条流畅自然,堪称一绝"(仇非:《新修崆峒山志》,第94—95页)。十大魔王或为藏传佛教诸明王像。

③ 《新修崆峒山志》《崆峒山新志》及《崆峒佛教志》皆以为槊里吉察思揭兀主持修建宝庆寺,并被授予陕西、四川、西夏等路释教统摄,有误。《崆峒山金石校释》认为在崆峒山修建殿宇者为安西王相商挺,亦误。

真金的忙哥刺,其被封王并出镇地方的时间却相对较晚。关于这一问题,王宗维先生认为是忽必烈一直将忙哥刺作为太子候选人而长期考察所致。① 因此,忙哥刺一朝被封,地位尊荣,出镇京兆,驻兵六盘,"统河西、土番、四川诸处"。② 忙哥刺的京兆分地原为忽必烈在宪宗蒙哥汗时代的分地,而其驻兵的六盘山也曾是忽必烈当年的驻兵之地,忙哥刺实际上成为即帝位以前的忽必烈在陕西等地区所拥有领地的继承者。③ 其分地涉及今陕西、甘肃、宁夏、四川、青海、西藏等地,既是南下攻宋前线,又可向西交通吐番。因此,安西王忙哥刺特授上师僧商为陕西、四川、西夏等路释教统摄,并命王相商挺撰文记其事、赞颂八思巴,是有其政治意图的,应该是要借助宗教手段,来维系和加强对自己封地的有效统治。

崆峒山佛教随后的情况见于至元三十年(1293)《重修崆峒山寺碑》,④该碑之汉文碑文曰:

> 详夫浑沌既判,崆峒有之。自□□大元国敬奉赤火帖木令大王令旨,必力哥□□于辛酉中统二年就于大都□□□□□□拔思巴帝师□甲戌至元十三年三月二十日亲□本山,□领番汉徒众□□□□修建,作大佛事,故晋

---

① 王宗维:《元代安西王及其与伊斯兰教的关系》,兰州:兰州大学出版社,1993年,第18页。
② (明)宋濂:《元史》卷一四《世祖本纪十一》,第302页。
③ [日]松田孝一著,王庆宪译:《元朝的分封制度——以安西王的事例为中心》,《蒙古史研究参考资料》新编第43辑,1986年5月,第2页。
④ 砂岩质,通高250厘米,宽92厘米,厚25厘米,碑帽、碑身、碑座完整。碑帽正面、背面均雕垂首双龙,碑帽正中为高43厘米、宽30厘米的圭形碑额,篆刻"重修崆峒山寺"。碑之一面为汉文碑文,另一面阴刻藏文碑文,俱有大面积剥蚀漫漶,以致碑文零散难读。碑身四边环刻忍冬纹边饰。今存崆峒山中台。

此颂：统领苾蒭诸海众，听□□众生□□。三界根本□
□□，□□福德皆圆满。

敬奉阿蓝因安西王令旨，遣使臣就于中国礼请□□
软释舍剌住持本山。钦奉今上皇帝圣旨，□□崆峒山□
属□□□□管□僧俗酥油人□＿＿＿＿＿＿得依气力夺
要者□＿＿＿＿＿软释舍剌□旨者，钦此。

　　敬□＿＿＿＿＿答力□□□主延命商□＿＿＿＿＿
了毕，持□本山□□田地四至□＿＿＿＿＿
平凉县□＿＿＿＿＿＿＿滩为界，西至阿胡峇
□＿＿＿＿＿＿＿平凉县灌婴坟□□□
□顷，东至老康地一端，□道□河
地一顷□□亩，东至沟为界，南至李□地为界，西至□□
□□□□，北至官道□□□□一段，□＿＿＿＿＿为界，
西至□□□□为界，北至官道为界，□＿＿＿＿＿十亩，东
至陈提领□为界，南至□＿＿＿＿＿为界。又一段，□
□□北地三十亩，东至合□＿＿＿＿＿渠为界，西至□□□
□为界，□＿＿＿＿＿地一顷□十亩，东至
□＿＿＿＿＿，北至放水□渠子为界，西至□＿＿＿＿＿
布施蔡□＿＿＿＿＿至城台，西至大莲花池，北至道□□
深□＿＿＿＿＿地数□□□四至□＿＿＿＿＿峡口观
音殿□□□□□花□白塔子为界，南至岭上官道，
□＿＿＿＿＿亩，□□山田地□＿＿＿＿＿其中。

　　皇子安西王令旨，放生人口、牛马羊总计二百
□＿＿＿＿＿草地东□＿＿＿＿＿常住□＿＿＿＿＿
田地一处，永充佛前，□＿＿＿＿＿，西至望驾山
□＿＿＿＿＿＿岭为界，西至□＿＿＿＿＿
沿□定川，西至川口为界，北至□＿＿＿＿＿凤翔二十
四州等处所管寺院，□□□□□□酥油僧□进提领，凤翔

府管酥油僧户□□□□□□州管酥□□□□□□，宁州管酥油僧户田百户、吴提领、□僧正，庆阳府管酥油僧□米卜提领，环州管酥油僧户□□□□□□□，陇州□才子僧户□提领，水洛县管酥油僧□祥□□凯明律师，本府管酥油僧户□□□□□□。

王师法主特赐捺抹软释舍剌三院□□□立，番汉译主□□□□□主端药端结答剌麻，见左用答散卜恪珍思吉，□□□判圆醇，安西凤翔二十四州本寺答剌花赤□麻思加。

至元三十年五月十五日本山提领平凉十州僧□宝□□撰□□□。①

《重修崆峒山寺碑》碑文虽然残泐不全，难以成句，但其中依然反映了元代崆峒山佛教的一些重要情况。其一，忙哥剌之子、安西王阿难答（碑中同音异译作"阿蓝囡"），曾遣使到大都礼请高僧捺抹软释舍剌掌管崆峒山佛教，元世祖忽必烈对此特下令旨，要求崆峒山所属僧众要听从捺抹软释舍剌的命令。其二，为供养崆峒山佛寺及僧人，阿难答在平凉一带专门划出大量香火田，并明确标定了田地四至。其三，由于崆峒山在蒙元皇室及帝师八思巴的支持下，已然成为以藏僧居多、弘传藏传佛教为主的佛教道场，需要酥油及奶类供应，因此，阿难答又施舍了大量牛、马、羊，并以明确四至的方式划分了畜牧所用草场。此外，碑中提到本府（平凉府）及平凉周边凤翔府、庆阳府、宁州、环州、水洛县等府州县的"管酥油僧户"僧人姓名，说明当时西北地区有大量为藏传佛教寺院生产供给酥油的酥油僧户，并在府、州、县各级行政区域内设有专门管理

① 此碑在《崆峒山金石校释》中有拓片及录文（吴景山：《崆峒山金石校释》，第9页）。本书所录碑文以此为底本，对其中讹误处加以改订。

酥油僧户的职位——提领。担任提领一职的人员情况比较复杂，既有藏传佛教僧人，又有汉传佛教律师，还有俗家人物。由此，亦能推想元代藏传佛教在西北地区广泛流行的情况。其四，碑末出现"番汉译主"题名，可见，崆峒山当时设有译经道场，由番汉译主总领其事，翻译藏文经论用以传习流通。其五，正如八思巴为元世祖帝师一样，阿难答从大都请来掌管崆峒山佛教的捺抹软释舍剌是其"王师"，碑中还有"安西凤翔二十四州本寺答剌花赤□麻思加""本山提领平凉十州僧□宝□□"题名，再联系到忙哥剌特授商挺为陕西、四川、西夏等路释教统摄，这些地位尊贵或执掌地域广大的僧官都驻锡崆峒山，说明阿难答时期的崆峒山佛教延续了忙哥剌时期的繁荣，依然是当时西北地区的佛教中心之一。

　　阿难答于至元十七年（1280）袭封安西王。大德十一年（1307）正月，元成宗崩，皇后卜鲁罕命安西王阿难答赴大都，并与左丞相阿忽台等谋立其为帝。但在右丞相哈剌合孙的支持下，爱育黎拔力八达从怀州入京，率先发难，迎海山继位，阿难答被赐死。关于阿难答的宗教信仰问题，波斯史家拉施特·安·丁在《史集》中提出安西王阿难答笃信伊斯兰教，《多桑蒙古史》引用此说，这一观点因此广为流行。但据《创修崆峒山宝庆寺碑记》及《重修崆峒山寺碑》，阿难答无疑是一位藏传佛教信徒，其上师为主持营建崆峒山宝庆寺的藏僧商。阿难答的佛教信仰在文献中也有记载。据元代姚燧《延釐寺碑》记载，元贞二年（1296）至大德七年（1303），安西王阿难答在六盘山兴隆池园建延釐寺，以纪念忽必烈及察必皇后的恩德，并为父王忙哥剌及母妃祈福。[①] 姚燧是忽必烈为忙哥剌任命的

---

① （元）姚燧：《牧庵集》卷一〇，载《四部丛刊初编》第 1429 册，上海：商务印书馆，1929 年。

王府文学，《延釐寺碑》中记述了安西王的家族史，明确反映了阿难答的佛教信仰。《佛祖历代通载》记载，阿难答请名僧法闻开讲筵于长安善义寺，从学者达千数。①

元代安西王在京兆（今陕西西安）有安西府，在六盘山有开成府（今宁夏固原开城），以在六盘山屯兵之故，安西王多驻开城府，而此地距崆峒山甚近，因此，两代安西王作为崆峒山大檀越，护法极为方便。

元代在崆峒山创建的佛寺并非宝庆寺一处。据崆峒山现存明嘉靖二十四年（1545）《建三天门铁索碑记》记载：②

> 府城西有名山曰崆峒者……昔轩辕访广成而建殿宇，制始创矣。至元朝中，建真乘寺，四面建五峰台寺，台各有殿宇绘像，制始微大矣。

可见，元朝时在崆峒中台还建有真乘寺。据嘉庆《崆峒山志》所记真乘寺情形，元代真乘寺应当是在唐初创建、一直延续到金代的明慧禅院的基础上营建的，真乘寺之名也当是始于此时。此外，崆峒山其余四台也各建寺宇，并绘制壁画，塑立佛像。元代在崆峒山的广泛营建，使得崆峒山的寺宇规模迅速扩大。元代崆峒山佛教发展壮大，由此还导致了将原来道教宫观改奉佛像的事件。嘉庆《崆峒山志》记载：

> 真武殿，宋乾德年修，元奉释迦佛，明改奉真武，面正东，左右有道院官厅，前缭以金城。③

---

① （元）念常：《佛祖历代通载》卷二二，载《大正藏》第 49 册，第 732 页。

② 砂岩质，高 117 厘米，宽 58 厘米，现存崆峒山南崖宫门外崖壁下。碑首阴刻双龙戏珠及云纹，正中为高 9 厘米、宽 19 厘米的碑额，篆刻"建三天门铁索碑记"。碑身四周阴线刻出卷草纹边饰。碑阴为功德主题名。

③ （清）张伯魁：《崆峒山志》，第 64—65 页。

真武殿（亦称无量祖师殿）为崆峒山隍城主殿，居崆峒山主峰马鬃山之巅，是崆峒山上经历代修复而保留下来的最为宏伟的建筑群落，奉祀着诸多仙阶较高的道教尊神，为"崆峒元首"。由于马鬃山山势陡峻，攀登不易，山顶的营建晚于中台，始于北宋初年。其前身始建于宋太祖赵匡胤乾德时（963—968），当时的奉祀对象不明，但应非真武，真武专祀迟至宋真宗天禧初年才出现。① 元代崆峒山佛教盛极一时，此殿供奉的主尊为释迦牟尼佛。

2. 元代崆峒山道教

元代崆峒山道教的发展主要见于元至正十七年（1357）《重修崆峒山大十方问道宫碑》，②现节录碑文如下：

> 宋政和□年，集贤承旨张庄奉旨董修宫宇，命京兆天宁万寿观赵法师住持。迨金之□□，殿庑俱烬。我皇元混一寰海，前平凉府长官元帅王钧被命，复立荒城，来谒是宫，徘徊周览……慨然有复新志，遂遣使畀辞，远致披云宋宗人，□□甫竟而逝。凡再门徒居是者，虽有志增治，或雨阳丰凶之弗齐，夷犹岁久，颇毁前规。后至元庚辰，故王元帅孙王文顺为斯时之巨儒也，退思乃谓其侄孙王克孝、克勤、克俭、克信曰："崆峒问道之宫，先祖重新，今又堕废，不为缔构，可乎？吾闻奉元丹阳宫道人姜公力扶玄门，可招□之。□□□遥造致恳。"公以教源所在，幡然而来，躬荷畚具，诛棘芟蓬，□□□后，大殿曰体元、曰混元，凌霄、启元二门，即掌教神仙、演道大宗师完颜公之

---

① 曾召南：《宋元明皇室崇信真武缘由刍议》，《宗教学研究》1996 第 2 期，第 39 页。

② 砂岩质，通高 374 厘米，宽 144 厘米，厚 31 厘米。碑首雕二龙盘绕；碑首正中为高 106 厘米、宽 96 厘米的长方形碑额，篆刻"重修崆峒山大十方问道宫碑"。现存崆峒山问道宫。

扃也。□室厨库，焕耀一新。落成之日，概郡僚庶毕至，钟□升堂，步□□咏，共祝天子万寿，四海澄清，三光顺轨，八谷丰登。已而，知府张□谓众曰："宫之重兴，功倍昔者多矣，非姜公其孰能哉！"……

至正丁酉，予乘传案治巩昌，过是邑，朝散大夫达鲁化赤忽率赤率宫之道士张素阳、陆谦斋□□□□□曰：崆峒名山，乃神仙传道之奥区，为国祝釐之圣地也。①

问道宫位处崆峒山南麓，唐代创建，为崆峒山历史最早的宫观之一，政和年间宋徽宗曾遣使重修。据《重修崆峒山大十方问道宫碑》记载，问道宫在金末兵火中毁坏严重，平凉府长官元帅王钧意欲重修。元代姚燧《平凉府长官元帅兼征行元帅王公神道碑》详述王钧生平，其为凤翔人氏，金末战乱中倡集乡兵抵御贼寇，被金政府拜为凤陇元帅。金亡第二年降元，征蜀有战功，1239年任平凉府长官元帅兼征行元帅，任职平凉二十年，深得人望，至元三年（1267）年去世。② 王钧重修问道宫，礼请"披云宋真人"来主持。宋德方是随丘处机西行弟子之一，为当时著名的全真宗师，在山西平阳玄都观主持校刻了《玄都道藏》。1244年，宋德方应阔端大王醮事来居终南山祖庭，③王钧礼请宋德方主持重修问道宫应该就是在这一时期，但是1247年宋德方就去世了。重修问道宫之事虽然受到影响，但从碑记后文来看，王钧还是完成了对问道宫的整修。

---

① 碑身中间及下端字迹现已完全不存，陈垣《道家金石略》（第811—812页）、仇非《新修崆峒山志》（第108—110页）及吴景山《崆峒山金石校释》（第11页）所录此碑碑文又各有出入。今对照拓片，对以上三种录文参用。

② （元）姚燧：《牧庵集》卷二一，载《四部丛刊初编》第1431册。

③ （元）李道谦：《终南山祖庭仙真内传》卷下，载《道藏》第19册，北京：文物出版社，1988年，第540页。

至元十七年(1280),王钧之孙王文顺追念祖上功德,又号召族人商议重修问道宫,并礼请奉元(长安)丹阳宫道人姜公来主持其事。姜公其人已无从考证,但应该是马丹阳一门的弟子。明嘉靖《陕西通志》记载咸宁县治南有丹阳万寿宫。[①]清雍正《陕西通志》记载西安府咸宁县有丹阳观,"在城南四十里杜曲镇。金大定间扶风马真人(马丹阳)结茅于此,其后弟子魏道冲辈建立堂殿,遂以师号名观"。[②]元代咸宁是长安城的一部分,为奉元路治所所在,以上两志所记的万寿丹阳宫和丹阳观是同一处宫观,姜公所在的奉元(长安)丹阳宫应该就是这座咸宁丹阳万寿宫。

姜公以崆峒山为"教源所在",幡然前来,率领徒众创建了体元殿、混元殿及凌霄门、启元门,其他生活居所也都整修一新。当时全真教掌教完颜德明还为新成宫观题写了匾额。足见姜公在全真教中影响,以及崆峒山作为"道源所在"的特殊地位被教门的认同。

据《七真年谱》记载,大定十八年(1178)至十九年,马丹阳一直在陇山、平凉华亭一带行化传教,曾在华亭县大族李大乘家中安居百日之久。[③] 从马丹阳传道时作赠的诗词来看,其在平凉劝化的道友提到姓名者就多达20人。[④] 全真道在秦陇一带的流行以及马丹阳在平凉传道的声望,应该也是王文顺等人邀请丹阳宫姜公的原因之一。值得注意的是,王重阳强调三教合一,重视儒家思想,全真道在传播中出现好与士流接

---

① (明)马理:《陕西通志》卷三六,载《中国西北稀见方志续集》第2册,中华全国图书馆文献缩微复制中心,1997年,第142页。

② (清)刘于义、沈青崖:《陕西通志》卷二八,载《中国西北文献丛书·西北稀见方志文献》卷二,兰州:兰州古籍书店,1990年,第212页。

③ (元)李道谦:《七真年谱》,载《道藏》第3册,第383页。

④ 樊光春:《西北道教史》,北京:商务印书馆,2010年,第393页。

纳的特点,因为知识阶层便于理解和接纳全真道,同时还可以利用其在地方上的影响来传教。马丹阳结交的李大乘"幼习儒业,长于辞翰",邀请姜公的王文顺更是"斯时之巨儒",姜公本人也是一位"乐孔子之道"的全真道人,儒家思想一定程度上成为双方交流与接纳认同的媒介。

综上所述,元代的崆峒山宗教,以藏传佛教与全真教并存发展、藏传佛教居于主体地位为格局。由于忽必烈先后尊八思巴为上师、国师、帝师,藏传佛教逐渐成为其家族信仰,安西王忙哥剌受此影响也很早皈依了藏传佛教。建府开城、驻兵六盘山的安西王忙哥剌、阿难答父子,都从大都礼请藏僧为王师,并命他们驻锡崆峒山,统领西北佛教,广建佛寺,翻译经典。崆峒山佛教由此进入极盛时期,成为西北一大佛教中心。与此同时,平凉府长官元帅王钧家族两次重修问道宫,崆峒山作为"道源所在"的地位被教门认可,长安丹阳宫道人应邀主持崆峒山道教,全真道自此在崆峒山完全发展起来,一直延续至今。

第二节　韩王在崆峒山的基础营建

经元末战争的影响,元朝以来佛教、道教兴盛的局面受到了很大冲击。有出家背景的明太祖朱元璋,对佛、道宗教有助于安定人心、维护统治的社会作用及政治作用极为了解。因此,他在整顿佛道以加强对其管理的同时,采取了优礼名僧高道、修建寺观、保护寺观经济、注释并刊布佛道经典等措施积极扶植佛、道二教。藏传佛教在元代因受到空前尊崇,在西北地区广泛传播。朱元璋攻取西北后,一方面设卫所屯军驻守,一方面优礼藏传佛教僧人,因俗化导以弥边患。明成祖朱棣延续了朱元璋扶持佛道的举措,并特别尊崇藏传佛教,敕封了大宝、大乘两大法王和五大教王,"授西天佛子者二,灌顶大国师者九,灌顶国师者十有八,其他禅师、僧官不可悉数"。①

由于安西王的大力支持,元代崆峒山佛教特别是藏传佛教,得到了长足发展,成为西北一处举足轻重的佛教道场。明成祖对崆峒山佛教也颇为关注,崆峒山现存永乐十四年(1416)明成祖敕谕保护崆峒山佛教的《敕谕护寺碑》,②兹录碑文如下:

> 皇帝敕谕崆峒地面大小官员、军民、诸色人等:
>
> 　朕惟佛氏之兴,其来已远,西土之人,久事崇信。其教以空寂为宗,以普度为心,化导善类,□□□□□□之著,无间幽显。有能尊崇其教,以引导夫一方之人去其昏迷,向慕善导,强不至凌弱,大不至虐小,息争斗之风,无侵夺之患,上下各安其分,长幼各遂其生,同归于人寿之中,同安于泰和之世。上足以阴翊皇度,下足以劝善化俗。兴隆佛法,一切之人咸臻净乐。功德所及,岂不远哉!□□平凉□□□□□□□□僧录司左觉义张达皇度□□□□□□□□诸色人等,务要各起信心,尊崇其教,听从本寺僧人自在修行。□□□□□□□油户□□供给□□□应□□□□□□□□□孳畜、山场、园林、□□□□水磨财产□□等项,不许诸人侵占骚扰。其寺内

---

① （清）张廷玉等:《明史》卷三三一《西域传三·大慈法王》,第8577页。

② 砂岩质,通高252厘米,宽96厘米,厚31厘米。此碑两面刻文,《永乐敕碑》为正面碑文,碑阴为明天顺五年题名。碑两面皆大面积剥蚀漫漶,故碑文残缺不全。正面碑首刻双龙戏珠及祥云图案,正中为高34厘米、宽23厘米的圭形碑额,但字迹不辨。碑现存崆峒山东台关帝庙前。

僧俗人等□□□□□□□其使□□□□□□□色人等
不许阻当。庶俾佛教兴隆,法门弘振。而一方之人亦得
以安居乐业,进修善道,若有不尊朕命,不敬三宝,故意刁
难,侮慢欺凌,以沮其教者,必罚无赦。故谕。

　　永乐十四年三月初一日。

　　据明正德十二年(1517)《宝塔寺报恩传流碑》记载,永乐
十三年(1415),明成祖曾为临洮宝塔寺颁布过护寺敕令,"宣
谕临洮地面所在官司大小官员、军民、诸色人等,务要尊崇其
教,不许侮慢欺凌等"。① 临洮北城广福寺有宣德三年(1428)
所颁护敕,西城亦有明正统元年(1436)《安积寺护寺敕碑》。②
如张维所言:"盖明自太祖怀柔西番,尊崇佛教,历世因之不
改。故边域寺宇多有护寺敕谕。"③

　　明成祖永乐十四年为崆峒山颁布的护寺敕谕的内容,前
半部分重点说明佛教的主要宗旨,佛教教化民众、陶冶风气的
社会作用,以及兴隆佛法的无上功德,这些内容都是程式性的
说辞,与临洮等地明代护寺敕碑上的内容大同小异。敕谕的
后半部分主要针对崆峒山佛教的具体情况,要求保证寺院必
须物资的正常供应,保护孳畜、山场、园林、水磨等寺院既有资
产,严禁地方官民干扰崆峒山寺僧修行。此外,还表达了佛教
兴隆对一方民众安居乐业、进修善道的益处。明成祖的这道
敕谕,承认并保护了崆峒山佛教自元代以来的发展模式以及
寺院经济,为崆峒山佛教从元末以来动乱的社会秩序中重新
振兴提供了官方保障。

　　后周显德五年(958)石经幢,于明正统九年(1444)被崆峒

---

①　张维:《陇右金石录·校补》,第16页。
②　同上书,第14—15页。
③　同上书,第15页。

山弥陀殿僧人在上面补刻了一些内容：经幢正面佛像上方分两列竖刻"崆峒山""弥陀殿"；佛像头部正上方（即"崆峒山""弥陀殿"正中）阴刻兰札体梵字"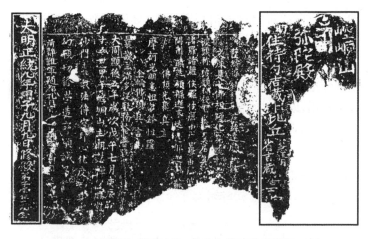勻"；①佛像左右两侧面刻"住持勺吉藏卜，比丘惠清、省吉藏，居士宫☐☐、田☐☐""大明正统九年甲子九月九日修殿弟子霍觉全"。②（图3-1）弥陀殿住持勺吉藏卜、僧人省吉藏显然都是藏僧，兰札体梵文也是自元代开始才从西藏传入内地。可见，崆峒山藏传佛教经有元一代的发展，明初依然占据着重要地位，除宝庆寺外，弥陀殿等其他寺院也以弘传藏传佛教为主，寺中汉僧则相对较少。

图3-1　崆峒山后周显德五年石经幢明代题刻标示图

一、崆峒山寺土地归于韩府

与崆峒山有关的资料中所见韩府宗室，出现时间最早的

---

① 即六字真言之"唵"(oṃ)字，藏文为"ཨོཾ"。
② 这一面隐约可见原刻文字，可见明代补刻时至少曾磨去该面原字。

为襄城王、西德王。崆峒山永乐十四年(1416)《敕谕护寺碑》碑阴有天顺五年(1461)题名,题名分上、下两部分,①上面部分为:

> 钦差前御用监奉天中贵林静/钦差御用监中贵韦清/
> 钦差行人司行人秦民悦/中宪大夫陕西苑马寺少卿朱珪/
> 昭勇将军平凉卫指挥使哈昭/怀远将军指挥同知陶□□/
> 明威将军指挥佥事甘□□/中宪大夫平凉府知府李时/奉
> 议大夫同知王圭/承直郎通判王智、庞端/承事郎推官程
> 礼/承事郎知县席文/武略将军镇抚翟刚/襄城府内使
> 封道
> (敕赐西德王护持焚修香火主)
> 天顺五年三月初四日重立。②

至元三十年(1293)《重修崆峒山寺碑》碑身左侧亦有天顺五年(1461)题名,文字多漫漶,可以辨识的内容如下:

> 钦差御用□奉天中书林……/中宪大夫□西苑□寺
> □卿朱……/中宪大夫平凉府知府李……/天顺五年三月
> 初四日重立。③

显然,两碑上的题名是基本一致的,而且时间都是天顺五年三月初四日。题名中人物可分为三种:其一为来自京师的御用监、行人司官员,④有钦差身份;其二为设立于平凉府的

---

① 题名下面部分剥泐严重,可见有镌字人及校尉杨敬等,无重要信息,文中不录。
② 录文亦可参见吴景山《崆峒山金石校释》,第 13 页。
③ 同上书,第 9 页。
④ 御用监,明宦官官署名,十二监之一,掌造办宫廷所用玩器。行人司,设司正、左右司副、行人,掌传旨、册封等事,凡颁行诏敕、册封宗室、抚谕四方、赏赐、慰问、祭祀等,则遣行人出使。

苑马寺、平凉卫及平凉府县等军政官员，大多品阶较高；其三
为韩藩系褒城王府的内臣。他们应该不仅仅只是重立了之前
的石碑，崆峒山寺观在这些人物的支持下应当得到了普遍的
整修。此外，值得注意的是，褒城王府的王府属官也参与了这
次整修。考《明史·韩王世表》，第一代褒城王为朱范㙒，韩恭
王庶三子，"正统二年封。成华二十年薨"。① 天顺五年支持
崆峒山整修的正是褒城王朱范㙒。

永乐《敕谕护寺碑》碑阴题名中最后一列为"敕赐西德王
护持焚修香火主"（图3-2）。但据《明实录》及《明史》记载，首
位西德王为韩惠王朱徵钋庶七子朱偕潇，封于成化八年
（1472）。② 成化八年才初封的西德王出现在天顺五年（1461）

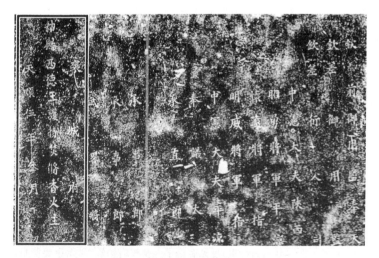

图3-2　明永乐《敕谕护寺碑》碑阴西德王题名标示图

---

① （清）张廷玉：《明史》卷一〇二《诸王世表三》，第2761—2762页。
② 《明宪宗实录》卷一〇八，成化八年九月戊申条，第2102页；（清）张
廷玉：《明史》卷一〇二《诸王世表三》，第2765页。

的题名碑上,自然是不合逻辑的。考之《明实录》,天顺八年(1464)朝廷给韩王朱徵钋第三至六子赐名,①成化三年(1467)"赐韩王第七子名曰偕瀑",②朱偕瀑当生于天顺八年(1464)至成化三年(1467)之间,天顺五年(1461)时第一代西德王还未出生。因此史籍记载无误,导致问题的原因是:永乐《敕谕护寺碑》上西德王题名为成化八年(1472)以后补刻。仔细观察原碑,"敕赐西德王护持焚修香火主"的字体和单字大小,与天顺五年题名相近,补刻的位置又恰好在天顺五年题名的年款和最后一列题名之间比较宽疏的空白处,并且形成了与天顺五年题名一致的列间距,所以非常容易给人造成视觉上的混淆。但仔细鉴别,特别是以"西"字及"德"字偏旁"彳"与天顺五年题名中同字对比,西德王题名笔力孱弱,结体稍显随意,书法格调不及具有明显欧体风格的天顺五年题名。

嘉靖《平凉府志》中,关于崆峒山的佛寺,只提到了五台寺。而且赵时春记载这座寺院,很大程度上只是为了呈现一段与该寺有关的纠纷,但客观上却反映了崆峒山先后为西德王、韩王所有的情形。嘉靖《平凉府志·寺观志》载:

> 空同五台寺,去府城三十里空同山上。元安西王以为国师番僧之居,其妻女舍身布施之所。元亡废坏,林木茂尉。嘉靖初,山西、延安游僧稍砍垦,市薪以自资。西德王掩有之,稍建寺,游者益众,居赀多。二十年,师与徒通同一妇,为徒所杀。西德王尽有其师徒之资。僧大不平,圆明、圆洪、碧天、真乘等以寺山土地献之韩府,西德不敢争。三十年,襄陵王讼之朝,命太监抚按杂治,以寺

---

① 《明宪宗实录》卷六,天顺八年六月丙午条,第 159 页。
② 《明宪宗实录》卷四七,成化三年十月丙辰条,第 977 页。

地给平凉县,招民佃之,输租二百石。①

从赵时春记载来看,五台寺就是元安西王忙哥剌所建宝庆寺。该寺在元朝灭亡以后颓坏为废墟,明嘉靖初年成为山西及陕西延安府游僧的栖身之所,后来又被西德王朱融焯占据。②永乐《敕谕护寺碑》碑阴"敕赐西德王护持焚修香火主"题名,应该就是刻于此时。朱融焯将五台寺稍事整修以后,前来朝拜游览的人络绎不绝。嘉靖二十年(1541),寺中师徒因奸致命,朱融焯乘机占据寺产。寺中僧人不服,而将寺山土地进献给韩王府(当时在位的韩王为韩定王朱融燧),作为韩府下衍封的郡王,朱融焯不敢与韩王相争。嘉靖三十年(1551),襄陵王朱融焚以此事为契机,串联了宗室260余人奏告韩王朱融燧兼并山田市肆,虐杀无辜,图谋不轨。韩王朱融燧也以襄陵王诸宗室凶淫不法之事上奏。明世宗遣内监官张朝会同有司查勘后,对襄陵王朱融焚等宗室施以革禄、革爵的严惩;同时,申斥了韩王朱融燧,令其将所占官民山田等地各给主人官。③于是,崆峒山寺院的田地被划归平凉县。此事最后虽然演变成了韩府宗室之间争夺产业利益的纷争,但自嘉靖二十年(1541)以后,韩王及韩府宗室支持的崆峒山营建确实多了起来。

二、基础建设

(一)建南天门、三天门石磴铁索

崆峒山现存明嘉靖二十四年(1545)三月十五日创立的

---

① (明)赵时春:《平凉府志》卷三《寺观》,第357—358页。

② 朱融焯,西德悼昭王朱旭枳庶一子,嘉靖元年至万历十年在位,谥"康惠"[(清)张廷玉:《明史》卷一〇二《诸王世表三》,第2765—2766页]。

③ 《明世宗实录》卷三九六,嘉靖三十二年闰三月辛酉条,第6966—6967页。

《建三天门铁索碑记》,①碑曰:

建三天门铁索碑记

府城西有名山曰崆峒者,据形胜之特观,其上宽平衍沃,群峙□环,云物相滋,土脉膄而草树众,泾泡临而禽鹤飞,是非隐世修道者,不宜有此。昔轩辕访广成而建殿宇,制始创矣。至元朝中,建真乘寺,四面建五峰台,寺台各有殿宇绘像,制始微大矣。迄我大明朝,于卑者崇之,小者大之,狭隘者增阔之,而规模始大矣□备也。恭惟□□庆山灵异而烜赫,于是□□肇建玄天上帝、五龙宫并三官、雷神、香山殿、灵官殿、土地殿,而制始大且备矣。□详则未也。有道士张演福、香老刘浈等病□□进香之路崎岖峻绕,陟者难焉。由是询告宗藩并城关信士等,置铁索300余尺、铁桩4根、木桩30根,以便游进之陟,而履之者若坦途焉。浈之心犹未已也,金同关厢会友众,蠲财以建三天之门,铸钟一口。□财毫厘未动,岂惟制始大备而综理且周详矣。是道氏之教,其传世以浃人心也,岂不久乎! 事告成,属予以记之□。

嘉靖二十四年岁次乙巳季春望日吉旦立。

赐乡贡进士奉直大夫张俌撰文。

赐乡贡进士授文林郎唐臣书丹。

韩藩宗室　西二大府辅国将军生母冯氏、融辉、融燨

西德王妃向氏、长子谟埴　西三府夫人张氏　西五

---

① 砂岩质,高117厘米,宽58厘米。碑首阴刻双龙戏珠,正中为高9厘米、宽19厘米的碑额,篆刻"建三天门铁索碑记"。碑身四周阴线刻出卷草边饰。碑阴为功德主题名。碑现存崆峒山南崖宫门外崖壁下。

三府

永福王府融焚、夫人赵氏

□□王

襄城王 大五府旭□、旭□、旭栖、旭□、旭椿 大四五府旭樽、大殿下恭人陶氏、□□、融炟、融燨

□□□□□ 偕浙、□□、旭柲、旭□、旭栖、旭槐、旭□、旭梗、旭橪、旭橄、旭□、旭櫷、旭柱、陇州郡君、融燜

乐平王府 偕溦、旭搭、旭模、旭柑、旭□、旭□、旭櫖、旭椎、旭槦、旭杆、旭栗、旭杻、旭枋、旭桩、长子□□

七府老□夫人仲氏、旭榛、旭□、旭柜、旭槙 □二府居□郡君

□□王府 辅国将军偕淑、旭桡、旭枧

宗人府仪宾 张可进(等二十七人略)

□□□□□舍人 谭玺、谭璧、乔□   仪宾高天爵(等七人略)

□□□□□宝、何伸、□□用、马升、冯保、庞朝□ 典仗
□□□□□ 典膳陈蛟 引□张汝学 各府内使梁□、杜昆、安庆、张□海

平凉卫指挥叶茂 □□鉴 吴松、哈□、石堂、杜振 千户□□ 百户妻韩氏□□□长儿 戴宅王氏□姐朱贤、赵檄

据此碑所记,元代在五台的寺宇营建奠定了崆峒山寺宇的格局。进入明代以来,"卑者崇之,小者大之,狭隘者增阔之,而规模始大矣"。不仅如此,明代嘉靖之前,崆峒山上还创建了玄天上帝殿、五龙宫、三官殿、雷神殿、灵官殿、土地殿以及香山殿,崆峒山的寺观规模极大廓张并完备起来,就连崆峒山最高处也创建了香山殿。寺观大量创建的同时,对崆峒山的基础设施建设提出了更高的要求。于是,道士张演福和香

会首领刘溁将扩建登山之路的计划
告知韩定王朱融燧及地方信士。全
真道华山派之传代派字，前两句为
"至一无上道，崇教演全真"，道士张
演福显然为全真道华山派第八代弟
子。韩定王与崆峒山全真道华山派
道人的关系可见亲近。在韩府宗室
及平凉地方信众的支持下，在三天门
处置铁索 300 余尺、铁桩 4 根、木桩
30 根，以便游人香客登览朝山。此
碑后面部分为大量的功德主题名，其
中韩府宗室甚众，包括韩王府西二大
府、西德王府、永福王府、褒城王府、
乐平王府及其余因刻字残泐而不知
府名的四个王府，总计 57 人（女性 8
人）；各王府仪宾 34 人。宗室题名之
后为平凉卫各级军官题名。此碑上
所载功德主或宗室贵戚，或卫所官
吏，几乎都为当时平凉的上层人士。
　　崆峒山现存明代铁桩 1 根（图
3-3）。铁桩残长 163 厘米，直径
11 厘米。铁桩柱头残失，现存柱身
分为四段：从上而下三段为八棱柱
体，每段八面上原来皆有阳铸铭文，
部分铭文被锈蚀，如今可辨识者在
表 3-1 中已分段、分面实录；铁桩
原栽入地下部分为四棱柱体，长 51
厘米。

图 3-3　明嘉靖隍城铁桩

表 3-1　明嘉靖隍城铁桩各面铭文

	一	二	三	四	五	六	七	八
第一段		平凉府固原州金火匠石通　平凉县石锦　解景山	韩府职官　庞朝用	**玄天上帝圣**	宗室奉国将军	西德王　褒城王　妃向氏长子谟埴　兵马舍人	褒城王大三府　大四五府　旭□	（锈蚀）
第二段	信士刘廷相　刘廷□	石价男石万仓　功德主刘浈夏曜　道士张教玄　徒□　□主张演福	马升　尚用　何伸　冯宝　班头戴禄妻□氏	嘉靖二十二年弟子张演福同善会刘浈等为□崆峒山　前神路傍铁桩四根铁绳三百余尺木桩四十根嘉靖二十三年	偕浏同淑人张氏　信士龙洪堂　蒋万文	内官　杜崑　张永□　信士李明　谭玺　谭璧　子□　子□　孙□□	信士陈□　□得水田　□留守　□五□	经
第三段	（锈蚀）	（锈蚀）	（锈蚀）	男王官禄叶氏男杨思明妻王氏　□造完备运送挂山乞福福至永保吉利	徒峻善士朝山心怀恐怖众发虔心叩许　宜人刘氏　千户胡清　舍人胡江	（锈蚀）	（锈蚀）	（锈蚀）

　　铁桩铭文中出现的韩府宗室有：西德王、王妃向氏及其长子谟埴；襄城王、襄城王大三府、大五四府朱旭□；奉国将军朱偕洌及夫人张氏。韩府宗室内臣有：韩王府职官庞朝用、马升、尚用等人；西德王内官杜昆、张永□。铭文中出现的平凉地方官员有"兵马舍人"谭玺、谭璧。铭文中出现的崆峒山道人有张教玄、张演福等。此外，还有大量信士题名及铸造铁桩的工匠题名。其中韩府宗室西德王妃向氏、长子朱谟埴，平凉卫军官谭玺、谭璧，功德主刘浈等人正好也见于嘉靖二十四年(1545)《建三天门铁索碑记》。铭文纪年嘉靖二十三年，置铁桩 4 根、木桩 40 根、铁索 300 余尺等情形，与《建三天门铁索碑记》所记也完全一致。因此，此铁桩正是嘉靖二十二年至二十四年修三天门石磴时，韩府宗室等信众所捐助的 4 根铁桩之一。铁桩最上段有"玄天上帝圣"神位，四周环以星象纹。(图 3 - 4)"玄天上帝"即真武大帝，因此，这幅图像应当是表示真武大帝的神位，用以镇御驱邪。明代崆峒山真武崇祀风气之浓，由此亦可窥得一斑。

图 3 - 4　嘉靖二十三年铁桩"玄天上帝圣"铭文

　　自崆峒山中台通往隍城的山路，刚开始登山处为南天门(又称朝天门)；自南崖宫直至飞仙阁段最为陡直，称上天梯，①三天门正好在上天梯处。韩府宗室不仅支持修建了三天门，而且也重修了南天门。明嘉靖二十四年(1545)《新建南

---

① （清）张伯魁：《崆峒山志》，第 64 页。

天门铁索记》记载：①

> 平凉卫城西南三十里许有山名曰崆峒，其山万仞，高耸迥出，群山形势，嵯峨瀹灜，松菁蔚然。□□□时风景变能殊异，诚一方之胜境也。昔者广成子□□汉武皇帝亦尝问道焉。是以，四方缁衣黄冠之流罔不钦慕，云游憩息，与夫公卿士夫□不登览，赋诗题咏。旧有遗迹，五台山峰虽□□□□□□创则未备也。我⎡　　　　　⎤于此，见其东至平城，远壮□国；西接六盘，云霞□晖；南向崇山，泾水潺流；北倚峻岭，层峦叠翠。四岫霞天，乔松怪石。山灵地杰，□上有五龙宫、雷神、三官、灵官、土地、香山等殿，庙貌森如，梁栋巍如，肖像俨如，墙宇周匝，秩秩翼翼，金碧辉煌，焕然一新。是以往来香客，日不啻什⎡　　　　　　⎤其□□□有云游道士郭教成，仝助缘信士谢武、彭楫等启许黄箓大醮三□□□分，悯其不便，发心各捐己资，同寅协力，于官□□一口、香炉一个、木桩四十余根、铁索二百余尺，于陡峻颠崖处所栽挂。今夫道若大路，然□□□向日之险峻，香客上者疾趋，入者⎡　　　　⎤，凡水旱疠疾、生死祸福，有所疑虑，必致祈祷，如此神有栖，人有依，而人无通患。厥工告成，不能□□□，故书之以诏来者云。
>
> 时嘉靖二十四年岁次乙巳九月望吉旦。
>
> 高平泮水□□虎丘道人书。
>
> 韩藩宗室偕泺、旭□、刘氏、旭机、旭桎、旭□、旭标、旭桩、融粿、融烟、融炯

---

① 石灰岩质，高 156 厘米，宽 73.5 厘米，厚 17 厘米。两面刻，碑阴为功德主题名。碑首阴线刻出双龙祥云纹，正中为高 28 厘米、宽 17 厘米的长方形碑额，碑额分两行篆刻"新建南天门铁索记"。碑身四周刻卷草纹纹边饰。碑现存崆峒山上天梯处。

永福王偕溭，旭□、旭梭、旭枕、旭桡、旭栫、旭杻、融熇、融炦

宁远王偕□，旭检、旭橡、旭枺、旭楤、旭橲、旭棉、融熶、融□

长太王偕渭，旭榕、旭橨、旭樹、旭橼、旭椻、旭枹、融烃、融爀

长乐王偕沐，旭□、旭相、旭椤、旭檨、旭梗、冰洁、融熧、融炣

建宁王偕溢，六大二府旭□、旭□、旭□、旭榜、省成、融烔、融灼

□□王偕清，二六二府旭柲、旭□、旭桶、旭槨、平凉县主、融熛、谟埴

高淳王偕泗，平山府旭楉、旭梲、旭□、旭集、东阳郡主、融烞、谟堣

西德王，向氏，老七府旭楗、旭栜、旭□、旭材、曾成郡君、融煹、谟堵

襄陵王，□氏，五七府旭栯、旭権、旭栲、旭杈、妃魏氏、融燀、谟坫

乐平王偕淑，老五六府旭檪、旭栾、旭柍、旭榙、妃杨氏、融燎、谟墙

褒城王，长五六府，西三府旭橣、旭梎、旭棔、旭橉、袁氏、融烜、五子

通渭王，老五二大府，四二大府，旭栟、旭柛、旭栁、旭楁、王氏、融燔、六子

宗人府仪宾李沾惠、桑汝公、桑汝贤、曹希曾、郭时康(等人略)

□□□□　任志高　典膳任景福　中官刘朝　□相　彭泽　白朝　贾秀　杨奉　苏用　武尚用　穆延龄　张□禄　梁增　曾福

　　　　樊进朝　王进朝　刘林　赵□
　　　　　　兵马指挥谭玺　谭璧　谭龄　会友谢鹋、陈英（等十三人略）
　　　　　　平凉卫指挥叶茂　郑爵　马勋（等人略）
　　　　　　东关会友　刘浈　赵玹　雷钺（等人略）仝立

　　此碑刊立于嘉靖二十四年（1545）九月十五日，比《建三天门铁索碑记》稍晚。碑之正文中虽未提及当时在位的韩定王资助营修南天门情由，但题名中出现了大量韩府宗室姓名，有永福王、宁远王、长太（泰）王、长乐王、建宁王、高淳王、西德王、襄陵王、乐平王、褒城王、通渭王以及因字迹残泐而不知府名的其他两个郡王府，几乎包括了韩藩系统当时所有的郡王府，宗室题名总计 109 人（其中女性 11 人），很多宗室成员也出现在上述《建三天门铁索碑记》中；此外还有各王府众多内臣（典仗、典膳、中官等）以及仪宾题名。韩府宗室题名后有平凉卫各级军官题名，再后有"东关会友"刘浈等大批信众题名。此次营建的主要成果是，树木桩 40 余根，置铁索 200 余尺。

　　通观以上两碑，都是以韩府宗室为主要功德主，平凉卫各级官员以及平凉一带信众为辅，施资修建了南天门和三天门处的登山石磴，并在石磴两旁树立桩柱，连以铁索，以便游览朝山者攀援。直到清代，人们对韩府宗室支持的这次创建依然感念，清乾隆三十年（1765）《重修崆峒山飞仙阁并磨针观碑记》曰：①

　　　　古人于绝巘建真武祠。左峰一支曰马鬃山□□□□
　　　□祠，右峰一支曰苍松，建雷神祠。中峰一支建□□□□
　　　旁有石门，石门下□□□□□□□草服□藤攀□□□门如登
　　　天，上挟飞仙以遨游，不知几□□□□□□□韩藩宗支，于
　　　危厓置石磴、铁索四丈□□始得□□□□问青天焉。

————————

① 砂岩质，高 52 厘米，宽 96 厘米。今镶嵌于崆峒山磨针观下山洞中的崖壁上，碑文大面积漫漶不清。

　　值得注意的是,平凉一带民间信众组织的朝山进香团
体——香会,此时已经出现。《建三天门铁索碑记》所云"香老
刘渱""关厢会友",《新建南天门铁索记》所记以刘渱为首的
"东关会友",就是指香会信众,其中"香老刘渱"应该就是香会
会首。此外,《新建南天门铁索记》中有"信士谢武、彭楫等启
许黄箓大醮",说明黄箓醮当时已经在平凉一带流行开来,①
而崆峒山作为道源圣地,显然已经成为举行斋醮活动的最佳
道场。斋醮活动的吸引,加之南天门、三天门处攀山道路的营
修,更加刺激了信众朝山进香的热情,以致百姓"凡水旱疠疾、
生死祸福,有所疑虑,必致祈祷"。

　　(二) 万历年间施造铁桩、铁索

　　崆峒山文管所现存一根有"大明万
历"纪年的铁桩上,桩首部位也铸有"玄
天上帝"神位。(图 3-5)铁桩总高96厘
米,宽14厘米,厚8厘米,八棱柱体。桩
首形制似碑首或钟钮,铸成二蒲牢身躯
交扭、双首下垂样式。柱首两侧穿有铁
环,用以挂连铁索。柱身有"韩世妃尚氏
敬□"阳铸铭文。(图 3-6)

图 3-5　明韩世妃铁桩"玄天上帝"铭文　　图 3-6　明韩世妃铁桩

---

①　关于嘉靖时期黄箓醮在平凉的盛行,嘉靖《平凉府志·风俗志》中也
　　有记述[(明) 赵时春:《平凉府志》卷二《风俗》,第414页]。

　　万历时期,在位韩王有韩端王朱朗锜、末代韩王朱亶塉两位,未及嗣位先逝而后被追封的有韩简王朱璟浤、韩庄王朱逵杞。考诸《明实录》,韩端王妃为宋氏,[①]韩庄王妃为董氏,[②]末代韩王朱亶塉妃为慕容氏,[③]只有韩简王璟浤妃为尚氏。《明神宗实录》卷三七载,万历三年四月册封"西城兵马副指挥尚珣女尚氏为韩世子璟浤妃"。[④]《明神宗实录》卷五〇六载,万历四十一年三月,"追封韩敬安王世子璟浤为韩王,谥简。璟浤妃尚氏为韩王妃"。[⑤]朱璟浤万历四十一年(1613)被追封为韩王时,尚氏也同时被封为韩王妃了。《明会典》载:"亲王选婚,封亲王妃。世子,封世子妃。"[⑥]铁桩铭文中尚氏为"韩世妃",说明是朱璟浤为世子时对尚氏的称呼。所以,此铁桩应当铸造于万历三年至万历四十一年之间。

　　此外,崆峒山山道上现在还存有四根形制一样的铁桩,与清代、民国及近 30 年来新铸铁桩一起被栽立路旁,挂连铁索。

　　铁桩 1,地上部分高 85 厘米,桩身为八棱柱体,直径约 10 厘米。桩首为花蒂形,高 16 厘米。(图 3-7)桩身三面阳铸铭文。(表 3-2)

　　铁桩 2,地上部分高 78 厘米,桩身三面阳铸铭文。(图 3-8、表 3-3)铁桩 3,地上部分高 100 厘米,桩身之一面存阳铸铭文"王灵官"三字,其余各面锈蚀严重。铁桩 4,地上部分高 67 厘米,桩身布满铁锈,不见铭文。(图 3-9)这 3 根铁桩的

---

①　《明穆宗实录》卷三一,隆庆三年四月庚子条,第 820 页。

②　《明神宗实录》卷四四五,万历三十六年四月乙亥条,第 8448 页。

③　《明神宗实录》卷五五八,万历四十五年六月壬寅条,第 10526 页。

④　《明神宗实录》卷三七,万历三年四月,第 871 页。

⑤　《明神宗实录》卷五〇六,万历四十一年三月甲申条,第 9611 页。

⑥　(明)申时行等:《明会典》卷五五《王国礼仪·封爵》,载《续修四库全书》编纂委员会编《续修四库全书》第 790 册,第 133 页。

形制与铁桩 1 是完全一致的：桩身为八棱柱体,直径约 10 厘米;桩首为花蒂形,高约 16 厘米。

图 3‑7　明万历铁桩 1　　图 3‑8　明万历铁桩 2　　图 3‑9　明代铁桩

　　将铁桩 1 及铁桩 2 上的铭文参照来看,二者的主要内容基本一致,都反映了万历三十三年(1605),韩府宗室朱融郯、倪氏夫妇及其二子朱谟㻑、朱谟培夫妇为崆峒山施造铁桩一事。这两根铁桩的施造功德主、铸造匠人、铸造年代以及大小、形制均一致。铁桩 3、铁桩 4 虽无纪年及功德主等题名,但

表 3-2　铁桩 1 铭文

	一	二	三
第一段	万历三十三年造	王灵官监证　首宗融郯倪氏	诚心虔造铁桩　索　铁
第二段	谟瑨安人张氏　李果　铁匠赵宗礼□平	同男／化主明果／李登 李科 李光思	谟隥安人王氏／陇州龙门镇金火匠人

表 3-3　铁桩 2 铭文

	一	二	三
第一段		王灵官监证　诚心虔造铁桩	万历三十三年造
第二段	谟瑨　铁匠赵宗	铁索首宗融郯倪氏男　化主明□	谟隥　金火匠人 李／李

大小、形制与可以视为"标准器"的铁桩 1、铁桩 2 基本一致；而且铁桩 3 桩首下方亦残存"王灵官"铭文，与铁桩 1、铁桩 2 上"王灵官监证"又可以对应；再者，这四根铁桩的形制特征明显（特别是花蒂形桩首），在崆峒山现存清代、民国铁桩中并无一例。因此可以认为，以上所列 4 根铁桩均为万历三十三年（1605）韩府宗室为崆峒山施造。据铭文，韩府宗室施造铁桩

的同时还造有铁索，并且，铸造的匠人中有来自凤翔府陇州龙门镇者。

铁桩铭文中有"谟㵘安人王氏""谟瑶安人张氏"。对于明代宗室配偶的封号，《明会典》载："镇国将军，封镇国将军夫人。辅国将军，封辅国将军夫人。奉国将军，封淑人。镇国中尉，封恭人。辅国中尉，封宜人。奉国中尉，封安人。"①因此，朱谟㵘、朱谟瑶二人为韩府奉国中尉，再按照明朝封爵制度上推，则其父朱融郊为辅国中尉，都是韩府宗室中爵位较低者。

值得注意的是，铭文中有"化主明果"。"化主"，乃佛家指掌管化缘的僧徒。"明果"，也显然是僧人的名字。可见，韩府宗室万历三十三年为崆峒山施造的这批铁桩、铁索，与崆峒山明果等僧人的募化有关。有意思的是，僧人募化的铁桩上，却都要特别郑重地在桩身最上面的位置铭以"王灵官监证"。王灵官是道教最为崇奉的护法尊神，常塑在山门之内，以镇守道教宫观和保佑道俗安宁。由于永乐、宣德以及成化朝的崇奉、加封，对王灵官的信奉迅速普及。崆峒山明代铁桩上的"王灵官监证"，正是平凉一带对王灵官信仰的地方性特点，不仅表示护法镇山的意愿，同时也是功德主及铸造者对自己虔诚供奉之心的表达。

（三）崆峒山南麓建桥

除以上崆峒山现存碑刻资料所记外，韩府宗室在崆峒山的基础营建也见于文献资料。嘉庆《崆峒山志》载：

> 石桥，山麓巨石自南直抵北岸，横亘如桥。韩王太妃凿二洞，泾水始出桥下。②

---

① （明）申时行等：《明会典》卷五五《王国礼仪·封爵》，第133页。
② （清）张伯魁：《崆峒山志》，第40页。

　　清代闽莆人林毓俊《登崆峒诗碑》,①共刻诗三首,其中《石桥》诗曰:"放却泾流别有因,其如引动出山人。仙源自是问津少,好向凡间洗俗尘。"作者在诗名"石桥"二字后注有"明时韩王所凿"。林毓俊为康熙年间人,在平凉泾川王母宫亦有题诗。其诗中石桥就是嘉庆《崆峒山志》所记石桥,只是开凿者不同。林毓俊所记在清初,早于《崆峒山志》,应该更为准确。

　　赵时春的诗作中还反映了韩府宗室在崆峒山南麓泾河上建桥之事。赵时春《新作泾水桥通空同路》云:"泾流双峡阻空同,近叠飞桥众路通。……何用新题夸驷马,只今容易到仙宫。"②《暴雨水涨毁空同桥四首》之一云"经营凡几载,建毁共斯年",之二云"桥自帝孙作,开山拟太和。采风官史少,蓄室野僧多"。③ 从"桥自帝孙作"看,桥为韩府宗室所建无疑。这次所建之桥,历时几年才成,目的就是为了朝山者能从崆峒山南麓横跨泾河而直接登山,可惜桥在落成的同年就因涨水被冲毁。

第三节　韩王在崆峒山的佛教营修

　　从现存资料来看,韩王家族在崆峒山的佛教营修,主要是为存放万历帝生母李太后颁赐的经藏而修建了藏经阁,创建了十方禅院,支持重修了七级楼阁式砖塔凌空塔。

一、修建藏经阁

　　崆峒山中台现存明万历三十一年(1603)《新建藏经阁

---

① 砂岩质,碑身高 39 厘米,宽 77 厘米。今镶嵌于崆峒山隍城献殿前南墙上。
② (明)赵时春:《赵浚谷诗集》卷三,第 78 页。
③ 同上书,第 79 页。

碑》，①碑云：

> 吾陕平凉西行三十里有山曰空同，建□□□□天下
> □□□□□□佛驻锡之地，轩辕黄帝访广成子问道之乡，
> 而山峦四障，如□□屏，耸翠流光，不可名状。其西□山
> □□有□□□□□□□□□□□□有五台回□端拱。东
> □大河，宝庆寺，而泾水自南台为发源之□，从此而泄焉。
> 西台则大黄□□□寺。南台则□□□□□□。北台□□
> □观音□。中有法轮寺、凌空塔。东台玄鹤洞，下有问道
> 宫。而真乘寺则又为中台之主也。唐有明慧□□□□□
> □□□备□□□□元□□修制，赐法王板思八番汉僧千
> 有余众，披戴观盖，威烈犹存。迄今数百余年，土木之工□
> 焕□□□□□□□□□□□□方需□□□□□□□□□。
> 太祖高皇帝定鼎建位□□于□□□□□同蒙钦赐敕札，
> 命僧录司左觉义张达坚□□移至真乘寺□堂香火，大建
> 浮图，阐教扬宗，俾废者兴，蹶者树。万历甲戌岁予□输
> 金□山僧□□□之俊彦刘君尚质辈，阔而新之，精严宏
> 伟，视前建□□□□□□似犹缺焉。庚寅春筮拜山，释慧
> 舟、湛兴二禅伯如京师，疏陈空同之胜及诸菩萨、声闻、圆
> 觉于慈圣皇太后，可之，遂颁经律论三藏，复命二禅伯往
> 送于山。而藩王韩国主乃捐金建阁以藏之。□□二禅伯
> 因□□谈，备陈终始，□予记之。予弗以辞也，留连几月，
> 始克雕成。呜呼！世之士大夫习礼□之教，荒坠弗嗣者，
> 予□□□□二禅伯□□□□□□□汲汲于教，□亦难乎？
> 其□□□，今圣天子宏恩广布，皇太后佛教钦崇，大□□□

---

① 砂岩质，碑首不存，碑身高 156 厘米、宽 73.5 厘米、厚 17 厘米，碑身
中部残泐较多，碑身四周阴线刻出卷草纹边饰。此碑两面刻，另一
面为《皇帝诏谕碑》。现存崆峒山中台。

□□□□□名山大泽咸有法焉。斯第一□□□□□□□
□□援笔书之，复为之偈。其偈曰：空同之峰青□天，□有
佛寺□之□……太后宏恩给福田，□□□□□□□。□□
□阁尊且贤，天神守护□□□。□□□□馨填填，皇图巩
固松石坚。山阿崇砺□□□，慈圣太后寿绵绵。……

万历三十一年岁次癸卯孟冬吉日。

赐紫沙门崆峒山真乘寺住持□□谨立。

据此碑所载，明廷曾派僧录司左觉义张达坚，[1]来崆峒山整
修真乘寺等寺宇，并大建佛塔，以弘扬佛教。张达坚，史籍无载，
因此这次由僧录司支持的崆峒山佛寺营修，具体时间不明。到
万历二年(1574)，刘尚质又将真乘寺重新增修，规制较之以前更
为精严宏伟，但寺中佛经尤为不足。万历十八年(1590)，崆峒山
慧舟、湛兴二位禅师前往京师，向慈圣皇太后上疏陈述了崆峒山
的形胜以及山上僧人的修行情况。慈圣皇太后于是为崆峒山
颁赐了经律论三藏，命慧舟、湛兴迎请回山。

当时紫禁城中有两位皇太后：仁圣皇太后陈氏和慈圣皇太
后李氏，慈圣皇太后李氏即万历皇帝的生母、在万历朝政治上颇
有影响的李太后。据《明史》记载，李太后"顾好佛，京师内外多
置梵刹，动费钜万，帝亦助施无算"。[2]

自嘉靖以来，韩王本就对崆峒山的发展极为支持，加之此
次又是太后颁赐经藏，当时在位的韩端王朱朗锜自然十分重

---

① 洪武元年，朱元璋设善世院，领释教事，洪武四年废之。洪武十五
　　年，"置僧道二司，在京曰僧录司、道录司，掌天下僧道。在外府州县
　　设僧纲、道纪等司，分掌其事。俱选精通经典、戒行端洁者为之。僧
　　录司左、右善世二人，正六品；左、右阐教二人，从六品；左、右讲经二
　　人，正八品；左、右觉义二人，从八品。"(《明太祖实录》卷一四四，洪
　　武十五年四月辛巳条，第2262—2263页)
② (清)张廷玉：《明史》卷一一四《后妃二·孝定李太后》，第3536页。

视,于是捐资在真乘寺的左侧专门修建了藏经阁来存放这批佛经。① 万历皇帝对此事也非常关注,曾敕谕崆峒山僧众务必珍藏李太后所赐佛经。万历三十一年(1603)《新建藏经阁碑》另一面即为万历皇帝敕谕,②现存碑文如下:

> 皇帝□谕□□□□□□寺住持及僧众人等:
> 　　　　　　　□□□□□□经典,用以化导善类,觉悟群迷,于
> □□□□□□□兹者圣母□□□□□□后命工刊印,续入
> 藏经四十一函。□□□□□□三十七函通行颁布本寺。
> 尔等务须□□□□□□珍藏,不许诸色人等故行亵玩,致
> 有遗□□□□□□永久。钦哉。故谕。
> 　　大明□□□□□□月二十六日。③

敕谕中虽然提到四十一函、三十七函,可惜碑文残缺严重,李太后为崆峒山颁赐佛经的具体数量已无法得知。清乾隆年间,杨芳灿《崆峒山纪游一百韵》中写到过真乘寺藏经阁,诗云:"梵宇敞十楹,贝典藏万册。文从身毒求,字记鸠摩译。前朝夸创造,帝子慕禅寂。"而且作者还在诗中注释称"明藩藏经楼尚存"。④清光绪二十五年(1899)《重修崆峒山藏经阁碑记》对明代李太后赐经一事有追述,云:"万历庚寅岁,蒙钦赐敕札,命僧录司左觉义张达坚谨同慧舟、湛兴二禅师并入京畿,疏陈崆峒之胜概、经典之残缺于圣皇太后,遂颁赐经律论

---

① 据嘉庆《崆峒山志》,真乘寺居北面南,藏经楼在真乘寺左,左侧即东侧。[(清)张伯魁:《崆峒山志》,第123页]

② 碑身上部及纪年几乎全部残损,碑身四周阳刻双龙戏珠纹。

③ 仇非《新修崆峒山志》(第112页)及崆峒山管理局《崆峒山新志》(第309页)著录此碑时,俱称碑文后有"万历三十一年"六字。

④ (清)张伯魁:《崆峒山志》,第123页。杨芳灿(1753—1815),字才叔,号蓉裳,常州江苏金匮人,清文学家。乾隆丁酉拔贡,官灵州知州,改户部员外郎。

三藏，而藩王韩国主乃捐金建阁珍藏之。□起□阐教扬宗，俾
废者兴而蹶者树。"①此处所记显然是对万历三十一年（1603）
《新建藏经阁碑》的误读。但是从此碑随后所记内容看，同治
二年（1863）兵燹造成了藏经阁建筑倾颓、经典散佚，光绪时虽
重修，但真乘寺已变为道观，由道人何宗亨住持了。

二、创修十方禅院

崆峒山现存明天启二年（1622）《创修十方禅院碑记》，②
碑文如下：

> 大明国陕西平凉
>
> 韩府崆峒山真乘寺东有藏经阁，并东西五台，上至有
> 顶香山大悲菩萨前后二所，下有三教□□□□□□□□承奉
> 正吴保同师湛正发心修理十方禅院。初心未遂，二人俱
> 亡，未尝功完。□弟子寂疆既□□□□□□□□石柱水陆佛
> 殿一所，左右禅堂、山门、前后廊屋，一并庄严具备。间有
> 施财姓等，题名勒石，永□□□□□□□□。
>
> 师湛正，住持湛吉、湛觉、湛采、湛海，徒寂慈、寂乾、
> 寂英、寂原、寂鉴、寂才、寂耐、寂稳，徒孙妙药、妙信
> □□□□□□□□。
>
> 韩藩宗室 融愦、谟雅、谟挮、谟黑、谟蓍、谟垦、朗鋆、
> 朗镜、朗□□□□□□□□。
>
> 信官 贡缵、周芳、李门王氏、子李菩萨保、李惟新、刘
> 光前、李惟馨、刘□相、□□□□□□□□。

---

① 吴景山：《崆峒山金石校释》，第148—149 页。国家重点风景名胜
区崆峒山管理局编：《崆峒山新志》，兰州：甘肃文化出版社，2008
年，第326—327 页。
② 砂岩质，碑首不存，碑身碑右上角及左下角残缺。残高115 厘米，宽
71 厘米，厚9 厘米。碑身四周阳刻龙纹边饰。今存崆峒山南台。

　　生员 王就谏、李联芳、武继文、尹延聘、王就议、韩国祚、雷霞、王仕仁、韩国翰、▢▢▢▢▢▢▢。

　　山陕等处、平庆二府、固原州卫、苑马寺、清平开成二监军民人等：张守贞（等约二百人题名略）。

　　（天启）二年岁次壬戌四月乙巳吉日立石。

　　此碑因右上角残损，因此立碑年号不存，但"二年岁次壬戌"清晰可辨。碑中所记人物年代亦无可考。但明代岁在"壬戌"，又为"二年"或"▢二年""▢▢二年"者，仅见天启二年。故此碑创立于天启二年（1622）无疑。

　　此外，碑文起首即在崆峒山之前冠以"韩府"二字，再结合崆峒山明万历二十九年《新建飞仙楼记》（此碑后文详述）中称崆峒山为"韩藩国主焚修祝延所"的情况来看，自嘉靖二十年（1541）崆峒山寺僧将寺山土地进献给韩王府以后，虽然引发了利益纷争，但经过韩府宗室在崆峒山一系列营建活动的展开，韩王府对崆峒山的所有权或崆峒山发展的主导型已实际建立，并得到了广泛认可。

　　据《创修十方禅院碑记》所载，"承奉正吴保"曾与湛正和尚共同发心创修十方禅院，工程未竟，二人先亡。洪武三年（1370），朱元璋首次分封诸子为亲王，"置王府承奉司，设承奉一人、承奉副二人"。[①] 洪武二十八年（1395）九月复定王府承奉等官职，"亲王府承奉司，掌王府诸事，凡事则呈长史司并护卫指挥使司行之，与内官衙门不相统摄。设承奉正，秩正六品；承奉副，秩从六品"。[②] 据《明会典》卷五七记载，郡王府本无承奉，正德四年（1509）始设，万历十年（1582）又准设承奉

---

① 《明太祖实录》卷五六，洪武三年九月庚子条，第 1901—1902 页。
② 《明太祖实录》卷二四一，洪武二十八年九月，第 3513 页。

正、承奉副各一员。① 因此，吴保或为韩王府承奉正，或为韩府下开某郡王府承奉正。后来，湛正和尚的弟子寂疆和尚，在韩府宗室及地方信众的支持下最终建成十方禅院，有水陆佛殿一所，左、右禅堂以及山门、前后廊屋等。从建筑格局看，水陆佛殿为十方禅院正殿，即为水陆佛殿，殿中四壁上应该绘有水陆画一堂，可见，水陆法会在明代后期的崆峒山上比较盛行。此外，十方禅院也秉持了唐代以来崆峒山佛教的禅修传统，建有左、右禅堂。至于十方禅院所处位置，嘉庆《崆峒山志》称在崆峒山中台，居北面南。② 据清乾隆十三年（1748）《重修崆峒山真乘寺水陆殿碑记》记载：

> 真乘寺之右，有水陆殿者，乃创建于大明万历四十九年□□□□天启七年，栋宇则木，而砥柱则石，金壁丹楹，载之于史，可考而知也。③

此碑所言真乘寺之右水陆殿"乃创建于大明万历四十九年"，应当就是天启二年（1622）《创修十方禅院碑记》所记"承奉正吴保同师湛正发心修理十方禅院"之事。但万历朝只有四十八年，碑中"万历四十九年"或是书丹或刊刻之误。

到清代时，十方禅院更名为十方院，崆峒山南台存一清代《重修十方院残碑》，④可惜仅残存碑首及碑身左上角，重修情况不明。

三、重修凌空塔

凌空塔，现处崆峒山中台法轮寺内，为七级八角筒体楼阁

---

① （明）申时行等：《明会典》卷五七《王国礼三·内官内使》，第178页。
② （清）张伯魁：《崆峒山志》，第123页。
③ 吴景山：《崆峒山金石校释》，第95页。
④ 同上书，第159页。

式式砖塔(图 3 - 10)。其平
面为正八边形,总高 29 米,
底部周长 32 米,直径 9.7
米。① 塔座为砂岩砌筑,高
88 厘米。

　　塔身第一层,每边长约
405 厘米,七面素砖封闭墙
体,仅南面(正面)辟一券
门,可由此进入塔心室。券
门高 195 厘米,宽 92 厘米,
进深约 325 厘米,作半圆券
糙砌,三券三伏。券门上方
有高 55 厘米、宽约 80 厘米
石制匾额镶入塔体,无字。
塔身上只有南面以斗栱挑出
塔檐,其余七面皆做戗檐。

图 3 - 10　崆峒山凌空塔

　　塔身第二层,每边长约 394 厘米,南、西、北、东四面开券
门为通风洞,西南、西北、东北、东南四面辟圆券龛。券门及圆
券龛皆为半圆券糙砌,一券一伏,两侧上方均各自辟出小龛,
圆券龛及小龛上原来都供有佛像。塔身转角两侧皆由单层叠
涩砖挑出假平座寻杖栏杆,望柱顶端嵌有浮雕蹲狮。

　　塔身第三层,每边长 371 厘米,南、西、北、东四面辟圆券
龛,西南、西北、东北、东南四面开券门为通风洞。券门及圆券
龛两侧小龛及内置佛像情况与第二层相似,只是小龛上方挑
出遮檐。塔身转角两侧皆由单层叠涩砖挑出假平座寻杖栏

① 　关于崆峒山凌空塔的建筑形式、创建年代以及文化价值,甘肃省文
　　物保护维修研究所宋纲先生在《平凉市崆峒山宝塔概述》一文中有
　　具体介绍(载《丝绸之路》2009 年第 1 期,第 14—16 页)。

杆,转角立柱上均嵌有浮雕力士像。

塔身第四层,每边长 368 厘米。西南、西北、东北、东南四面为砖做四抹隔扇券门;东、西面开券门为通风洞;南、北面辟圆券龛,内置佛像。龛及券门上方皆有平身科斗栱托出的遮檐。塔身转角两侧寻杖栏杆与第二、三层一致。

塔身第五层每边长 350 厘米,第七层每边长 306 厘米,

图 3-11　凌空塔第六层局部

此两层所开的券门(通风洞)、圆券龛及小龛与第二层一致。塔身第六层每边长 328 厘米,形制与第三层一致,只是小龛上方有砖做龛檐。(图 3-11)此外,第四至七层转角两侧均由单层叠涩砖挑出假平座寻杖栏杆。

第二至七层的塔檐皆为五踩品字科斗栱托出的菱角檐;转角处有角科斗栱,下为砖做垂花柱,垂花柱两旁有卷草纹雀替。塔体由下向上逐层收分,塔顶部处于第七层塔檐上,八边皆叠涩内收 24 层后,再于其上镶立宝瓶为塔刹。宝瓶高约 160 厘米,由三部分分铸组合而成。

宝瓶腹部有阳铸铭文"大明国承宣布政平凉府崆峒山镇宝塔鼎一坐,万历十四年五月吉日造"。(图 3-12)嘉庆《崆峒山志》载,凌空塔当时在舒花寺后,"万历十三年建"。万历十三年(1585)当为凌空塔始建之年。据

图 3-12　凌空塔明万历宝瓶铭文

明万历三十一年(1603)《新建藏经阁碑》记载,明廷曾命"僧录司左觉义张达坚□□移至真乘寺□堂香火,大建浮图,阐教扬宗"。从此碑随后又依次记述万历二年(1574)、万历十八年(1590)之事看,僧录司左觉义张达坚"大建浮图"应在万历二年之前。但其在整修中台真乘寺时所建佛塔,或许就是凌空塔,彼时始创,万历十四年(1586)竣工。

平凉市东端宝塔梁的延恩寺塔,明确记载是韩昭王朱旭櫏的夫人温氏为已故的韩昭王祈福所建,同时相配地建有寺院,落成于嘉靖二十五年(1546)。该塔也为七级八角楼阁式空心砖塔,通高 35 米,底部周长 36.64 米。两座塔形制相似,大小相近。虽无资料表明凌空塔修建与韩王有关,但当时在位的韩端王朱朗锜是非常好佛的,既有曾祖母敬佛立塔在先,那么韩端王对崆峒山建塔不可能无动于衷。再者,东塔在韩太妃鼎力支持下十年才得建成,在山高路险的崆峒山上建塔更加艰难,若无重要人物的扶持是断不能成的。因此可以推测,应该是韩端王朱朗锜或者说韩府,与僧录司左觉义张达坚,共同支持修建了凌空塔。

第四节 韩王在崆峒山的道教营造

相较于佛教营造而言,韩王家族在崆峒山的道教营造规模和影响更大,主要成就是,重修了问道宫、雷祖殿和金城宫观群,新建了飞仙楼,并为玄天上帝殿铸献了"回光返照"铜镜及铜香炉。

一、重修问道宫

问道宫在崆峒山南麓,泾河北岸,为崆峒山创建最早的宫观之一,明代以前问道宫的情况前文已有交代。据嘉庆《崆峒山志·寺观志》记载：

> 问道宫，山麓泾北，唐时已有之，元至正年敕修。明宣德、万历间韩王重修，俱有碑记。中多游人石刻。①

张伯魁称宣德、万历年间韩王重修问道宫，是有两次重修时所立碑记为依据的，是比较可靠的记载，遗憾的是过于简略，而且张氏所言碑记现已无存。《大明一统志》中也提到了宣德时对问道宫的重修："问道宫，在崆峒山下……元至正中修，有碑记。本朝宣德中重修。"②清咸丰十一年（1861）《重修崆峒山大顶正殿献殿暨皇城并金妆圣像碑记》中也提到了韩王重修问道宫一事，③"自明藩各处创建殿宇，塑绘神像，以山下问道宫始记其名之所由起也"。此碑将韩王营修问道宫作为韩王在崆峒山各处创建殿宇的发端，所指也当是宣德时重修之事。

宣德年间在位的韩王为韩恭王朱冲㸅，说明韩恭王在宣德时曾重修问道宫，此当为韩王家族在崆峒山的最早营建。可是万历朝经历了两位韩王，到底是哪位韩王重修了问道宫，由于资料缺乏，无法判定，正如张维先生所言"万历时韩王重修，不知其为朗锜或宣埫，录以俟考"。④

现存问道宫的元至正十七年（1357）《重修崆峒山大十方问道宫碑》碑阴有题跋、题名，其中磨去原字后重刻的痕迹也很明显，加之碑材为砂岩质，风化严重，文字大多漫漶。纪年明确的有一篇明代题记，原来当有七列文字，现可辨识的有：

> 敕赐大明宗室通玄演教朱真人……
> 山至游，通玄弘教披云宋真人，赐紫□患知□大师□

---

① （清）张伯魁：《崆峒山志》上卷《寺观》，第 61 页。
② （明）李贤等：《大明一统志》卷三五《平凉府·寺观》。
③ 砂岩质，高 120 厘米，宽 60 厘米，厚 10 厘米。今存崆峒山隍城献殿。
④ 张维：《陇右金石录》卷八《明三》，第 1 页。

□……

　　嘉靖三年四月吉日重立,本宫住持道士贾崇庆、韩崇峰

　　这里提到"通玄弘教披云宋真人",当是指平凉归于蒙古政权后,平凉府长官元帅王钧邀请全真高道披云真人宋德方重修问道宫之事。至元七年(1270),宋德方辞世23年后被追赠为"玄通弘教披云真人"。"敕赐大明宗室通玄演教朱真人",无疑是韩府宗室中一位虔诚奉道、与崆峒山道人关系密切的道教信徒,具体何人已不可知。但这则题记可以说明,问道宫曾于嘉靖三年(1524)得以重修,而支持重修的人应该就是这位"通玄演教朱真人"。全真道华山派之传代派字,前两句为"至一无上道,崇教演全真",当时问道宫的住持道士贾崇庆、韩崇峰为华山派第六代无疑。可见,最迟到明代中期,问道宫已成为一处华山派宫观,全真道华山派当时在崆峒山已经得以发展。

二、重修金城

　　金城,又称皇城、隍城、大顶,居崆峒山主峰马鬃山之巅,是崆峒山上经历代修复而保留下来的最为宏伟的建筑群落,奉祀着诸多仙阶较高的道教尊神,为"崆峒元首"。[①] 由于马鬃山山势陡峻,攀登不易,山顶的营建晚于崆峒山中台,始于北宋初年。清顺治十五年(1658)《崆峒山玄帝祠置田碑记》记载:

　　　　崆峒群峰之首,正位东向者为玄帝祠。按山志,建置自有宋时也。[②]

---

① 　清乾隆四年(1739)《重修后楼皇城记碑》云:"崆峒乃宇内名山,大顶为崆峒元首。"乾隆四年《重修后楼皇城记碑》,高140厘米,宽60厘米,厚10厘米,今存崆峒山隍城献殿前。
② 　石灰岩质,高131厘米,宽60厘米,厚15厘米。今存崆峒山隍城献殿前。

嘉庆《崆峒山志》记载：

> 真武殿，宋乾德年修，元奉释迦佛，明改奉真武，面正
> 东，左右有道院官厅，前缭以金城。①

真武殿为金城主殿，亦称无量祖师殿、玄天上帝殿、玄帝祠。其前身始建于宋太祖赵匡胤乾德年间（963—968），当时的奉祀对象不明，但应非真武，真武专祀迟至宋真宗天禧初年才出现。② 元代崆峒山的佛教盛极一时，此殿供奉释迦牟尼佛。"靖难之役"时，真武神首先被姚广孝借用为显灵佑助朱棣起兵的保护神，之后又被朱棣继续用以神化其皇权取得的合法性，并被加封为"北极镇天真武玄天上帝"。由此导致的大规模真武崇奉活动，特别是武当山真武道场的营建，直接影响了崆峒山真武奉祀的出现。嘉庆《崆峒山志》记载："初，明成祖崇祀真武，（崆峒山）寺宇因改建真武，照依武当山，以三月三日为朝山之期。"③

据嘉靖二十四年(1545)《建三天门铁索碑记》载："迄我大明朝，于卑者崇之，小者大之，狭隘者增阔之……于是□□肇建玄天上帝、五龙宫并三官、雷神、香山殿、灵官殿、土地殿，而制始大且备矣。"嘉靖二十四年(1545)《新建南天门铁索记》载："山灵地杰，□上有五龙宫、雷神、三官、灵官、土地、香山等殿，庙貌森如，梁栋巍如，肖像俨如，墙宇周匝，秩秩翼翼。"香山殿在翠屏山绝顶，三官殿、雷神殿俱在山势险绝的雷声峰，可见，到了明朝时期，崆峒山的营建已经发展到了崆峒最高处和山势最为险峻处。最为重要的是，大顶上不仅创建了玄天上帝殿（真武殿），其左右

---

① （清）张伯魁：《崆峒山志》，第 64—65 页。
② 参见曾召南《宋元明皇室崇信真武缘由刍议》，《宗教学研究》1996年第 2 期，第 39 页。
③ （清）张伯魁：《崆峒山志》，第 67 页。

两侧建有道院、官厅,而且还建造了灵官殿,说明崆峒山大顶上以玄天上帝殿为中心的宫观群落已经开始形成。

灵官殿(亦称灵官洞),是以砖石构建而成的三孔洞门式建筑,"砖甃金城三洞门,左右石级上登正殿",①由此登左右两侧石阶而上可达金城主殿——玄天上帝殿。灵官殿因此也是金城城门,而玄天上帝殿及道院、官厅所在的高台四周则筑起城墙,崆峒山金城的建筑格局就此形成,而且形成年代肯定是在嘉靖二十四年之前。

真武殿现存明嘉靖三十九年(1560)《韩王夫人郭氏重修金城碑》(图 3 - 13),②碑曰:"嘉靖三十九年岁次庚申孟夏之吉,韩王夫人郭氏捐资,命遣内散官马英祈许重修金城,工完以记。"嘉靖三十九年在位的韩王为韩定王朱融燧,朱融燧王妃郭氏此次捐资重修金城,说明金城在此之前已经建成。此次重修工程,在韩府内官马英的住持下,应该对整个金城的宫观建筑以及金城城墙等均有维修,而重点营修的对

图 3 - 13　明嘉靖三十九年《韩王夫人郭氏重修金城碑》

① （清）张伯魁:《崆峒山志》,第 64 页。
② 砂岩质,高 140 厘米、宽 72 厘米、厚 10 厘米。该碑保存完整,碑头阳刻双龙祥云图案,正中为高 16 厘米、宽 20 厘米碑额,横刻"大明"二篆字;碑身四周阳刻缠枝牡丹纹边饰;碑座为束腰覆仰莲台。碑文总 39 字,分 5 行竖刻。碑镶立于崆峒山隍城真武殿后墙外壁。

象则应当是奉祀真武的玄天上帝殿,因此《韩王夫人郭氏重修金城碑》才会完整地被镶嵌于玄天上帝殿的后墙。此次重修的原因应该与嘉靖二十四年(1545)南天门、三天门建铁索后,登山之路大为改善有关。

灵官殿中门正上方镶嵌阴刻青石匾额一方,正中横刻"敕赐崆峒"四个楷书大字,左右两侧分别竖刻"天启元年""韩藩重建"。① (图 3-14)此匾为天启元年(1621)明熹宗朱由校登基后颁赐崆峒山,当时在位的韩王为末代韩王朱亶塉。

图 3-14　明天启二年"敕赐崆峒"匾额

据清康熙三十二年(1693)《重修崆峒山大顶金殿圣父圣母后楼黄箓两廊功德碑记》记载:②"西大顶金殿居群峰之巅,殿后建圣父圣母一宫。迨至明季,藩屏重修,殿阁维新,望驾而至止者昔觐其盛。"玄天上帝殿后的圣父圣母宫在明末曾得到韩藩重修,应该就是在末代韩王朱亶塉重修金城之时。除此之外,此次重建金城的具体情况再无线索可寻,但既有明熹宗赐匾,营修的规模必然不小。

---

① 砂岩质,高52厘米,宽136厘米,"敕赐崆峒"四字字径约46厘米。碑身四周阳刻海水山岳纹边饰。今镶嵌于崆峒山隍城黑虎灵官洞中门门楣处。
② 砂岩质,碑身高192厘米,宽75厘米,厚13厘米。今存崆峒山隍城献殿前。

　　明成祖朱棣对真武神的礼奉,后来成为明皇朝的定制,明代各位皇帝都加以效仿。[①] 在这种朱明皇室奉真武神为皇权庇护神的信仰主导下,历代韩王对崆峒山真武神的奉祀都极为重视。韩王家族多次营建金城的目的,就是为了完善以玄天上帝殿为中心的崆峒山主峰宫观群落的格局,扩大并提升崆峒山真武奉祀的规格。真武大帝成为明代崆峒山的绝对主祀之神,专奉真武神的玄天上帝殿因此备受韩王及韩府宗室成员的供奉。

　　平凉市博物馆现藏明代铜香炉一座(图3-15),高101厘米,口径49厘米。铜质,鼎形,侈口斜沿,内折窄唇,束颈,溜肩,肩有"S"形对称交耳,鼓腹,兽首吐舌形三高足,足跟钵形,颈上部饰凸弦纹,肩饰二首凸弦纹。香炉腹部镌有铭文12行:"时大明崇祯三年岁次庚午季春,韩藩太妃国母董氏、韩王亶塉妃慕容氏虔造。监造:内职官邵斌,内使张诚、梁文,散官王光裕。金火铸匠:杨应昌、杨应槐。"(图3-16)

图3-15　明崇祯三年韩　　　　图3-16　明崇祯三年韩藩铜
　　　藩铜香炉　　　　　　　　　　　香炉铭文(局部)

① 卿希泰、唐大潮:《道教史》,南京:江苏人民出版社,2006年,第293页。

　　铭文表明,此香炉由韩藩太妃董氏、韩王朱亶塉妃慕容氏于崇祯三年(1630)发愿施造。"韩藩太妃国母董氏"即末代韩王朱亶塉生母,被追封的韩庄王朱逵杞之夫人,朱逵杞万历三十六年(1608)薨,"逵杞夫人董氏上疏请敕谕抚孤摄理国事,允之"。^①　后来,明神宗又"敕韩府亲枝高淳王朗镕管理府事,逵杞夫人董氏同男亶塉管理家事"。^②　韩太妃董氏是一位执掌韩王府事、对韩王朱亶塉影响巨大的人物。董氏又是一位虔诚的"奉道诵经"的道教信徒,万历四十四年(1616)曾施财助修崆峒山雷祖殿。《陇右金石录》中对韩藩铜香炉有著录,称其"在平凉崆峒山,今存"。^③《新修崆峒山志》记韩藩铜香炉原存崆峒山皇城无量祖师殿(真武殿),由此可知,韩藩太妃董氏、韩王朱亶塉妃慕容氏铸此香炉正是为了供奉玄天上帝殿真武神之用。

　　平凉市博物馆现也存有一面"回光返照"铜镜(图3-17),直径118厘米,厚1.7厘米。铜镜背面正中为"回光返照"四个大字铭文。正上方龙牌中铸有铭文四列:"皇图永固,帝道遐昌,佛日增辉,法轮常转。"右侧有发愿文七列:"述祖伏愿,慈亲延寿,夫妇团圆,子孙昌盛,臣庶忠贤,内外雍睦,保安万年。"右下有"皇明襄陵王亲书之印",亦为铸造铭文。左侧款题为:"大明太祖高皇帝十世孙襄陵王璟浕,妃王氏,长子逵梡,次子庆哥、宁哥、福哥,虔□□□。龙集崇祯元年岁次戊辰孟夏谨造。"(图3-18)此铜镜铸造于崇祯元年(1628),功德主为最后一代襄陵王朱璟浕。^④　襄陵王为韩王府下最早受封的

①　《明神宗实录》卷四四五,万历三十六年四月乙亥条,第8448页。
②　《明神宗实录》卷四四八,万历三十六年七月辛丑条,第8488—8489页。
③　张维:《陇右金石录》卷八《明三》,第4—5页。
④　《明熹宗实录》卷三与"回光返照"铜镜上末代韩王的名字均为"璟浕",《明史》中误为"璟洗"。

郡王,第一代襄陵王为庄穆王朱冲𤉎,乃第一代韩王韩宪王朱松庶二子。朱璟㳘为襄陵温恪王朱朗鐕嫡长子,万历三十三年(1605)封为世子,泰昌元年(1620)袭封为王。[①]

图 3-17　明崇祯元年"回光返照"
铜镜(镜背)

图 3-18　"回光返照"
铜镜款题

龙牌中题"皇图永固,帝道遐昌,佛日增辉,法轮常转"祝祷语,在明清时期的铜钟、碑刻、写经、宝卷上多有出现。"回光返照"铜镜上铸这种程式化的祝祷铭文,反映了襄陵王朱璟㳘家族对佛教的信奉态度。但《新修崆峒山志》《崆峒山新志》及《崆峒山道教志》一致记载,这面素来被称为"背光镜""大背光"的"回光返照"铜镜,原来是镶于皇城真武殿(玄天上帝殿)真武大帝像背后作为其背光之用的。铜镜背面确铸有上下两个把手,正好可以用立柱贯通来将其镶嵌稳固。

襄陵王朱璟㳘为玄天上帝殿铸献背光镜,与崆峒山隍城

①　(清)张廷玉:《明史》卷一〇二《诸王世系表三》,第 2758—2759 页;《明熹宗实录》卷三,泰昌元年十一月乙未条,第 153 页。

的背光会活动有关。崆峒山现存明代碑记中不见与背光会有关的信息，但清代碑刻中对此有所反映。清康熙二十二年（1683）三月三日立《平凉府城关贡献阁山蜡背光碑记》记载："郡善信彭茂魁等节年朝谒崆峒，供合山蜡。礼拜之余，伏见金像辉煌，又各捐己资，铸背光一元。"①清同治元年（1862）三月《重立背光香灯会碑记》，②碑曰：

> 峒峰大顶有背光会，由来久矣，大碑载记甚详，兹不复赘。会已废持多年，今复振而新之，于是约集同人募化，……公议每岁三月三日诣大顶正殿，洁治香供，焚疏诵经，复将金身后背光镜暨面前眼光镜、两旁对镜并龙戏宝珠一齐刮垢磨光，重明继照。但见四镜环列，珠色相映，璀璨夺目，华采欲飞，神之恩光常照，则会中之人心亦复继续而灵明也。能弗获福于无量哉！

清光绪二十五年（1899）八月《复立崆峒山大顶背光香灯胜会碑志》云：③

> 窃查中峰大顶，昔有背光香灯会，设自大明。每岁三月三日，值逢王母元君、玄天大帝圣寿华辰，众善齐集，虔备香供，建醮讽经，庆祝朝贺。……公议每年务于是日先期三日斋戒沐浴，同至大顶，并力将宝明珠刮垢磨光，俾倍朗耀，仰见明霞夺目，精彩射人，镜珠掩映，殿宇辉煌……仰报上帝已庇之厚泽，俯赐士庶未来之洪庥，风调雨顺，岁稔年丰，处处不遭冰雹，人人不染瘟疫，虫蝗远

---

① 砂岩质，高 50 厘米，宽 43 厘米。今存崆峒山隍城献殿北墙外侧。
② 砂岩质，通高 92 厘米，宽 57 厘米，厚 10 厘米。今存崆峒山隍城献殿前。
③ 砂岩质，高 89 厘米，宽 52 厘米，厚 10 厘米。今存崆峒山隍城献殿。

去,家宅恒安,幸由作福降祥、逢凶化吉之所致。

以上清代碑记对崆峒山金城(大顶)背光会由来及活动仪式的记载,都是沿袭旧碑而来。据此可知,背光香灯会起源于明代,每年三月三日为王母元君、真武大帝诞辰,信众齐集朝山,进献香灯供品,建醮并焚疏诵经;此后再将玄天上帝殿内真武大帝像背后的背光镜及其他配镜刮垢磨光,使其光彩朗耀,为殿宇增辉,犹如真武神之恩光常照,作福降祥,祐护一方。襄陵王朱璟㳈铸献背光镜时,崆峒山金城的背光会活动应该已经发展成熟。韩府宗室的支持带动,士绅百姓的信仰朝供,共同促进了崆峒山金城宫观群落的形成和朝山斋醮活动的发展。

明代崆峒山金城上的建筑格局,在清初重修金城的碑记中有详细反映。清康熙二十二年(1683)《重修崆峒山大顶金城宝殿碑记》记载:①

> 平郡西三十里许旧有崆峒名山,山之巅为大顶金城……金城内有玄帝宝殿、献殿,左右关圣、药王、土地、山神配殿,前有太和大楼,后有黄篆宝殿,并有圣父圣母楼。南北两道院由来久远,而其间之重修者代不乏人。虽使摘发,仆难尽数。不幸甲寅、乙卯岁兵燹频仍,②金城坍塌,宝殿倾颓,太和楼、黄篆殿为之崩裂,关圣庙、药王殿荡然无存……得于康熙丁巳初春望日兴工,凿石立址,炼砖作基,金城较昔坚固,宝殿辉煌。黄篆、太和楼皎然耀彩,关圣、药王殿丽然壮观,更兼玉阶、钟鼓二楼复新

① 砂岩质,高170厘米,宽56厘米,碑头为双龙祥云图案,碑身四周阴刻波浪纹边饰。今镶嵌于崆峒山隍城献殿之北墙。

② 此处"甲寅、乙卯岁兵燹",指三藩之乱时,陕西提督王辅臣于康熙十三年至十五年响应吴三桂而据守平凉叛清之事。

创建，其下青龙、白虎殿悉皆补饰重振矣。

清光绪十五年(1889)《重修崆峒山大顶金城宝殿碑记》云：①

> 惟中峰大顶皇城内有玄帝宝殿，列群峰之巅，居万仙之上，系主山也。四方之人祈福消灾，祷雨求晴，无不应也。前有太和宫、太白殿、灵官洞，后有圣父圣母楼、太上黄箓殿，左有天师、关圣、药王殿，右有灵官、土地、山神殿，外有钟鼓二楼、牌坊、青龙、白虎等殿。

结合这两通清代碑记来看，在康熙十三年(1674)王辅臣之乱以前，明代崆峒山金城的宫观群落，经韩定王朱融燧妃郭氏与末代韩王朱亶塉的两次大规模营修，整体保存完好，蔚为壮观，具体建筑格局为：玄天上帝殿之前有献殿太和宫，左右两旁的配殿分别为关圣、药王殿和土地、山神殿，太和宫之前（即灵官殿正上方）为太和楼，玄天上帝殿之后有黄箓殿、圣父圣母楼，而整个金城最外围的南北两侧建有道院；金城之前，灵官殿两侧有钟楼、鼓楼，再前为木牌坊，木牌坊前下方有青龙、白虎殿。(图 3-19)

自明末韩王府重修金城后，清代在此基础上又继续多次重修金城建筑，清顺治八年(1651)《崆峒山重修玄帝殿并新建香亭碑记》、②顺治八年(1651)《重修崆峒金城新建献殿碑记》、③清顺治十五年(1658)《崆峒山玄帝祠置田碑记》、④康熙

---

① 砂岩质，通高 132.5 厘米，宽 64 厘米，厚 11.7 厘米。今存崆峒山隍城献殿内。
② 吴景山：《崆峒山金石校释》，第 37 页；国家重点风景名胜区崆峒山管理局编：《崆峒山新志》，第 309—310 页。
③ 砂岩质，高 114 厘米，宽 56 厘米，厚 10 厘米。今存崆峒山隍城献殿。
④ 石灰岩质，高 131 厘米，宽 60 厘米，厚 15 厘米。今存崆峒山隍城献殿前。

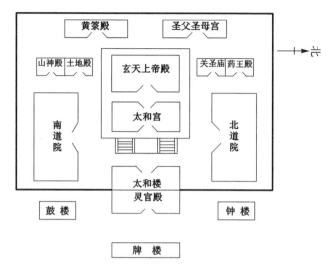

图 3-19　明代崆峒山金城主要建筑分布示意图

二十二年(1683)《重修崆峒山大顶金城宝殿碑记》、[1]乾隆四
年(1739)《重修后楼皇城记碑》、[2]乾隆六年(1741)《重修真武
殿记》、[3]乾隆十八年(1753)《重修崆峒金城天师殿完工碑
记》、[4]乾隆三十一年(1766)《重修崆峒山大顶白虎殿碑记》、[5]
清光绪十五年(1889)《重修大顶无量正殿献殿并太白楼等工

[1]　砂岩质,高170厘米,宽56厘米,碑头为双龙祥云图案,碑身四周阴
　　刻波浪纹边饰。今镶嵌于崆峒山隍城献殿之北墙。
[2]　砂岩质,高140厘米,宽60厘米,厚10厘米,今存崆峒山隍城献
　　殿前。
[3]　砂岩质,碑身高155厘米,宽65厘米,厚13厘米。碑刻两面,碑阴
　　为清乾隆十八年(1753)《重修崆峒金城天师殿完工碑记》。今存崆
　　峒山隍城献殿内。
[4]　砂岩质,碑身高155厘米,宽65厘米,厚13厘米。今存崆峒山隍城
　　献殿内。
[5]　砂岩质,通高140厘米,宽61厘米,后15厘米。今存崆峒山隍城山
　　门北侧。

程功德主碑》、①清代《重修大顶无量正殿金城等工捐输花名
碑》②等诸多碑记,都反映了金城宫观群落在清代的营修情况
以及民众朝山信仰的盛况。乾隆六年(1741)平凉知府潘晋晟
撰书的《重修真武殿记》云:

> 敕建真武祠,神灵赫奕,有祷必应,殿历年多。四月
> 八日胜会,游人云集,难以数计。

乾隆四十一年(1776)《重修崆峒山北极宫碑文》记载:③

> 上有真武祠独踞山椒,控驭风雷,歕灵吸秀。故凡岁
> 之水旱,民之疾厉,祷者咸若有答。每岁初夏之八日,郡
> 之人祈报由辟,皆于是乎集。香火之繁,拟于均州之武
> 当、青阳之九华,称极盛云。

此二碑所记,虽是对清朝中期时信众对金城主殿真武殿
(玄天上帝殿)奉祀情况的反映,但从民间信仰风俗的延续性
以及对崆峒山金城真武奉祀的稳定性来追溯,明代金城创建
之后,百姓奉祀真武的主要目的是祈求风调雨顺、禳灾祛病,
并以每年四月八日的朝山祈福活动最为盛大。四月八日本为
佛诞节(亦称浴佛节),四月八日庙会显然是崆峒山佛教鼎盛
时期形成的定式。庙会在民众中影响的逐渐扩大,使其本身
被赋予的内涵也愈加丰富。随着明代真武信仰的流行,拜祷
真武遂成为崆峒山四月八日庙会的重要内容,民众登崆峒山
朝山礼拜的信仰活动因此也被推向了一个新的高潮。

---

① 砂岩质,碑身高 180 厘米,宽 82 厘米,后 13 厘米。今存崆峒山隍城
　献殿内。
② 吴景山:《崆峒山金石校释》,第 160 页。
③ 砂岩质,通高 149.5 厘米,宽 82 厘米,厚 15 厘米。碑阴为功德主题
　名。今存崆峒山隍城献殿。

三、重建雷祖殿

雷祖殿(亦称九光殿,图3-20),建于雷声峰山脊的最前端,面东,三面峭壁,地势险峻。殿体为砖木结构,殿内正中彩塑雷神跨坐独角兽,两侧壁上悬塑雷部诸神兴云化雨、除雹降妖形象。殿外墙体上部开圆券形龛供奉四海龙王,北墙上部现存两龛,券顶上分别有"北海龙宫""北阴宫"匾额,还存一纪年为"万历丙辰季夏仲月立"的"瑶池"匾额;南墙上部现存四龛,券顶匾额现存"南海龙宫""洞渊府""西海龙宫"。南北外墙体下部共镶立碑记11方。殿体基座为高约62厘米的须弥座。殿体正前有石牌坊一座,整体由黄砂岩雕成,三间四柱三楼式,柱不出头。柱间3个大额枋之上各有3个出一跳斗栱,9个斗栱与4个柱头正好承托楼檐。三间楼檐各自用整块石料做成,檐椽、飞椽、连檐、瓦口、瓦垄均按照木建筑结构清楚地雕凿出来。

图3-20　崆峒山雷祖峰九光殿

石牌坊明间坊额正中为"九光殿"与"神霄玉府"题额,题额两侧高浮雕八仙人物,左侧为汉钟离、韩湘子、李铁拐、蓝采和,右侧为吕洞宾、张果老、曹国舅、何仙姑;大额枋正中浮雕一骑鹤仙人,两侧为仙鹤祥云;小额枋枋心浮雕蟠龙花草,两侧为麒麟;小额枋下做出骑马雀替,雀替正中浮雕双凤朝阳,两侧为牡丹图案。(图 3-21)

图 3-21　崆峒山九光殿石牌坊明间额枋

石牌坊右侧次间额枋间的花板上高浮雕刘海戏蟾等人物故事;大额枋素面;小额枋枋心浮雕蟠龙,两侧为麒麟;小额枋下的骑马雀替上,正中浮雕双凤朝阳,两侧为牡丹图案。左侧次间额枋之间花板上高浮雕猿猴伴道等真武修行故事;大额枋素面;小额枋枋心浮雕蟠龙,两侧分别为双鹿、双鸟;小额枋下亦有骑马雀替,正中浅浮雕双凤朝阳,两侧分别为牡丹、莲花图案。

石牌坊两根中柱的上部各有一雕刻极精美的高浮雕蟠龙,柱子下部以滚墩石固定。后面两个滚墩石自下而上依次由束腰须弥座、卧羊、抱鼓、束腰须弥座、蹲狮组成;里侧鼓心浮雕蟠龙,外侧鼓子心为转角莲图案。前面两个滚墩石无卧羊部分,外侧鼓子心浮雕祥云奔马图案,其余与后方滚墩石相同。两边柱亦有滚墩石固定,滚墩石形制与中柱前面滚墩石相似,但尺寸略小。边柱两侧各有一节石雕栏杆与殿体外墙相接,栏板上浮雕蟠龙,望柱头皆为圆雕狮子。

　　雷祖殿殿体及石牌坊下为高约 65 厘米的砂岩质须弥座式台基。须弥座台基的上枋浮雕卷草纹;束腰部分由蜀柱分出壸门,壸门上浮雕蟠龙、麒麟,蜀柱柱头皆有圆雕狮子,形态各异。此外,台阶两侧各有一只石狮。

　　石牌坊明间坊额正中为高 25 厘米、宽 38.5 厘米的题额,题额中间横刻"九光殿",右侧竖刻"太祖十二世孙韩王书",左侧竖刻"万历癸丑八月吉旦立"。"九光殿"题额下有高 11 厘米、宽 36.5 厘米题刻,中间横刻"神霄玉府",右侧分两行竖刻"府内职官功德主王忠",左侧分两行竖刻"韩府职官功德主田保"。(图 3-22)

图 3-22　九光殿石牌坊明间韩王题额

　　九光殿石牌坊明间的韩王题额在万历癸丑年,即万历四十一年(1613)。当时在位的韩王为刚继位两年的末代韩王朱亶塉,"九光殿"与"神霄玉府"题刻,正是朱亶塉所书。王忠、田保皆为韩王府属官,其姓名亦见于雷祖殿南壁外镶立的一方碑记(详见下文)。雷祖殿南、北壁墙体外侧共镶立助资碑石 11 方,韩府王宗室营建雷祖殿的具体情况在其中得以详细反映。

　　雷祖殿北壁有碑记 5 方,自东向西,第一方碑记碑文

如下：①

> 大明国封疆陕西平凉韩府上官居住，奉道诵经，六度祝延，赐经资与道霍真祥修雷祖殿打宝座使用，一功两德，圣事完成，刊名于石，永垂不朽。

> 恭祈国母太妃董氏懿范清淑，承享□□□□□□□，形跻山海之寿，惟愿海宇清宁，兵戈偃息，风调雨顺，兆民兴隆。恭望天慈洞鉴，故勒是名。

> 万历丙辰岁次三月初一，道士霍真祥。

第二、②第三方③碑记为万历丙辰四月住持道人霍真祥立，内容均为庆阳府环县会众助资九光殿事。其中，第二方碑中提到"胜地古遗三官、雷祖旧殿宇，有道人霍真祥创建重修"。

第四方碑记，④碑文记道人霍真祥主持重修雷神殿（雷祖殿）时，平凉县儒学生员及信士施资助工之事。助资信士中有韩府"仪宾谢得荣，信官王仕仁、王仕荣、吉邦鸾、王喜、姚□□"题名。此碑无年款，但碑之形制与上文第一、第三碑一致，所记也是助资建雷祖殿事，其刻立年代亦当在明万历四十四年（1616）。

第五方碑记，⑤万历丙辰三月住持霍真祥立，为平凉府固

---

① 砂岩质，高 52 厘米，宽 36 厘米。碑首阴线勾勒出云纹，碑身四周阴刻卷草纹边饰。

② 砂岩质，碑体长方形，高 46 厘米，宽 36 厘米，碑身四周阴刻卷草纹边饰。

③ 砂岩质，碑高 52 厘米，宽 36 厘米。碑首阴线勾勒出云纹，碑身四周阴刻卷草纹边饰。

④ 砂岩质，碑高 52 厘米，宽 36 厘米。碑首阴线勾勒云纹，碑身四周阴刻卷草纹边饰。

⑤ 砂岩质，碑体长方形，高 52 厘米，宽 36 厘米，碑身四周以阴刻卷草纹边饰。

原及瓦亭军民施财助缘修造九光殿题名碑。

雷祖殿南壁镶立碑记 6 方,自东向西,第一方碑记,①万历乙卯五月住持霍真祥立,亦为题名碑,"陕西都司固原州卫监牧军民不同人氏居在镇城居,奉道朝山进香,建醮修造","合会人等发心初次进香,施银五两修崆峒山雷祖殿买砖使用,祈保合会平安,增延福寿"。

第二方碑记为韩王朱亶堉施财助修雷祖殿碑,②碑文如下:

> 敕赐崆峒山修建雷祖殿,焚修道人霍真祥于韩府祝延诵经,赐银十两打地基使用。祈储君龙躯清健,嗣位长年。伏望天府洞鉴,刻石勒名。
>
> 太祖十二世孙韩王施财。
>
> 万历丙辰岁次三月十五日立。

第三方碑记为韩府宗室助修雷祖殿题名碑,③碑文如下:

> 崆峒仙山乃乾天之正中、西北之胜地也,接关山而面觑华岳,连泾水而势压龙门,真名山之大泽也。有道霍真祥见雷祖宝殿垣宇颓□,不忍坐视,诚愿重修而力行之不足,仰借贤□宗藩其□□□□□□勒名刻石,永垂不朽矣。保安皇明宗室韩府,璟澹、乐周;襄陵王府□□、璟□、谟□、融照、谟□、谟□、谟坖、谟砑,融□、谟□、谟□、谟□、谟□、融□、谟□、朗鎗、朗□、朗鎾,融□、谟嶉、谟

---

① 砂岩质,碑体长方形,高 52 厘米,宽 33.5 厘米,碑身四周阴刻卷草纹边饰。

② 砂岩质,碑高 47 厘米,宽 36 厘米。碑首阳刻云纹,碑额阴刻"大明国"三字。碑身四周阳刻边饰,上边双龙纹,下边海水山岳,两边树木。

③ 砂岩质,碑体长方形,高 50 厘米,宽 36 厘米,碑身四周阴刻卷草纹边饰。"朗鎾"下有"生员陈尔解"五字,不知何时补刻,不录入碑文。

□、庶宗、竹源；襄城王府宗室谟墙、谟陉、谟坏、谟剀、谟坒、岩泉、朗铢、朗釬、朗钶；乐府宗室融嶙、谟狸、谟堆、谟腊。

万历乙卯岁七月吉日立，共艮四两二钱与石匠工价。

第四方碑记为东厂厂公卢受及韩王府内属官施财题名碑，[①]碑文如下：

伏以崆峒仙山，昔广成仙址，随应丹穴，黄帝问道之地也，实洞天玄岳，仙境福地。自轩黄治世，累代阐宗，于我明皇四千五百余年，罕有今日之盛也。有道霍真祥，创建重新，以留斯世，故刊是名，永垂不朽。

司礼监掌东厂都总太监卢受舍艮五两买砖用。

韩府典膳田保，门官刘忠，职官王忠、王进、杜进、屈□、庞进、杨位、石桂、郭朝忠、尚贵、周春、赵保、卫玉、谷忠、赵升、郭进忠、李相、施恩、贺成、张进忠、张成。

信士生员刘登弟、田养廉、郭清、王大相、毛维禩。

万历岁次丙辰三月吉旦，住持霍真祥立。

第五方碑记，[②]万历乙卯七月住持霍真祥刻立，为百户杨自正、谢忠、张守节、武守道、杨永寿与平凉府城信众施财助缘题名碑。

第六方碑记，[③]为固原州卫监牧奉道朝山、随缘修造题名碑，"雷祖大帝祈保合会平安，吉祥如意，福寿无疆"。碑无年

---

① 砂岩质，高52厘米，宽36厘米。碑头阴线勾勒出云纹，碑身四周阴刻卷草边饰。
② 砂岩质，碑体长方形，高52厘米，宽38厘米，碑身四周阴刻卷草纹边饰。
③ 砂岩质，碑高52厘米，宽36厘米。碑首阴线勾勒云纹，碑身四周阴刻卷草纹。

款,形制与北壁第一、三、四碑及南壁第四碑一致,亦当在万历四十四年(1616)刻立。

以上 11 方碑记的刻立年代均在明万历四十三年(1615)和四十四年(1616),所记多为崆峒山道士霍真祥募化重修雷祖殿时助缘功德主题名。结合石牌坊上韩王朱亶塉题额的时间来看,崆峒山雷祖殿的重建应当始于万历四十一年(1613),竣工于万历四十四年(1616)。雷祖殿的始建年代不详,但据嘉靖二十四年(1545)《建三天门铁索碑记》记载,当时雷声峰上已经建有雷祖殿、三官殿。全真道华山派之传代派字前两句为“至一无上道,崇教演全真”,问道宫元至正十七年(1357)《重修崆峒山大十方问道宫碑》碑阴嘉靖三年题刻中“本宫住持道士贾崇庆、韩崇峰”,为华山派第六代,华山派在崆峒山发展到明代晚期,住持雷祖殿的霍真祥已为第十代传派弟子。

据南壁第二方碑记所载,道人霍真祥曾于韩府祝延诵经,韩王朱亶塉因此赐银十两以作雷祖殿打地基使用。韩王朱亶塉信奉道教,是受其母妃董氏影响。北壁第一方碑记正是韩藩太妃董氏施财助缘碑,据此碑记载,董氏“奉道诵经”,并“六度祝延,赐经资与道霍真祥修雷祖殿打宝座使用”。韩端王朱朗锜在位期间,其子朱璟浤、孙朱逵杞皆未及嗣位而先逝,后分别被追封为韩简王、韩庄王。董氏正是韩庄王朱逵杞的夫人、末代韩王朱亶塉生母。据《明神宗实录》记载,在韩端王已经去世而朱亶塉未被敕封韩王期间,朝廷曾应董氏疏请,允其“抚孤,摄理国事”。[①] 因此,韩王朱亶塉受太妃董氏的影响甚大。

韩府宗室及韩府属官也积极助修雷祖殿,南壁第三方碑记的功德主题名皆为韩府宗室成员,有韩王府及襄陵王府、褒

---

① 《明神宗实录》卷四四五,万历三十六年四月乙亥条,第 8448 页。

城王府、乐平王府宗室共 38 人；南壁第四方碑记题名中有韩府内属官田保、王忠等 22 人（田保、王忠二人题名亦见于九光殿明间"神霄玉府"题刻）。从碑记内容以及现存九光殿现存明代建筑风貌来看，最为费工费料而雕造又最精细华美的九光殿须弥座台基以及石牌坊，皆为韩王及韩府宗室施造。至于韩王朱亶塉、太妃董氏及韩府宗室助缘雷祖殿的目的，是祈愿雷神护佑，"海宇清宁，兵戈偃息，风调雨顺，兆民兴隆"。

值得注意的是，雷祖殿的此次重建也得到了朝廷的重视。南壁第二方碑记（即韩王朱亶塉施财助修雷祖殿碑），碑文起首即为"敕赐崆峒山修建雷祖殿"。南壁第四方碑记中的第一条题名为"司礼监掌东厂都总太监卢受舍艮五两买砖用"，"司礼监掌东厂都总太监"即执掌东厂的厂公，在宦官中地位仅次于司礼监掌印太监。据《明史》《明神宗实录》记载，卢受颇得明神宗倚重，此前曾担任文书官、司礼监中官等职。明神宗对明穆宗的抑道政策逐渐调整，对道教由扶植变为崇奉。东厂厂公卢受亲往崆峒山施资助修雷祖殿，与明神宗不无关系。

雷祖殿重建，因一开始就得到了韩王朱亶塉的重视与支持，民间信众的反应也很积极，崆峒山周边的平凉府、庆阳府、固原州等许多军民信士前来朝山，进香建醮，施资助修，以祈保平安吉祥，增福延寿。

雷祖殿殿体自明代以后多次维修，但九光殿石牌坊、两侧栏杆、须弥座式台基以及台阶两侧的两只石狮基本为明代原物（其中少数部分为现代维修时依据原来遗迹复制）。九光殿石坊是崆峒山现存明代建筑物中保存最为完整的一座。元明时期，牌坊的功能发生了极大的变化，由原来作为里坊的大门而独立出来，引申成为建筑群空间序列中的第一道象征性大门，使用非常普遍；同时，牌坊也演变为一类纪念性建筑，"旌表建坊"成为制度。① 从九光殿石牌坊与殿体的结构关系以及明间匾额上韩王的题刻来看,九光殿石牌坊既是作为雷祖殿的第一道象征性大门,又承载着韩王朱亶塉彰宣其营建雷祖殿的纪念意义。

四、新建飞仙楼

崆峒山皇城献殿内现存明万历二十九年(1601)《新建飞仙楼记》,②碑记中提到了韩王及韩府宗室助修飞仙楼一事,现录碑文如下:

新建飞仙楼碑记

钦差整饬宁夏河东兵备兼理屯盐粮饷、陕西按察司按察使王登才书丹

中宪大夫、长史司右长史、加正四品服俸、虎林奉道弟子之奇甫杨凤鸣篆额

陕西平凉府乡中式举人、奉道弟子同山长玄甫周汝灏撰文

平凉属古汉安定郡,西南三十里许有空同山,黄帝问道广成子处,创问道宫。由宫之东峡中一线转折而上,为同山山巅,有玄帝祠。祠之下里许,转崖仄径。人皆蹑级扪藤而上,上之时,置一足于级上,然后更置一足,崖恰容人左右穿受,不克并崖下。壁立数拾仞,人不敢逼视。瞩五台之盛,睇香炉之峰。俯瞰问道宫,窈冥莫测,为山腰

---

① 潘谷西主编:《中国古代建筑史》第 4 卷《元明建筑》,第 431 页。
② 汉白玉质,整个碑体呈长方形,高 132 厘米、宽 57.5 厘米、厚 13.7 厘米。两面刻,正面为《新建飞仙楼记》,碑首长方形,刻满云纹,正中为高 21 厘米、宽 17.5 厘米的长方形碑额,分两列篆刻"新建飞仙楼记";碑身四周阴刻卷草边饰。碑阴为功德主题名,碑首与正面一致,只是碑额无篆。今存崆峒山隍城献殿内。

一大奇观。乡人张有才、王朝海……景时春辈捐赀起建一阁。阁悬崖之灵官洞上，飞出层堞，倒挽巉岩，梯木于青松岈石之间，架栋于古萝翠蓊之杪。游者、登览者，咸起悚惕而敬畏之。阁中塑玄帝像，复穿石穴一洞，石水注一地窦，田六十亩，为羽士资。同山属韩藩国主焚修祝延所，遂捐金赐扁其阁。由是，诸侯王、郡大夫、鹤松王老师暨右史钱塘昊初杨君、乡缙绅士庶咸输资助工。创于庚子之春，竣于辛丑之夏。乡人张有才等辈属不榖记其颠末，以告来祀如此，其捐赀爵里姓氏勒之碑阴，用垂不朽。

明万历二十九年季夏中伏之吉立。

襄陵王

襄城王妃袁氏

皇明宗室：融烁，谟场，男朗鉔、朗鈈；融□，谟難，朗鉴；融鈘，谟壋，朗鍊；融羰；融稚；融爃。

恭人：杜氏等一会

仪宾：袁大正、鲜仲科

生员：孙惟新

襄陵王府中官雷福，典仗郑印，散官孙承信、周汝清

通渭王府典膳刘体元

助缘信士董大澄、朱国宝……镇原县助缘信士段云桥、张加诏（等一会二十二人略）

崆峒山真乘寺住持常福、藏经楼住持湛兴、飞仙楼住持寂山

崇佛寺尼僧圆成

据《新建飞仙楼记》所载，乡人张有才等欲在灵官洞上建阁，因崆峒山为韩王焚修祝延的道场，韩端王朱朗锜于是捐资助建，并为所建飞仙阁题写匾额。在韩端王的带动下，韩藩宗

室、韩府属官以及平凉府的缙绅士庶纷纷施资助工,飞仙楼在万历二十八年春至二十九年夏建成。同时,在飞仙楼旁凿出石穴、石水注。韩端王等功德主还为崆峒山道士置田六十亩,资其起居修行、供奉神灵之用。真武大帝作为明代崆峒山奉祀的主神,在韩王家族的推动下,真武信仰广泛流行。新建成的飞仙楼"飞出层堞,倒挽巉岩",不仅为崆峒险峰增添了一座精巧奇绝的建筑,而且还效仿皇城的真武殿,在楼中塑奉了真武大帝像,以寂山担任飞仙楼住持。

碑末功德主题名中,有韩府郡王襄陵王、褒城王妃袁氏及其他韩府宗室成员 13 人,韩府仪宾 2 人,襄陵王府属官 4 人,通渭王府属官 1 人。考《明史》卷一〇二《诸王世表三》,万历二十九年(1601)时,在位的襄陵王为襄陵温恪王朱朗鐀;褒城僖和王朱谟垣,"嘉靖四十七年袭封,万历间薨。无子,除",朱谟垣此时应该已经去世,碑末题名只出现其妃袁氏;通渭惠穆王朱谟瑞万历二十四年(1596)薨,其世子朱朗鈛万历二十一年(1593)早逝,无嗣封除,但王府尚在,因此碑末出现"通渭王府典膳刘体元"题名。

诸王府属官中最重要的一位是《新建飞仙楼记》篆额者杨凤鸣,即碑文中所谓"右史钱塘吴初杨君"。杨凤鸣的具体身份是加正四品服俸的韩王府"长史司右长史"。据《明史·职官志四》记载,亲王府长史司设左、右长史各一人,正五品,"长史掌王府之政令,辅相规讽以匡王失,率府僚各供乃事,而总其庶务焉。凡请名、请封、请婚、请恩泽、及陈谢、进献表启、书疏,长史为王奏上"。[①] 亲王府长史总理王府事务,下辖王府其余属官,在王府官中地位最高。更为重要的是,这位韩王府右长史杨凤鸣是一位崇信道教的"奉道弟子"。

---

① (清)张廷玉:《明史》卷七五《职官志四》,第 1836—1837 页。

　　韩端王支持新建的飞仙楼，后被称为飞仙阁。嘉庆《崆峒山志》记载，飞仙阁在"上（天）梯尽处，跨石峡为阁，阁下凿石成洞，透出重霄"，"上天梯，自南崖宫左上，直至飞仙阁下"。[①]此处所载飞仙阁与万历二十九年（1601）《新建飞仙楼记》中描述的飞仙楼的位置完全对应，飞仙阁下的石洞正是飞仙楼下的"灵官洞"（现称"黑虎灵官洞"）。飞仙阁原建筑1964年被拆除，现有建筑为1997年重建（图3-23），飞仙阁西侧有石室一孔，正是《新建飞仙楼记》所载"复穿石穴一洞"。

图3-23　崆峒山黑虎灵官洞及飞仙阁

　　在黑虎灵官洞洞口正上方，近年发现一方《洞天碑》，[②]其正面横刻"洞天"二楷书大字，字径约20厘米，碑末题款为"融

---

① （清）张伯魁：《崆峒山志》卷上《寺观》，第64页。
② 砂岩质，高36厘米，宽64厘米，厚6厘米。今存崆峒山文管所。

篆书";碑身四周阴刻边饰,上沿为双龙戏珠纹,下沿为海水山岳纹。(图3-25)《洞天碑》碑阴为诗文图案,上段阴刻唐代诗人曹唐的《刘晨阮肇游天台》《仙子送刘阮出洞》《仙子洞中有怀刘阮》《刘阮再到天台不复见仙子》七律四首;下段阳刻刘晨、阮肇天台遇仙图。(图3-24)遇仙图构图协调雅致,人物、山水、花木、动物形象自然美观,雕刻细腻精致,颇具艺术水准。曹唐诗书法风貌与碑正面题字一致,均为"融督"手笔。

图3-24　《洞天碑》碑阴刘阮诗文图刻拓片

图3-25　《洞天碑》正面拓片

此碑虽无纪年,文献中也未能勾索到"融督"其人,但"融督"显然系韩府宗室姓名。据《明史·诸王世表一》记载,洪武中,朱元璋"以子孙蕃众,命名虑有重复,乃于东宫、亲王世系,各拟二十字，字为一世。子孙初生，宗人府依世次立双名，以上一字为据，其下一字则取五行偏旁者，以火、土、金、水、木为序"，韩府行辈赐字曰"冲范徵偕旭，融谟朗璟遼，寊韶愉灏惞，令绪价蕃维"。① 韩府宗室取名时，"融"字正好与偏旁为"火"的字相配。崆峒山嘉靖、万历年间与韩府有关的碑刻、铁桩上，也出现了大量行辈字为"融"、下一字以"火"为偏旁或包含"火"字部分的韩府宗室姓名。"礮"偏旁虽为"石"，但含有"火"字部分，与《明实录》中实际出现的皇室宗族取名规则完全符合。因此，"融礮"为韩府宗室无疑，是朱元璋第七世孙。而且，《洞天碑》应该就是雕凿于韩端王支持营建飞仙楼之时。

　　刘晨、阮肇天台遇仙故事见于《太平御览》卷四一引南朝刘义庆《幽明录》及《太平广记》卷六一《女仙六·天台二女》（此处所引"天台二女"称出自《神仙记》，但《神仙记》不知为何书）。这则故事的梗概是：东汉永平年间，刘晨与阮肇去天台山采药，遇二仙女，被邀至家中食宿；二人半载后返家，子孙已过七代，遂重返天台山，然仙女已行迹渺然。天台山为道教十大洞天，崆峒山亦为道教名山，《洞天碑》的创制，或是以"仙乡淹留"类型的刘阮遇仙故事来烘托"飞仙楼"的营造旨趣，同时，崇奉道教的韩府宗室成员借以表达在崆峒山焚修求道的超脱意愿。

第五节　明代崆峒山宗教繁荣
的原因及其影响

　　自元代中后期以来，道教逐渐归流为以符箓为主的正一道和以内丹修炼为主的全真道两大派。全真道在崆峒山的发

① （清）张廷玉：《明史》卷一〇〇《诸王世表一》，第 2504 页。

展应该要早于正一道,其在元初就已经传到崆峒山。据元至正十七年(1357)《重修崆峒山大十方问道宫碑》所载,至元十七年(1280)重修崆峒山大十方时礼请到奉元(陕西西安)丹阳宫道人姜公来住持,当时的全真教掌教完颜德明还为问道宫新建宫观题匾。从现存泾川王母宫的嘉靖元年(1522)《重修王母宫碑》、崆峒山《重修崆峒山大十方问道宫碑》碑阴的嘉靖三年(1524)题刻以及雷祖殿镶存的万历四十三年、四十四年(1616)碑记来看,全真道华山派最迟从明代中期开始就在崆峒山传播发展,到清代仍有法脉传承。顺治八年(1651)《崆峒山重修玄帝殿并新建香亭碑记》,[1]所载大顶住持道人张和中、胡和玄以及徒王德隐、徐德庆、路德澄、王正明、杨正东等是华山派第十二、十三、十四代弟子。[2]

　　洪武十五年(1382),朱元璋设立道录司总理全国道教,正式将道教分为正一、全真两派来加以管理。以斋醮祈禳为职事的正一派,因其宗教行事与民俗密切相关,所能发挥的社会作用较全真派更大,因而受到皇室青睐,明朝中叶以前诸帝亦多热衷于斋醮法术。[3]在这种大形势的影响之下,长于画符念咒、驱鬼降妖、祈福禳灾的正一道,在斋醮之风盛行的崆峒山有极好的发展环境。明崇祯三年(1630)四月《静宁州壹会谒山建醮碑记》,[4]记平凉府静宁州五碑会会众朝山建醮,祈愿"民和年丰,三时获庆",农事顺成;碑末记"修醮正一道士

---

①　吴景山:《崆峒山金石校释》,第37页。

②　全真道华山派之传代派字,前四句为"至一无上道,崇教演全真,冲和德正本,仁义礼智信"。

③　卿希泰、唐大潮:《道教史》,第307页;卿希泰主编:《中国道教史》第3卷,第434页。

④　砂岩质,通高102厘米,宽50厘米。碑首阴刻双龙,双龙之间为高16厘米、宽15厘米的长方形碑额,楷书"陇干建醮碑记"。碑身四周阴刻卷草纹边饰。今镶嵌于崆峒山黑虎灵官洞南侧崖壁。

众",道士姓名磨损不能辨识;撰书者为"本州阴阳生翟国玺"。这则碑记清楚地说明了,明代崆峒山修醮道士中正一道道士的作用。正一道在当时平凉一带影响很大,"阴阳生翟国玺"正是静宁州的正一道教徒。

由于民间宗教活动兴盛,对宗教现实功用的需求更为迫切,崆峒山佛教、道教的合流加快,出现了很多同时崇奉佛、道二教的情况。如明天启元年(1621)道人李本诚刻立《皇图巩固碑》云:"皇图巩固,帝道遐昌。阴阳顺序,物阜民康。道日增辉,佛法延长。亿万斯年,福寿无疆。"①崇祯元年(1628),襄陵王朱璟洮为金城玄天上帝殿真武大帝像铸献的背光铜镜上,铸"皇图永固,帝道遐昌,佛日增辉,法轮常转"祝祷语。

崆峒山作为韩王家族焚修祝延的道场,在韩府宗室以支持营建为主要扶植方式的持续助力之下,崆峒山佛教、道教都得到了长足发展,特别是由于官方意识形态的强烈影响,以真武大帝为主祀之神的道教宫观群落不断扩大,激发了民间宗教活动的兴起。据明嘉靖二十四年(1545)《新建南天门铁索记》、万历四十八年(1620)《灵官洞造铁鞭记碑》、②天启七年(1627)《朝山建醮碑记》③等记载,平凉府周围地区的信众自发组成朝谒崆峒山的各种会社,推举会首组织集体的朝山活动,建醮祈福,捐助财物,或为其他信众的朝山提供必要的服务工作。其中,明代已经出现的会社组织有黄箓会、背光香灯会、大蜡会、路灯会、水会等。④ 这些会社以及其他信士的朝

---

① 国家重点风景名胜区崆峒山管理局编:《崆峒山新志》,第 309 页。
② 砖质,高 38 厘米,宽 18 厘米。今镶嵌于崆峒山黑虎灵官洞门左侧。
③ 砖质,高 40 厘米,宽 27 厘米。今镶嵌于崆峒山黑虎灵官洞南侧崖壁。
④ 今存崆峒山隍城献殿前的清光绪十五年(1889)《崆峒山大顶黄箓会元旦建醮碑记》云:"其有古立黄箓、路灯、大蜡、背光等会。"

山活动,以每年三月三日、四月八日庙会最为重要,而且两个庙会的主题活动都是以奉祀真武大帝为中心。

崆峒山黄箓会是随着黄箓醮的流行而出现的会社组织,发展较早。明嘉靖二十四年(1545)《新建南天门铁索记》记载"助缘信士谢武、彭楫等启许黄箓大醮"。清康熙二十二年(1683)《重修崆峒山大顶金城宝殿碑记》记载,明代在金城玄天上帝殿后建成黄箓殿专供举行黄箓醮之用。明代崆峒山黄箓会的具体活动情形,在清代碑记中有所反映。清光绪十五年(1889)《崆峒山大顶黄箓会元旦建醮碑记》云:①

> 山之中峰大顶,旧有太上黄箓会元旦建醮,乃自大明所立,届今两朝,固未尝稍有废也。溯厥由来,原以平固十城信善会众,每岁十二月二十三日斋戒沐浴,齐集山林,设立平安清醮,诵经礼忏,祈福延祥。至天腊之日,三朝进表,普供诸天,上答圣真之深泽,下祈士庶之清平,更冰雹暗化,瘟疫潜消,虫蝗不起,人畜各安,仰荷雨旸时若,叠邀岁稔年丰。

黄箓醮,又称黄箓斋,是灵宝十二斋之一。南宋《灵宝玉鉴》云:"下元黄箓,星宿错度,日月失昏,雨旸愆期,寒燠失序,兵戈不息,疫疠盛行,饥馑荐臻,死亡无告,孤魂流落,新鬼烦冤,若能依式修崇,即可消弭灾变,生灵蒙福,幽壤沾恩,自天子至于庶人,皆可建。"②可见黄箓斋既能济生度死,又可祈福禳灾,功用甚大。因此,其在道教斋醮仪式中,应用也最为广泛,即适用于皇室,又适用于百姓,能满足社会各阶层人士的

---

① 砂岩质,碑身高 162 厘米,宽 70 厘米,厚 13 厘米。碑首阳刻双龙祥云图案,碑身上、左、右三边阳刻龙纹边饰,下边阳刻花草纹边饰。今存崆峒山隍城献殿前。

② 《灵宝玉鉴》卷一,《道藏》第 10 册,第 145 页。

各种心理需要,千百年来演习不衰,功德广大。①

　　明代崆峒山黄箓会在崆峒山设醮的大概情形是,每年十二月二十三日会众齐集崆峒山金城,谨备香烛表供,在黄箓殿设黄箓清醮会,诵经礼忏,祈福延祥;元旦当天,则三朝进表,上报诸神护佑之恩,祈祷屡年风调雨顺,岁稔民丰,冰雹不起,虫蝗潜消,瘟疫远遁,人物咸亨。清咸丰十一年(1861)《重修崆峒山大顶正殿献殿暨皇城并金妆圣像碑记》记载,②黄箓会还有募化营修宫观的义务。

　　香会在崆峒山明代碑刻中的最早记载,见于嘉靖二十四年(1545)《建三天门铁索碑记》,碑中出现的信众首领"香老刘浈",应该就是香会会首。清康熙二十二年(1683)《平凉府城关贡献阁山蜡背光碑记》、同治元年(1862)《重立背光香灯会碑记》、光绪二十五年(1899)《复立崆峒山大顶背光香灯胜会碑志》中反映了明代背光香灯会的活动仪式。会众公议在每年三月三日——真武大帝诞辰之日,前往崆峒山金城玄天上帝殿奉祀真武神,虔备香供,焚疏诵经,建醮祈福,并将真武大帝像背后的背光镜及其他配镜扫尘磨光,使其光彩朗耀,为殿宇增辉,犹如真武神之恩光常照,降赐福泽。会众敬谒真武所祈求的庇护都与日常生产生活有关,包括风调雨顺、不遭冰雹、不染瘟疫、虫蝗不起、岁稔年丰、逢凶化吉、家宅恒安等。

　　四月八日的朝山祈福活动更为盛大。四月八日本为佛诞节(亦称浴佛节),四月八日庙会显然是崆峒山佛教鼎盛时期形成的定式,但庙会在民众中的影响逐渐扩大,使其本身被赋予的内涵也愈加丰富。随着明代真武信仰的流行,拜祷真武

---

① 张泽洪:《道教斋醮科仪研究》,成都:巴蜀书社,1999 年,第 172—173 页。
② 砂岩质,高 120 厘米,宽 60 厘米,厚 10 厘米。今存崆峒山隍城献殿。

遂成为崆峒山四月八日庙会的重要内容，百姓奉祀真武的主要目的是祈求农事顺成、禳灾祛病。

关于崆峒山水会的情况，由陕西布政司左参议许可用撰文的清顺治八年(1651)《崆峒山重修玄帝殿并新建香亭碑记》云：

> 见隐耀林麓间有荷担者逐队而至，询诸左右，佥曰："是水会众生也。比岁三四月，恭逢圣诞，士女云集，苦于山高水远，此辈合惮转运之劳，实多赖焉。"……顷之登绝巅，松青篁翠，一宇肖然，盖玄帝殿也。殿前又有香亭三楹，皆画栋雕甍，金碧煜灿……有羽士陈曰："正殿乃旧址重修者，水会香亭则伊人所特创也。累之锱铢，需之岁月，幸观厥成，匪易易得。"①

据此碑记载，水会在明代已经出现，其主要任务是会首组织会众从崆峒山下的泾河中挑水上山，为三月三日和四月八日来崆峒山参加庙会的朝山信众以及斋醮活动提供用水，并在金城上建立香亭，供朝山者焚香祀神。因崆峒山山高路险，运输不易，而三、四月间朝山建醮的信众又极多，于是相应出现了这种极具地方特色的会社组织，会众的施水行为也是一种惠济甚广的特殊功德。清康熙十九年(1680)《道府前水会碑》，②对水会的缘起与作用有详细记载：

> 崆峒山为宇内名山……山之巅为玄帝祠，其下五台皆有寺观。每当神会之期，四方男女以香火至者无虑万数，而饮食之所需，往往艰于得水。郡人苟君名志善者，善士也，乃立水会，率里中之好义善信千人，各制水桶，及泾流而肩挑以给之，遂至赡足，于是远□始无饥渴之虞。

---

① 吴景山：《崆峒山金石校释》，第 37 页。
② 石灰岩质，高 52 厘米，宽 82 厘米，今镶嵌于崆峒山上天梯北面崖壁上。

苟君又虑其事之久而废也,欲勒石记之以告来者。

由于明代崆峒山的广泛营建,促进了信众的朝山活动和庙会斋醮的规模,由是催生了各种会社组织,而会众的积极参与,反过来又推动和维持了崆峒山道场的繁荣发展。

据清康熙二十年(1681)《重修崆峒山大顶金城宝殿碑记》可知:①陕西提督王辅臣于康熙十三年(1674)、十四年响应吴三桂而据守平凉叛清之事的影响,崆峒山金城建筑受到损毁,平凉信众欲捐资重修,平凉知府杨凤起敦请勋崇行著的龙门洞全真道人苗清阳主持其事,苗清阳选率门徒范一圣、潘和真、范一祥、杨一光前来,历时四年,主持重建了金城建筑。此次重修,对于崆峒山金城宫观群落的存续以及明代以来崆峒山宗教繁荣之势的维持,意义甚大。

明代崆峒山的营建以及斋醮、庙会的兴盛,也吸引了平凉府周围地区的广大信众前来朝山拜谒。据清康熙三十三年(1694)《保众会每年祈福记碑》、②《保安会每年祈福碑记》③记载,陕西巩昌府秦岷二州、秦安县以及凤翔府的信众,也都组成保众会和保安会,于每年四月八日集体来崆峒山朝谒,祈保福寿绵长。

清代崆峒山佛教,得益于明代崆峒山的整体发展,不仅出现了南方僧人前来驻寺弘法的情况,而且开启了临济宗的正传。康熙十年(1671)《空同山普同塔铭并序》,④记弥陀庵补岩和尚,福建南安人。康熙十八年(1679)《空同山北台预建彻

---

① 砂岩质,高170厘米,宽56厘米,碑头为双龙祥云图案,碑身四周阴刻波浪纹边饰。今镶嵌于崆峒山隍城献殿之北墙。

② 吴景山:《崆峒山金石校释》,第65页。

③ 砂岩质,高34厘米,宽63厘米。今存崆峒山隍城献殿北墙外。

④ 砂岩质,高60厘米,宽104厘米,今镶嵌于崆峒山普同塔上。(吴景山:《崆峒山金石校释》,第46页)

空和尚圆寂塔记》,①记北台观音寺彻空和尚,西蜀邛州人。
康熙三十七年(1698)《崆峒静主亮旭和尚灵秘塔碣石铭并
序》,②记灵龟台亮旭和尚,乃补岩和尚亲传弟子。

　　康熙四十五年(1706)《石剖禅师塔铭并序》,③记灵龟台
石剖和尚得补岩和尚剃度出家,后东游陕西池阳兴化寺,得法
于临济高僧昭觉丈雪之弟子不二和尚,后被迎回崆峒山灵龟
台传临济宗。石剖禅师塔正面镶嵌"传临济正宗第三十四世
石剖禅师塔"铭。雍正六年(1728)《预见怀睿慧和尚塔铭并
序》,④记真乘寺怀睿和尚乃石剖和尚亲传弟子。怀睿和尚塔
正面有"临济正宗第三十五世怀睿和尚塔"铭。

　　当时崆峒山佛寺及僧人掌管的殿宇,康熙十八年(1679)
《彻空和尚塔功德主题名碑》中,⑤载有崇佛寺、真乐寺、藏经
楼、十方寺、法轮寺、宝庆寺、舍利寺、弥陀寺、灵空寺、准提庵、
老营宫、玄圣宫、紫霄宫、灵龟台、凤凰岭、狮子崖、观音寺,出
现僧尼 32 人。康熙五十八年(1719)《大彻禅师塔题名碑》,⑥
载有真乘寺、招鹤堂、凤凰岭、法轮寺、灵龟台、六合庵、南台
住、老营宫、东台、十方院、塔寺、藏经楼、玄圣宫、王母宫、紫霄
宫、报恩寺。雍正六年(1728)《怀睿和尚塔题名碑》,⑦记有崆

---

①　砂岩质,高 42 厘米,宽 54 厘米,今镶嵌于崆峒山北台彻空和尚圆寂
　　塔上。(吴景山:《崆峒山金石校释》,第 48 页)
②　砂岩质,高 47 厘米,宽 62 厘米。今镶嵌于崆峒山亮旭和尚灵秘
　　塔上。
③　砂岩质,高 33 厘米,宽 47 厘米。今镶嵌于崆峒山石剖禅师塔(隐相
　　塔)上。
④　砂岩质,高 41 厘米,宽 70 厘米。今镶嵌于崆峒山中台怀睿和尚
　　塔上。
⑤　砂岩质,高 72 厘米,宽 52 厘米。今镶嵌于崆峒山北台彻空和尚圆
　　寂塔上。(吴景山:《崆峒山金石校释》,第 49 页)
⑥　砂岩质,高 26 厘米,宽 42 厘米。今镶嵌于崆峒山大彻禅师塔上。
⑦　砂岩质,高 36 厘米,宽 56 厘米。就镶嵌于崆峒山中台怀睿和尚塔上。

崆峒山其他寺院法轮寺、招鹤堂、灵龟台、弥陀庵、紫霄宫、玄圣宫、宝庆寺、准提庵、舍利寺、临济宗本派寺院有真乘寺、香山寺、老营宫、十方院、舒花寺、藏经楼、府城本派法眷有法叔觉孔等 4 人，师兄弟普盈等 8 人，侄徒周全等 11 人，侄孙圆悫等 3 人。

崆峒山佛教的兴旺，也吸引平凉周围各地民众前来朝山，设斋建醮。据康熙三十九年(1702)《饭众建醮答天普结三缘勒名碑记》记载：

> 固原茶盐厅管辖地方……各庄居民善会朝山供水斋僧饭众建醮答天普结三缘勒名碑记
>
> ……由是一会众旋立社场，合每年四月八日恭逢佛诞，斋诣法轮，朝太和而叩金容，礼五台而瞻宝像，斋僧饭□而□良缘，同种福田，□十余载……①

康熙五十七年(1718)《固原建醮一会信士序》碑记载：②

> 崆峒一山乃诸神降临之胜境，万人积善之福地也。每岁四月朔八，忻逢圣诞会辰，凡远近善男信女，靡不报麻祈福于斯境。相□固镇人士发愿蚁聚，亦立会于法轮寺内，建醮三日焉。迄今数十年来，无有渝志。

韩府宗室的支持带动，士绅百姓的信仰朝供，共同促进了崆峒山金城宫观群落的形成、佛教寺院的扩展和朝山斋醮活动的兴盛。韩王在崆峒山的营建虽然是佛道并重，但从实际情况来看，其扭转了崆峒山上佛教建筑多于道教建筑、佛教盛于道教的局面，使崆峒山成为了一座名副其实的道教名山。

---

① 吴景山：《崆峒山金石校释》，第 72 页。
② 砂岩质，碑身高 90 厘米，宽 62 厘米。今存崆峒山法轮寺内。

第四章　韩王与明代庄浪
　　石窟的开凿

　　庄浪石窟是对甘肃东部庄浪县境内石窟的总称,庄浪县地处六盘山西麓,境内16处石窟基本都开凿在六盘余脉关山之中,包括陈家洞石窟、佛沟寺石窟、朱林寺石窟、金瓦寺石窟、云崖寺石窟、红崖寺石窟、大寺石窟、西寺石窟、木匠崖石窟、殿湾石窟、朝阳寺石窟、店峡石窟、三教洞石窟、葛家洞石窟、石窑河滩石窟、红崖湾石窟。庄浪石窟自北魏始创以来,历经西魏、北周、唐、宋、元、明、清诸代而不断开凿发展,是陇东地区比较重要的一处石窟群。庄浪石窟在明代臻于繁荣,而这一局面的出现与驻藩平凉的韩王有直接关系。

第一节　云崖寺石窟

一、云崖寺石窟概况

　　从庄浪县城东约30公里处的韩店镇佛沟入一峡口,峡内峰峦挺秀,溪流潆洄,云崖寺、大寺、西寺、红崖寺等8处石窟分布其中。

　　云崖寺石窟位于云崖主峰上,(图4-1)整个窟区长约300米,高约80米,石窟分三层开凿。据程晓钟、杨富学二位先生的编号,共有窟龛19个。云崖寺石窟第一层仅见一残窟

及大量桩孔痕迹,造像不存。第二层自西向东依次为第 1、2、
3、4、5、8、9、10 窟。第 1、2、3、4 窟从窟龛形制及造像遗存来
看,最早为北周时期凿做,后来屡次重修。第 3、4 窟之间墙面
泥皮叠有 6 层,其中见彩绘的有 3 层。第 5 窟原为方形平顶
窟,正壁起高坛基,时代不明。第 8 窟现为三霄殿,系后人在
明代洞窟的基础上依崖壁建檐而成,殿内存明代造像残迹。①
第 9 窟为敞口浅龛,正壁凿出高坛基,上有清代残损塑像一
尊。在第二层第 8 窟和第 9 窟之间有悬梯上通第三层,该层
只有云崖寺石窟精华所在的第 6 窟和第 7 窟。

图 4-1　庄浪云崖寺石窟

云崖主峰左侧还有两列小型窟龛,下层为第 11、15 窟及
特 1 号窟,上层为第 12、13、14 窟。第 11、12 窟及特 1 号窟残
存造像有北周风格。② 特 1 号窟外左壁上有墨书题记:"大明进

---

① 程晓钟、杨富学:《庄浪石窟》,第 31 页。
② 同上书,第 36—37 页。

睹慧耳达闻圣心□□/皇帝圣寿万岁名人见在□□/佛定菩萨善手圆满/游佛僧人谈道宗/□壁僧人张道进/成化拾年九月初三日功□□□"。其左侧有另一则题记，模糊不清。第13窟为方形浅龛，塑一佛二弟子，"似为元明之物"。[①]第14、15窟造像残损不可辨，第16窟高不能攀，其时代均不详。第17窟在湘子洞东约20米处，为摩崖造像，残毁严重；崖壁上桩孔密布，上下5排，左右9排，高约7.5米，宽约13米。第18、19窟为空窟。

　　2005年，甘肃省文物局中小石窟调查组东部小组在对庄浪石窟进行全面调查时，又将云崖寺石窟群的其他一些窟龛继续编号至第24窟，但这些窟龛都为空窟，并无造像、壁画。[②]

二、第10窟的重要发现

　　云崖寺石窟第10窟为方形平顶大窟，进深8.4米，里宽6.87米，外宽6米，里高5.05米，外高5.35米。该窟正壁及左、右壁均凿出台基，正壁台基高0.65米，宽1.35米；两侧台基高0.55米，宽0.8米。窟内造像不存。

　　第10窟西侧为一敞口大龛，残高6.08米，宽4.81米，进深3.74米，东壁与10号窟西壁为一体。正壁有通长台基，高1.34米，宽4.81米。台基正中建一长1.65米、宽1.05米、高0.98米台座，上面有一残像，似为关公造像，残高1米，宽1.1米，背后有红色圆形背光，外沿为小火焰纹。正壁上部有三个头光及背光，背光、头光外围有红、绿色云纹，正下各对应三个孔洞，原塑有佛像。

　　第10窟再往东有一残窟，残高6米，宽5.55米，进深2.61米，西壁与10号窟的东壁为一体，西壁残长0.91米。正

①　程晓钟、杨富学：《庄浪石窟》，第37页。
②　董广强：《庄浪云崖寺等石窟的调查简报》，《敦煌研究》2008年第3期，第48—49页。

壁孔洞众多。

第 10 窟虽为空窟,但窟门内左右两侧竖立着两通极为重要的高大石碑——《主山云崖寺成碑记》(图 4－2)和《云崖刊石撰书碑》(图 4－3),明代韩王与云崖寺石窟的关系赖此二碑得以呈现。①

图 4－2　明万历十二年《主山　　　图 4－3　明万历十二年《云崖
　　　　　云崖寺成碑记》　　　　　　　　　　刊石撰书碑》

（一）《主山云崖寺成碑记》

该碑通高 4 米,宽 1.1 米,厚 0.25 米。蟠龙碑首高 1.2

---

① 程晓钟、杨富学二位先生在《庄浪石窟》中对此二碑有录文,但舛误颇多,本书依两碑拓片重新详录。

米，正中圭形碑额上竖篆"大明重建"四字。碑身四周阴刻宽9厘米边饰，上、下边为双龙戏珠纹，左、右边为龙云纹。该碑保存完好，刻字清晰，雕工精致。现录《主山云崖寺成碑记》碑文如下：

弗人为佛，神之也。西域自古中国未闻以佛名者，周末时祥光始现，历汉而唐而宋，称佛而供献之者屡屡矣。是佛教之流非一日也。古建多梵刹，纪号大都各因水地舆胜，概取其寂静幽爽，可以正厥果，觉厥慧也。然所谓云崖云者，不亦大异也哉！夫山川出云，当初以云名崖而景色其寺，亦丽焉。其必峰巍峨险峻灵秀，诚所谓天造地设，人力莫可攀积者。吁！是□朝寺也，其得地之古刹胜者哉！

历代修葺，不知凡几朝代矣。国初为安王属土，厥田亦为所有。及王故绝，洪熙初元，敕赐韩藩，钦遵恒业，迄今二百余年。然立刹虽远，葺理未竟。住持释子真晓，仰承德意，多方募化，鸠工集赀，凿石为洞，佛像、伽蓝护法诸神法身，咸以石为质，彩饰刻画，各极工巧。视厥初时，重修气象，巍然一大备矣。一方人而已，士有不改观而兴善念乎！厥山接迹秦巩关山，绝顶有五方佛洞，下为悬崖几千寻。云崖腰有千佛、药师、七佛、日月菩萨诸洞，与夫弥陀、观自世音二洞殿，偕原古迹建造。大佛、伽蓝、祖师诸殿宇，相为突杌而争衡焉。筮工于万历八年，越三岁乃重鼎落成。噫嘻！佛亦有否而有泰哉？未泛启备时，佛之否也；今则卓群山而可观仰焉，其泰抑何如耶！猗欤盛哉！国运之巩固灵长，殆将与是山而永丽也。佛而有灵，宁不为之阴佑矣哉！是为记。

韩王别号云岩撰书。

万历十二年岁次甲申十月乙亥初四日丙午，承奉司承奉正白朝、承奉副马忠立石。

校尉李宗义、尤廷相。

朝阳寺僧人明香、道盘。

本府庄头、散官胡朝敬,男胡邦受、胡邦其(系省际官)、胡邦树(系仪宾),侄胡邦佐、胡现、胡邦采,婿杨大海。

庄浪县致仕知县李躬。

主山寺住持释子广鉴、真福、海满。

耿家寺住持僧德会、性明,徒真喜、明喜。

红崖寺住持释子如山、性广、寂光。

到回庵住持僧真严、如理、海□。

前本寺修造释子清印,徒净金,法孙已给,度僧本安、本源、本宗、性在。

本寺刊名住持僧真晓,徒如满,法孙性江、性潭、性通、性缘。

石匠孙奉先。

年款左上方镌铭文四行:

皇图永固,帝道假昌,佛日增辉,法轮常转。

碑阴四周阴刻宽8厘米的卷草纹边饰,碑上镌铭文五列:

钦赐韩府敬依石门儿等处官地四至:东至麻庵子朝阳寺为界,南至关山为界,西至高堡山紧入硖口为界,北至山寨干柴凹为界。

《主山云崖寺成碑记》刻立于明万历十二年(1584)十月初四,"韩王别号云岩撰书",当时在位的韩王为韩端王朱朗锜,此碑正是由韩端王撰文并书丹。[1] 韩端王在碑文中主要述及

---

[1]　韩端王《主山云崖寺成碑记》,虽为楷书,却饶有隶意,结体多变,笔力雄强遒劲,意态奇逸古拙,颇具东晋南朝时期"二爨"(《爨龙颜碑》《爨宝子碑》)风貌。

云崖寺地理之胜、云崖寺住持真晓和尚募修寺院之事以及云崖寺石窟殿阁的概况。虽然文字简省，却反映了明代云崖寺的重要历史信息。

（二）《云崖刊石撰书碑》

《云崖刊石撰书碑》，通高 4.07 米，宽 1.12 米，厚 0.25 米，额高 1.22 米。碑身除下部略残，其余非常完整，四周阳刻宽 8 厘米的卷草纹边饰。碑首雕刻蟠龙，圭形碑额上篆书"云崖碑记"四字。现录《云崖刊石撰书碑》碑文如下：

> 如来降致给孤独园之景，初到雪岭修，因鹤巢在顶，芦芽过滕，不能动移。演教谈经，垂三乘之妙范；拈花示众，传临济之玄宗。
>
> 表云崖之景，天水来□，□龙回顾，倚路当冲，鲜登古景。其山之胜，众山还拱，一山突高，高并崆峒，奇拟仙岩，广类山鸟，秀岭奇峰，层峦迭嶂，丹崖翠壁，杰阁危楼，苍松□□。□□呼寺，寺裹呼山。绝顶亭高，半岩寺蜜。寺覆岩下，下雨不能返乎洛。前附龙山，龙山揖让，洛水追随。远而望之，立山卧云，梵宫如阙，崖路如梯，悬岩□□。盖周围寺，峻峰峻岭，应接其形，是天下之巍嶀，岭岩硬崛，乃世间之异景。江海渊深，浮升沉之玄机；举意动情，作知慧之愚痴。由人之谋，造兹□□险峒，世就圣所龛像，对面龟鹤来戏，生成半空悬岩，名为古刹云崖寺也。左崚大宝法王壁画胜景，右边秋迁之架，后玉皇绝顶，面向气口之山。作古代之罕遇，表胜景之威权，径题前僧作成之功，立石无记。普满上修五方佛峒，圣像未毕；清印中修石峒一座，睡佛、菩萨不周。谨题。
>
> 山西太原府榆次县北乡杜氏弟三之嗣，少而恭敬父母，侍毕送终。晚景出家，投师在敕赐中林山和合寺，临济八代仲公和尚剃度为僧，启名真晓。看读经典，学佛无

为，心住厌妄，不足云游，在红崖寺禅公受忠山，留洛住静，日诵法华，□则勤礼，众称拜经之号，次后出山住寺二处。

庄头胡邦其、刘五宗见得本寺颓隳，诚恐坍塌，具启韩国王。赐给令旨帖文，招住释子真晓，徒如满，在寺住持，焚修香火，祝延圣寿，补修殿宇，看守禅林树株、常住田地、香台一所，上下俱完备矣。

安东中护卫军政操兼巡捕防守指挥佥事毛缨，恭人朱氏，书写黄仕选。

防守通聂等处地方、平凉卫后所正千户张九重，淑人朱氏，书办□□□。

庄浪县致仕李，母齐氏，李息，李世福。

功德施主赵云、张氏、王世林、刘邦寅、焦氏、刘大先、董氏、陈进、刘□□□□□□、闫宗如、李邦尧、闫朝林、陈彦爵、马良、马应时、闫朝云、张□□、朱大禄、张清、吴朝经、王进孝、吕守忠、李进禄、崔世宗、杨□□、刘邦寅、刘邦曾、刘宗臣、赵东亮、赵东清、赵东贤、韩尚□□□□□□□□、苏得虎、苏孟春、苏孟商、苏五、韩应科、王用宰、王用相、□□□□□□□□□□、陈氏、张廷其、陈朝现、孙邦荣、孙邦雨、薛□□□□□□□□。

大明万历十二年岁次纪纲月支应钟日干敦牂冀生四叶吉旦，代书人修平。

住持释子真晓，徒如满，法孙性江、性潭、性勇、性常、性通、性缘，塑匠徐永受、徐永山，木匠赵公彪，石匠孙奉先。

年款左侧有铭文四行：

祈保一方，风调雨顺，国泰民安，万民乐业。

　　此碑创立时间为"大明万历十二年岁次纪纲月支应钟日
干敦詳冀生四叶"。"月支应钟"涉及"十二月律",《吕氏春秋》
始以古乐十二律应合十二月份,"应钟"对应的是十月。"冀生
四叶"涉及"冀历",《竹书纪年·帝尧陶唐氏》云:"有草荚阶而
生,月朔始生一荚,月半而生十五荚,十六日以后日落一荚,及
晦而尽,月小则一荚焦而不落,名曰'冀荚',一曰'历荚'。"[1]
"冀生四叶"即初四日。所以,《云崖刊石撰书碑》的创立时间
与《主山云崖寺成碑记》一样,也是万历十二年(1584)十月初
四日。

　　从书法风貌看,《云崖刊石撰书碑》的书丹者仍为韩端王
朱朗锜。碑文则由"修平"代韩端王撰写,碑中称云崖寺为"本
寺",说明修平为云崖寺僧人。碑文前段"表云崖之景"的词句
基本都是出自明代陇右著名学者胡缵宗的《主山白云洞
记》。[2] 碑文的主要价值在于对明代云崖寺的营建情况、云崖
寺住持真晓和尚法脉传承以及韩端王支持重修云崖寺经过的
反映。特别是关于韩端王的记载,为我们解读《主山云崖寺成
碑记》提供了非常重要的背景资料。

　　同一天创立的《主山云崖寺成碑记》和《云崖刊石撰书
碑》,都是对万历八年(1580)至万历十二年(1584)云崖寺营修

---

① 王国维:《今本竹书纪年疏证》,载方诗铭、王修龄《古本竹书纪年辑
　　证》,上海:上海古籍出版社,1981年,第195页。

② 胡缵宗《主山白云洞记》云:"主山僧来道其山之胜:众山环拱,一峰
　　突出,高并崆峒,厚比西倾,奇拟仙岩,广类鸟鼠。秀岭奇峰,层峦叠
　　嶂,丹崖翠壁,杰阁危楼。赤阑朱楹,苍松古柏。山藏乎寺,寺裹乎
　　山。绝顶亭高,半岩寺密。寺覆岩下,雨不能及。下瞰洛水,前俯龙
　　山,龙山揖让,洛水追随。远望之,梵宫如关,崖路如梯,悬岩如厦,
　　绝壁如堵。"[(明)胡缵宗:《鸟鼠山人后集》卷二,载《中国西北文
　　献丛书·西北文学文献》第4卷,兰州:兰州古籍书店,1990年,第
　　279—280页]

之事的记载,只是侧重不同,必须相互参照来看,才能对云崖寺此次营建的情状有一个客观、完整的认识。

三、韩端王支持营修云崖寺

据《主山云崖寺成碑记》和《云崖刊石撰书碑》记载,云崖寺及其田地在明初为安惠王属地,安王绝嗣后归驻藩平凉的韩王所有。云崖寺虽然立刹久远,然年久失修,"庄头胡邦其、刘五宗见得本寺颓隳,诚恐坍塌",于是将详情启禀韩端王朱朗锜。韩端王赐给令旨贴文,招请真晓和尚及其徒弟如满住持云崖寺。在韩端王的支持下,真晓和尚开始募资修缮云崖寺,从万历八年(1580)至万历十二年(1584),工程历时五年之久。

（一）开凿第 10 窟

此次营建最主要的成就之一就是开凿了第 10 窟,即碑中所谓"凿石为洞,佛像、伽蓝护法诸神法身,咸以石为质,彩饰刻画,各极工巧"。伽蓝神,又作伽蓝十八善神、护伽蓝神、守伽蓝神、寺神,指护卫伽蓝之神,即佛教寺院的守护神。《七佛八菩萨所说大陀罗尼神咒经》卷四载:"护僧伽蓝神斯有十八人,各各有别名,一名美音,二名梵音,三名天鼓,四名巧妙,五名叹美,六名广妙,七名雷音,八名师子音,九名妙美,十名梵响,十一名人音,十二名佛奴,十三名叹德,十四名广目,十五名妙眼,十六名彻听,十七名彻视,十八名遍观。"[1]"道世法师云,寺院既有十八神护,居住之者,亦宜自励不得怠惰为非,恐招现报耳(凡寺壁有画大神者即是此神也……)"。[2] 我国自唐宋以降,即有禅宗奉祀伽蓝神之记载。中国佛教根据隋代

---

[1]　《七佛八菩萨所说大陀罗尼神咒经》,《大正藏》第 21 册,第 557 页。
[2]　(北宋)道诚:《释氏要览》卷上,《大正藏》第 54 册,第 263 页。

智顗谓白日见到关羽而建立玉泉寺的传说，也将关羽列入伽蓝神。[①]真晓和尚新凿石窟中所造"伽蓝护法诸神"，应该正是上文所说十八护僧伽蓝神，造此神像的目的则是为了护持云崖寺及石窟。第10窟西侧大龛中的关公塑像，应该也是伽蓝神的性质。

第10窟现在造像无存，正壁（北壁）台基上有原岩体凿成的三个台座，正中台座长1.03米，宽0.91米，高0.62米；两侧台座稍低，高0.4米。从台座的情况看，正壁最初造像当为石胎泥塑彩绘的一佛二菩萨。三个壁面上均有规则分布的三排桩孔以及与桩孔相对应的头光和云纹背光残迹，说明除了台基上的造像外，三个壁面上当时均悬塑上下两排造像。两侧台基及壁上悬塑的造像，应该就是"伽蓝护法诸神"。第10窟规制宏敞，当为僧人礼佛、诵经之所。

（二）修缮原有石窟殿宇

《主山云崖寺成碑记》所称云崖主峰"绝顶为五方佛洞"，即位于现云崖寺石窟第三层、塑奉五方佛的第7窟。从《云崖刊石撰书碑》记载"普满上修五方佛峒，圣像未毕；清印中修石峒一座，睡佛、菩萨不周"来看，第7窟最初由僧人普满开凿，但窟内佛像未能完成；僧人清印在现第10窟所在的第二层开凿了石窟，欲塑奉涅槃像，也没有完工。在韩端王支持的这次重修中，这两个洞窟最终得以完全建成，涅槃窟情况不明，第7窟现为云崖寺石窟中保存最为完好、最能代表明代云崖寺石窟艺术水准的两个洞窟之一。

《主山云崖寺成碑记》与《云崖刊石撰书碑》中似乎并无明确反映云崖寺第6窟营造情况的内容，但第6窟与第7窟毗

---

① 任继愈主编：《佛教大辞典》，南京：江苏古籍出版社，2002年，第673页。

邻而凿,造像风格一致,而且此二窟与第 10 窟同为大型平面方形平顶窟,故而可以推测,第 6 窟也应该是在这次营修中最终竣工的。

　　云崖主峰山腰原有的千佛洞、药师佛洞、七佛洞、日月菩萨洞诸洞窟以及弥陀、观世音二洞殿,大多颓毁,此次重修在其原来古迹的基础上加以修缮或新建,这些洞窟可以对应到现云崖寺石窟第二层的第 1、2、3、4、5、8、9 窟。云崖主峰下的云崖寺地面建筑也在这次营修中得到修缮,大佛殿、伽蓝殿、祖师殿等殿宇"相为突杌而争衡"。总之,韩端王朱朗锜赐给令旨帖文,招请真晓和尚及其徒如满住持云崖寺,焚修香火,祝延圣寿,不仅普遍修缮了旧有石窟殿宇,还负起看护禅林树木、田地、香台等云崖寺寺产的职责,使得整个寺院上下完备,一改原来颓败面貌,呈现出焕然一新的气象。

　　(三)韩王家族、地方官民的崇佛与云崖寺佛教中心的形成

　　《主山云崖寺成碑记》由"承奉司承奉正白朝、承奉副马忠立石"。据《明太祖实录》记载,朱元璋为分封的亲王置王府承奉司,"掌王府诸事,凡事则呈长史司并护卫指挥使司行之,与内官衙门不相统摄。设承奉正,秩正六品;承奉副,秩从六品"。① 立此碑石的"承奉司承奉正白朝、承奉副马忠",正是当时的韩王府承奉司首领。"校尉李宗义、尤廷相",当是韩府的护卫军官。

　　《云崖刊石撰书碑》碑末为功德主题名,包括安东中护卫指挥佥事、平凉卫正千户、庄浪县致仕知县以及其他士绅乡民,总计约 60 人。其中"安东中护卫"是朝廷专为护卫韩王而

---

① 《明太祖实录》卷二四一,洪武二十八年九月,第 3513 页。

设置的军队编制,负责护守城池、巡视宫城。①

庄浪本地士绅胡超敬,是有官名而无固定职事的散官,其子胡邦树为"仪宾"(韩王府之婿)。向韩端王禀陈云崖寺情状的"庄头胡邦其"为胡邦树之胞兄。胡氏家族与韩王府的姻亲关系以及其在庄浪一代的影响,促成了韩端王对云崖寺营修的大力支持,继而掀起了韩王家族与庄浪地方官民共建云崖寺的高潮,并推动了云崖寺周围其余石窟寺的发展。

《主山云崖寺成碑记》中还反映了当时云崖寺周围的其他5所寺院,包括朝阳寺、主山寺、耿家寺、红崖寺、到回庵。碑阴的五行铭文,是钦赐韩府官地的四至,是朝廷对韩王府已经占有云崖寺一带的既成事实的认可,也是韩府借以对所占地主权的声明。韩府官地四至,以云崖寺为中心,东距朝阳寺约20里;南离关山约10里;西至峡口约6里;因山寨干柴凹地名已经不存在,北至的距离不明。由此圈定的范围内,存在着竹林寺、金瓦寺、云崖寺、木匠崖、西寺、红崖寺、大寺、殿湾、店峡、朝阳寺等至少10处石窟。可见,当时云崖寺一带,寺宇众多,佛法兴隆。而韩王府对这一片寺宇、石窟集中之地的占有,反映了韩端王对佛教的笃信以及祈愿佛法能够护佑其国运巩固的目的。

四、云崖寺临济宗及藏传佛教的发展

《云崖刊石撰书碑》中对云崖寺住持真晓和尚的行状有详细记载,真晓为"山西太原府榆次县北乡杜氏弟三之嗣,少而恭敬父母,侍毕送终。晚景出家,投师在敕赐中林山和合寺,临济八代仲公和尚剃度为僧,启名真晓。看读经典,学佛无为,心住厌安,不足云游,在红崖寺禅公受忠山,留洛住静,日

---

① （明）赵时春:《平凉府志》卷二《兵制》,第305—306页。

诵法华,□则勤礼,众称拜经之号,次后出山住寺二处"。

　　真晓和尚,俗姓杜,山西榆次县人氏。在中林山和合寺就近出家,师从寺中临济宗第八代仲公和尚。在元明时期,临济宗除海云印简一系外,法脉传承已很不清楚。仲公和尚其人不详,但中林山和合寺则文献见载。康熙《榆次县志》记载,中林山"在大方山之南,卧虎山之西,草堆山之东,当群山之中,茂柏成林,故名。上建和合寺",①和合寺"在县北四十里中林山之巅。山椒结秀,磊砢堆青,古刹巍峨"。② 据乾隆《榆次县志》记载,和合寺"在中林山,寺始于唐末天祐时,其废已久,唯址存焉。明成化中,太谷僧德明因其旧迹募众复建"。③ 中林山和合寺的临济宗传承,应该就始于明代成化年间(1465—1487)重修和合寺的太谷僧人德明。元代内地佛教以禅宗为主流,总体说来,曹洞宗盛于北方,临济宗盛于南方。自曾为忽必烈说法传戒的海云印简驻河北正定临济院,临济宗在北方逐渐中兴。明代中期中林山和合寺临济宗得以发展的背景,应该与此有关。真晓和尚云游至庄浪县红崖寺后,住静禅修,日诵《法华经》,影响日大。后被韩端王招请住持云崖寺,负责营修寺院。

　　真晓和尚的弟子如满,再传弟子有性江、性潭、性勇、性常、性通、性缘。因其先在红崖寺住静,所以红崖寺住持如山、性广应该也是其弟子。从崆峒山现存清代碑记来看,崆峒山临济宗法脉传承与云崖寺也有密切关系。

　　崆峒山清康熙四十五年(1706)《石剖禅师塔铭并序》曰:④

----

① (清) 刘星修,王介石纂:《榆次县志》卷二《地理志论·山川》,康熙二十三年(1684)刻本。

② (清) 刘星修,王介石纂:《榆次县志》卷三《建置志论·寺观》。

③ (清) 钱之青修,张天泽纂:《榆次县志》卷六《坛庙(寺观附)》,清乾隆十三年(1748)思凤塘刻本。

④ 砂岩质,高33厘米,宽47厘米。今镶嵌于崆峒山石剖禅师塔(隐相塔)上。

"善知识石剖大和尚法讳普休,洮阳狄道人也……年十八,遇师祖补岩老人,落发受具。后住郡南保国寺,经营修葺,为接代禅林,闭阁三载,东游池阳兴化寺,得法于不二和尚,和尚昭觉丈雪之法子也。师既接真传,乃开法于秦州普觉寺,后至华亭主山习定焉。"石剖禅师塔正面镶嵌"传临济正宗第三十四世石剖禅师塔"铭。石剖禅师是清初临济宗名僧昭觉丈雪的再传弟子,学成后又曾"至华亭主山习定"。云崖寺所在的主山一带,介于庄浪县与华亭县交界处,华亭主山就是云崖寺所在之主山。石剖禅师赴云崖寺禅修与云崖寺一带临济宗的兴盛不无关系。可见,自真晓和尚之后,云崖寺僧人岩栖谷隐,晦迹深修,使临济宗风传承不绝。

　　此外,《云崖刊石撰书碑》记载,云崖寺东边有"大宝法王壁画胜景"。"大宝法王"最早为至元六年(1269),元世祖给八思巴上的尊号。① 明代"大宝法王"尊号始于噶玛噶举派黑帽系第五世活佛噶玛巴德新谢巴(de-bzhin-gshegs-pa,《明实录》及《明史》中称为"哈立麻"),永乐五年(1407)由明成祖朱棣封授。明成祖朱棣"闻乌思藏僧尚师哈立麻有道术,善幻化,欲致一见,因通迤西诸番"。永乐四年十二月哈立麻被迎请至南京,明成祖"延见奉天殿,宠赉优渥,仪仗鞍马什器多以金银为之,道路烜赫。五年二月建普度大斋于灵谷寺,为高帝、高后荐福。或言卿云、天花、甘露、甘雨、青鸟、青狮、白象、白鹤及舍利祥光,连日毕见,又闻梵呗天乐自空而下。帝益大喜,廷臣表贺,学士胡广等咸献《圣孝瑞应歌》诗。乃封哈立麻万行具足十方最胜圆觉妙智慧善普应祐国演教如来大宝法王西天大善自在佛,领天下释教,给印诰制如诸王,其徒三人亦封灌顶大国师"。②

---

① 　参见(明)宋濂等《元史》卷二〇二《释老传・八思巴》,第4518页。
② 　(明)宋濂等:《明史》卷三〇四《宦官传一・侯显》,第7768—7769页。

此后，明成祖又"命哈立麻赴五台山建大斋，再为高帝后荐福，赐予优厚。六年四月辞归，复赐金币、佛像，命中官护行。自是，迄正统末，入贡者八"。①

大宝法王在明代册封的三大法王中封授最早，礼遇最隆，地位最高，是明代三大法王之首。② 此后，"大宝法王"尊号被噶玛巴黑帽系活佛相继承袭。随着元明两代之更迭，德新谢巴及噶玛噶举派的上师，已经取代曾经贵为元朝帝师的萨迦派喇嘛，成为颇受明代帝王宠信的藏传佛教僧人。有明一代是噶举派最为昌盛发达的时期，直到明末清初格鲁派的兴起，才对噶举派的势力产生了动摇。噶举派僧人修持的是密法，一般不可能在喧哗的大寺，石窟寺狭小而安静的规模历来是噶玛噶举派僧人密修时可能选择的处所。云崖寺处于关山深处，山高林密，溪流萦带，是一处非常适合密修的幽僻之所，藏传佛教噶玛噶举派在这里应该有相当程度的发展，因此才会有"大宝法王壁画"的出现。

据邓锐龄先生研究，在明朝封授的三大法王中，都没有见到关于他们在汉地所传密法的具体内容。有关他们在汉地活动的记载，凭据的只是当时汉人写绘的"灵异图卷"，其中记录的也多为他们与皇室的交往、作法所示瑞相以及明廷颁发给他们的诏书。大宝法王在当时汉族士人笔下是一位创造了"南京奇迹"的神僧，然其藏文传记除了记载其作法时曾设十二本尊坛城外，别无更加详细的内容。③《云崖刊石撰书碑》

① （明）宋濂等：《明史》卷三三一《西域传三·乌斯藏大宝法王》，第8573页。
② 明代册封的藏传佛教三大法王，即噶玛噶举派大宝法王、萨迦派大乘法王和格鲁派大慈法王。
③ 详见邓锐龄《〈贤者喜宴〉永乐时尚师哈立麻晋京纪事笺证》，《中国藏学》1992年第3期。

中记载的云崖寺东边的"大宝法王壁画胜景"，应该是雕凿彩绘在云崖主峰东侧广阔平坦的崖面上，可惜现在已无迹可寻。从有限的文献记载来推测，"大宝法王壁画"所表现的内容，也许就是永乐五年(1407)哈立麻在南京灵谷寺为明太祖及马皇后作荐福法会时所呈现的"卿云、天花、甘露、甘雨、青鸟、青狮、白象、白鹤及舍利祥光"等瑞相。

五、第 6 窟造像内容及题材组合

云崖寺第 6 窟为长方形平顶大窟，宽 7.2 米，进深 4.25米，高 4.7 米。正壁坛基起三个束腰须弥座，上塑一佛二菩萨，主尊前有清代塑立二供养菩萨。左壁上层塑有两座城门，中间为悬阙；中层坛台存一天王、一菩萨像；下层坛基上又制长方形台座，上塑八身罗汉，现存七身；左壁地面上有三身菩萨、天王残像，当为中层坠落之物。右壁上层塑有两座城门，残存山形、云纹浮雕；中层坛台现存六身罗汉、菩萨、天王像；下层坛基上制长方形台座，其上塑八身罗汉；下层坛基上另有从上面剥落下来的有四身残像。前壁及窟门为木结构，有火烧痕迹。

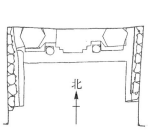

图 4-4　云崖寺石窟第 6 窟
平面图

图 4-5　云崖寺石窟第 6 窟
纵剖面图

图 4-6　云崖寺石窟第 6 窟横剖面图

（一）内容总录

第 6 窟三壁上的两层台基全为原岩体凿出，正壁三大须弥座是在岩体台基上向前、向上堆塑而成；左、右两侧壁三层坛全为原来岩体凿出，再抹草泥，泥皮上再涂白灰层。

1. 正壁（北壁）

正壁造像为一佛二菩萨。佛像螺发，内髻高隆，肉髻中间饰以髻珠，眉间以红色凹点表示白毫相，广额宽颐，面相圆润，鼻梁高挺，双眼微睁，神态沉静端严。（图 4-7）上身外着双领下垂式袈裟，内着通肩畅胸大衣，胸前有人字纹（应为薄衣贴体所致）。右手扶于右膝，手指残缺；左小臂上举，左手断失。袈裟、大衣上满布沥粉堆金的彩饰花纹，腿部装饰衣纹为云龙纹；衣袖、领部均饰花边。佛结跏趺坐于覆仰莲花座上，莲花座上下沿（仰莲上沿、覆莲下沿）作出联珠纹边饰，莲瓣的样式是仿石雕须弥座上枭、下枭的雕刻而做成"巴达马"，①莲瓣顶端呈内收状，红色莲瓣表面雕刻出金色包皮、云子纹样。莲座

①　关于"巴达马"式样，参见刘大可《中国古建筑瓦石营法》，北京：建筑工业出版社，1993 年，第 294—296 页。

下为束腰须弥座,座的两侧都作成三处转角,须弥座由上而下
的结构为"上枋—上枭—束腰—下枭—下枋—下枋—圭角",
枋面彩绘条带纹,上枭、下枭雕出巴达马,枋、枭与束腰之间有
方涩条;束腰部位镂空雕出"椀花结带",转角处作如意金刚柱
子,护腰正中彩绘玛瑙、珊瑚等以表示"佛八宝"。佛像右上方
壁面残存一段弧形背光,宽约 40 厘米,长约 55 厘米,最外圈
为镂雕火焰纹;佛像左侧壁面亦有一段背光残存,宽约 45 厘
米,高约 50 厘米。须弥座靠背处两端各残存小型仰莲台一
个,右侧莲台后面还有一点火焰纹背光痕迹。

图 4-7　云崖寺第 6 窟　　图 4-8　云崖寺石窟第 6 窟
　　正壁主佛　　　　　　　　　正壁右侧菩萨

　　佛右侧菩萨(图 4-8),头梳高髻,戴高花冠。眉目清秀,鼻
头俊俏,面庞圆润,双目下视,一副慈祥雍容的女性仪态。项戴
项圈,项圈正中垂花托宝珠(花状托正中嵌一宝珠)。肩搭帔帛,
上身着宽袖衣,衣领、袖口及裙上沿饰花边,衣领内侧有双带自

脖颈下垂于胸两侧。下身着长裙,用带系扎于腰间。腿部裙面有龙纹,衣服其余地方用沥粉堆金工艺饰以繁缛花纹。裙摆下沿自仰莲瓣上有几处自然下搭,制作手法极为写实。胸前有人字纹,不如佛像的明显,背光全剥落。右手上举胸前,手指全残;左小臂横于腰间,手指全残。结跏趺坐于二层仰莲座上,莲瓣作成巴达马式,莲座下的束腰须弥座样式与佛像之须弥座相同。须弥座塑造于原岩体凿出的二层台上,与佛座等高。

图 4 - 9　云崖寺石窟第 6 窟
正壁左侧菩萨

佛左侧菩萨(图 4 - 9)与右侧基本相似,不同处有四点。一、不见帔帛,只有双领下垂式大衣,衣领内侧二带自脖颈两边呈蛇形下垂于胸两侧。二、右小臂下斜前伸,手指仅见小指直伸;左小臂上举左胸前,左手断失。三、须弥座上枋的上下沿无联珠纹残留。四、菩萨右下方壁面残存一段弧形背光,宽约 40 厘米,高约 60 厘米,最外圈镂雕较为繁复的火焰纹。

正壁佛像白毫涂为红色,嘴唇见红色残留。衣服粉红色,袖口、衣褶处涂绿色,其余多呈黑色,衣上沥粉堆金而成花纹,腿部沥粉堆金出龙纹。二菩萨也有白毫,衣服粉色,袖子多为绿色,沥粉堆金而成衣边边饰及衣上花纹,腿部均沥粉堆金出龙纹,其余多呈黑色。佛与菩萨眼珠用黑色玻璃物镶嵌。佛前二小菩萨,右者头戴花冠,赤足立于莲台上,左手托一小盏,衣服上红绿相间;左者同右,只是右手托一烛台状物。

2. 右壁(西壁)

右壁主台基之上又凿出三层坛台。最上层坛台,两端悬塑出城门,城门之间有形似山峦、云朵的悬塑痕迹,其余残不可辨。中间坛台上存六身造像,自南而北:龙王、束发天王、束发菩萨、戴盔天王、戴花冠菩萨、戴巾天王(左腿残,露木桩,图4-10);三身天王皆身披铠甲,造像多呈现黑色。下层坛上为八身罗汉,罗汉面部及头部呈黑色,僧衣多粉红色,衣上花纹及边饰皆为沥粉堆金而成,鞋头出露呈黑色;最北墙角处罗汉头戴风帽。(图4-11)

图4-10　云崖寺第6窟右壁戴巾天王像　　图4-11　云崖寺第6窟右壁北段四身罗汉像

正壁佛像与菩萨之间的空处靠立二层坛台上掉落下来小型造像八身:天王一身,头后有飘带飞绕成环状,双足残失,右小臂背于身后,左小臂前伸腹处,左手残失;天王一身,头及双臂残失,二小腿及脚残失,露出木桩,头残处也露出木桩;天王一身,头、双臂及双腿全部残失,头及双腿残处露出木桩;造像一身,头、双手及双腿残失,头及双腿残失处露出木桩,两小臂上举,合双手于胸前,腰间束带;造像一身,头及双手残失,头残处露出木桩,上身粗壮,双腿稍短,赤脚立于仰莲台上,双小臂上举,双手合于胸前,上身着窄袖短襟衣,下身短裤扎于大腿,小腿及双足全部赤露;造像一身,头、双臂及双足残失,存在部分由于潮湿霉变而色彩模糊,似为一身菩萨;天王一身,头及双臂、双足残失,头残处露木桩;天王一身,胸以上残露木桩,双臂、双足残失。掉落天王盔甲显淡土红色,前裆及腿部呈黑色。

3. 左壁(东壁)

左壁与右壁形制一样,上层坛台的南北两端有两座城门(黑色),中间悬塑一仿木结构的殿宇(图 4 - 12),多呈黑色。殿宇与南门的墙面间有悬塑山峦流云。二层坛台上只有殿宇南侧正下方存一天王像,右臂上举,小臂及手残失;左臂下伸于腹前,戴冠,除小腿以下为土红色外,其余呈黑色。二层南城门下墙面及坛残。三层南面残,故失一罗汉像,现仅存七身罗汉。(图 4 - 13)自北而南,三尊罗汉面部略呈黑色,头顶白色,僧衣皆粉红色,有绿色条纹;第四尊罗汉,其头部、袒露的胸部、腹部以及大臂稍残的右臂皆呈黑色,衣服粉红色,上有绿色条带纹;第五尊罗汉,面部略黑,头顶白色,衣服右侧及腰

图 4 - 12　云崖寺第 6 窟左壁悬塑殿宇

图 4 - 13　云崖寺第 6 窟左壁北段罗汉造像

部为粉红色,右部上衣及腿部大面积为绿色;第六尊罗汉头部及颈部白色,眼珠用黑色玻璃物镶嵌,炯炯有神;第七尊罗汉,头部、颈部白色,略有几处黑色,上衣原为深红,现红中多显黑,腿部颜色红绿相间。七身罗汉的僧衣上皆以沥粉堆金做出边饰及花纹。

（二）造像题材

第 6 窟造像主要为一佛二菩萨和十六罗汉。由于手部残损,持物不明,加之缺乏榜题等文字信息佐证,一佛二菩萨造像尊格难以确定。虽然《主山云崖寺成碑记》中有"云崖腰有千佛、药师、七佛、日月菩萨诸洞"的记载,但药师佛、日光菩萨和月光菩萨应是单独成窟,并没有造在一个窟中从而组成"药师三尊"（或称"东方三圣"）。

十六罗汉像则新兴于晚唐时期石窟艺术中,大足龙岗山第 36 窟、第 220 窟及杭州烟霞洞、北宋陕西钟山石窟中有十六罗汉造像,莫高窟第 97 窟西夏时期壁画中也出现了十六罗汉。关于十六罗汉的名称及供养所得果报,玄奘译《大阿罗汉难提蜜多罗所说法住记》云:"佛薄伽梵般涅槃时,以无上法付嘱十六大阿罗汉并眷属等,令其护持,使不灭没……第一尊者名宾度罗跋啰惰阇,第二尊者名迦诺迦伐蹉,第三尊者名迦诺迦跋厘堕阇,第四尊者名苏频陀,第五尊者名诺距罗,第六尊者名跋陀罗,第七尊者名迦理迦,第八尊者名伐阇罗弗多罗,第九尊者名戍博迦,第十尊者名半托迦,第十一尊者名啰怙罗,第十二尊者名那伽犀那,第十三尊者名因揭陀,第十四尊者名伐那婆斯,第十五尊者名阿氏多,第十六尊者名注荼半托迦。如是十六大阿罗汉,一切皆具三明六通八解脱等无量功德,离三界染,诵持三藏,博通外典。承佛敕故,以神通力延自寿量,乃至世尊正法,应住常随护持。及与施主作真福田,令彼施者得大果报。"①

第 6 窟右侧壁中间坛台现存六身造像,从其背屏痕迹看,原来共有十二身造像。因此,关于左右侧壁中间坛面上残存或坠落的塑像,从数量及部分完整造像的造型特点来看,应是二十四诸天,每壁十二天,造像皆身体前倾,以示敬佛之意。在古印度文化中,"天"是神的别称,所以"诸天"就是诸神,即佛教中的护法天神。二十四诸天供养是唐代以后,密宗仪轨、华严宗与天台宗忏法融合的产物,南宋天台宗僧人行霆整理出《重编诸天传》后,二十天逐渐固定下来,后来又陆续增加为二十四天,而其中华严宗自身的忏法和诸天供养主要受天台宗和密宗的影响。山西大同善化寺大雄宝殿以及大同上华严寺大雄宝殿、长治观音堂有金代、明代彩塑二十四诸天像。前文也已述及,据万历三十六年(1608)《重修乾丰寺记》记载,万历年间泾川士民在重修襄陵王朱融焚创建的乾丰寺时,也在正殿两侧塑列了二十四诸天。

———————

① （唐）玄奘译:《大阿罗汉难提蜜多罗所说法住记》,载《大正藏》第49 册,第 13 页。

　　第6窟两侧壁上层坛台遗存的城门、殿宇、山峦、流云等，让人容易联想到开凿于宋代的四川安岳华严洞石窟。华严洞石窟有大小二窟，大窟华严洞正壁主尊造像为毗卢遮那佛、文殊菩萨、普贤菩萨组成的"华严三圣"，两侧壁下层一共圆雕了十大菩萨，两侧壁上层各雕出五组高浮雕造像，（图4-14）表现的是《大方广佛华严经·入法界品》中善财童子参拜五十三位善知识修行过程中的十参。这十组造像非常注重对人物活动场景的表现，殿宇辉煌，祥云缭绕，气象万千，与云崖寺第6窟左右侧壁上层的遗存有较多相似之处。因此，云崖寺第6窟左右侧壁上层的悬塑有可能也是"善财童子五十三参"题材。这样的话，第6窟主尊的一佛二菩萨就有可能是"华严三圣"，遗憾的是主尊佛像所结手印不是毗卢遮那佛典型的最上菩提印，所以第6窟主尊造像尊格依然难以确定。

图4-14　安岳华严洞右壁

　　不过，安岳华严洞石窟的小窟般若洞的造像组合，又能为我们认识云崖寺第6窟提供新的参考。般若洞正壁主尊为释

图 4 – 15　安岳大般若洞右壁

迦牟尼佛,佛身后两侧小龛内分别刻出孔子、老子像,佛头后
两侧小龛内分别刻文殊菩萨、普贤菩萨;两侧壁分别做出三层
造像,上层立佛十大弟子,中层为二十四诸天,下层列十八罗
汉。显然,就主要造像而言,云崖寺第 6 窟与般若洞的共同点
非常突出:正壁出现一佛二菩萨;两侧壁分三层造像,中层与
下层分别为二十四诸天和罗汉群像。两窟造像的主要区别
是:云崖寺第 6 窟正壁造像简单,没有出现般若洞正壁的孔
子、老子及闻法弟子;两窟侧壁最上层造像题材有别。尽管如
此,云崖寺第 6 窟从洞窟形制到造像题材与组合,都充分表现
出与时代更早的安岳般若洞的密切关系。在此参照下,云崖
寺第 6 窟正壁一佛二菩萨的尊格又有了指向释迦牟尼佛与文
殊菩萨、普贤菩萨的可能。

六、第 7 窟造像内容及题材组合

第 7 窟为长方形平顶大窟,人称五方佛洞。宽 9.5 米,进

深 6.1 米,高 4.14 米,四壁均有台基。正壁有三个束腰须弥座,左、右壁正中亦各有一个,须弥座上均有两层仰莲式佛座,佛座上各塑一佛,半跏趺坐,佛身后凿出浅龛,总体为五佛供养。正壁主佛前有两个小方形台基,其上有二胁侍菩萨造像;主佛龛楣两侧有方形小龛,有造像残迹;正壁左、右两侧佛像的上方,各有两个方形小龛及台状残迹,造像不存。左壁佛像两侧各有一菩萨;左壁左上方开三龛,塑像剥落于坛基上;左壁右上方开两浅龛,造像不存。右壁佛像两侧为二菩萨;佛像右上方墙壁上塑两列菩萨,每列两身,保存完好;佛像左上方墙壁上造像不存,仅见残迹。前壁正中为石砌拱形门,门左、右两侧坛基上各塑有三身菩萨。

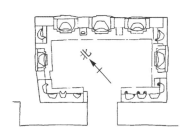

图 4 - 16　云崖寺石窟第 7 窟
平面图

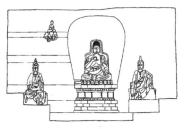

图 4 - 17　云崖寺石窟第 7 窟
西壁立面图

图 4 - 18　云崖寺石窟第 7 窟正剖面图

（一）内容总录

第 7 窟入门前壁（南壁）两侧为砂石条砌起，正壁、左右二壁上层小台及浅龛为原岩体凿出，三壁一层台及正壁二层台为原岩体凿出，前壁两侧双层台及各自连向东、西壁第二层台为堆塑而成，东西壁佛座、菩萨座均是在一层坛上塑制，正壁三佛座则是在一层坛及二层坛上堆塑。

1. 正壁（北壁）

正壁三尊佛像（图 4-19）。正中主佛螺发，肉髻顶上有摩尼宝珠顶严，眉间涂红凹点表示白毫相，唇上残留红色，结最上菩提印，为毗卢遮那佛。从项部及眼窝深处凹线看，佛身及面部原为金色。身着半披式佛衣，沥粉堆金做出佛衣上花纹及佛衣腿部龙纹。佛结跏趺坐于二层仰莲座上，佛衣搭于莲瓣上，被莲瓣尖端支起的衣纹细致逼真。莲座下的须弥座形制与 6 号窟佛座相同。只是须弥座上枋正中上彩绘西游记故事及人物出行图（图 4-20）。西游记及人物出行图的构成分为两部分，西侧部分，自前往后依次为，猪八戒身着浅绿色衣，挑担前行；孙悟空上衣红色，牵披有鞍具的白马；着浅绿色衣、头戴斗笠人物跟随于白马后；再后似乎隐约可见一墨线勾出人物。东侧由前往后，一着红衣、拱手人物；一扭头回顾，着

图 4-19　云崖寺第 7 窟正壁三尊佛像

图 4 - 20　云崖寺第 7 窟正壁主佛须弥座上枋彩绘西游记故事图

青绿色衣人物;黑冠、白衣、腰间束带人物;回顾着紫衣人物、着青绿衣人物,二人似在交谈;再后似乎有一伞盖。此五人皆着宽袖长袍。

左右两侧佛像与正中主佛相似,分别结与愿印和禅定印。佛像面部及身体上原本金黄色,现已多呈黑色,佛衣褶皱处可见佛衣里子为红色。佛座也相类,只是上枋无西游记人物图。

正壁主佛背光的总体式样为桃形浅龛,龛正中凿出"凸"字形凹进,约与佛头部、身部对应;再外绘出红色背光,整个背光外围可见双钩的红色火焰纹。三尊佛像背光原应相同,左侧佛像背光现已脱落,壁面上可见用以固定背光的 6 个柱洞。

正壁一层台上正壁主佛与右侧佛像之间有一方坛,上置一尊造像,应为菩萨,头发向上梳起,发髻残,头戴冠,冠残,袒胸,着双领下垂式大衣。与之对应的左侧相同位置也应有一尊像,但造像现不见,仅存方坛。

2. 右壁(西壁)

西壁主尊为一佛像(图 4 - 22),凿出桃形浅龛以彩绘背光,背光剥落严重,背光尖顶几乎与窟顶相齐。背光正中凿出"凸"字形凹槽,凹槽外为红色圈带,再外为青色纹饰,最外一圈为火焰纹。佛像螺发肉髻,眉间有白毫,双目微睁下视,面相端严圆润,鼻梁高挺,着半披式袈裟,胸前有"人"字纹。结跏趺坐,左手平伸抚左膝,右小臂上举胸前,拇指与中指环形相扣拈一圆珠。佛座与正壁两侧佛之座相同,只是莲座为覆仰莲花座而非双层仰莲座,须弥座束腰部分无椀花结带雕刻以及"佛八宝"彩绘。佛面、身及佛衣全为金色,沥粉堆金工艺做出衣上花纹及两腿部各一大龙纹。佛座靠背两端有佛衣下搭。

图 4-21　第 7 窟右壁　　图 4-22　第 7 窟右壁佛像
右侧菩萨

西壁佛像右侧造舒相坐菩萨一尊(图 4-21),束髻戴高花冠,红色凹点表示白毫,目光前视,鼻梁高挺,面颊及下巴圆润饱满。项戴项圈,最下坠花垫宝珠。宝缯自项圈两侧下垂于胸前,左侧宝缯下垂后搭于举起的左小臂上再自衣袖下垂。着双领下垂式袈裟,胸前"人"字纹,两肩各搭发辫一束,双腕戴镯。左小臂上举胸前,手指全部残失。右小臂向前方斜下伸出,拇指与中指似相扣,可惜中指残失。左腿下垂,赤足踏于西壁与南壁相连的第一层台基上。右足置于左股上。衣服自台上下垂,自然流畅。菩萨面部、身部为金色,项圈、手镯金色,衣服边饰(领口、袖口及裙下摆沿口)及衣上条纹为沥粉堆金而成,其余现显白色。菩萨下身着裙,束带扎裙上沿于腰间。菩萨身后,即台座往上处墙面原岩体凿出一浅台阶,直至佛像须弥座靠背下沿。该菩萨与佛像空间处台基上散落一堆塑像碎块。

菩萨头部以上墙面原石凿出二层台,上台北侧存一身小佛像,结跏趺坐,双臂下垂,双手置于交足处。眉间凹点涂红表示白毫,螺发高髻,着双领下垂式大衣,佛面部、身部及大衣显现黑色。下为双层仰莲座,佛衣搭于莲台两侧。莲座下悬塑白色及红色云朵。佛身后白壁上涂红色头光、背光。南侧现无造像,只有壁上残存一部分红色头光及背光。上台基本完整,只是南端稍残。下台基完整,为出露岩体。台之壁上,只北侧存白壁及头光,背光剥落;南侧存背光一部分,其余墙面剥落。

佛像左侧为一自在坐菩萨像(图4-23),观音头部以上原岩体凿出二层台,上台残存两段,但台往上壁面中间残存红色壁面一块,当为佛背光。下台下沿正好与菩萨头部等高,残存三段,壁面为裸露岩体。下台下面,一身菩萨坐于二层台座上,赤脚,束髻,戴高花冠。眉间往上正中红色凹点表示白毫,面相圆润饱满,双目平静前视,面颊含蓄带笑,挺鼻小嘴,颈戴金色项圈,项圈正下端垂花垫宝珠。宝缯下垂于胸部两侧。胸前"人"字纹。着双领下垂式大衣。左腿高抬,赤足踏于所坐二层台上。左小臂搭于左膝,左手残失。右腿自然下垂,赤足踏一层台上。右小臂

图4-23 第7窟右壁左侧菩萨

置于向前斜伸出靠背上,手执一物,现只残见一柄状物握于手中。靠背露出的头部涂金黄色。二层台正面底色涂红,底色上布满白点涂成的梅花状花饰。菩萨脸、身及衣上全为金色,衣上沥粉堆金而成花纹,衣领、袖口及袈裟下摆衣纹垂露处涂为红色。两条长宽大袖自上而下搭于台上,衣纹流畅写实。菩萨背后,即二层台面稍上处墙面上,原石凿出一窄小台阶,菩萨二层台座位于西壁台基上。

　　3. 左壁(东壁)

　　东壁主尊为一佛像(图4-24),背光为岩石上凿出的桃形浅龛,背光剥落严重,浅龛上端几乎与窟顶相接,与西壁背光唯一不同是正中没凿出"凸"形凹进,只是白壁涂上红色弧形头光,背光部分残,外两层与西壁相同。北侧背光剥落,露出雕塑时固定背光所用的小柱洞5个。佛双目微睁下视,脸庞丰圆,神态端严,红色凹点表示白毫。着半披式佛衣,胸前有"人"字纹。右手上举作说法印,无名指断失;左手向下前方伸于腹前,手掌向上,拇指残断;结跏趺坐,佛座与西壁佛座一致。面、身、衣皆金黄色,领部、袖口及衣上沥粉堆金而成宽花边饰,两腿部各有龙纹。佛衣搭于须弥座靠背两端。

图4-24　第7窟左壁佛像

　　佛像右侧,上层为三个浅龛,存红色头光、背光及二者外围的云气纹。造像不存。龛下为一菩萨舒相坐于二层台座上(图4-25),花冠,红色凹点表示白毫,双目前视,口鼻小巧,颊颌圆润。金色花垫珠宝项圈,上扎宝缯下垂于胸两侧,着双领下垂式大衣,左肩搭帔帛。右小臂身侧上举执物,物断失而只剩一柄被紧握手中,食指断失。左小臂于身侧前下方自然伸出,手掌向下抚于单盘起的左腿之左膝上,左足置于右股上,右腿自然下垂,赤足踏于一层坛上的小圆莲台上。面、身、衣为金黄色,衣领、袖、帔帛处以沥粉堆金工艺绘出宽花边饰。下身着裙,束带扎裙上沿于腰间,裙下摆有红绿相间条纹。二层台座上彩绘台布,红边,中间蓝绿底子上布满白色花朵。菩萨左上靠南壁处浮塑云朵上伸为一云头,直达第三龛下面。

图 4-25　第 7 窟左壁右侧菩萨　图 4-26　第 7 窟左壁左侧菩萨

东壁佛像左侧,窟顶下有二小龛,二龛内下方存一点墙皮。周围及再下全为岩壁露出。正壁二层坛东端与东壁相接处稍往上,东壁上凿出浅台,浅台南、二浅龛下为东壁台基上置的二层台座,上为自在坐菩萨(图 4-26)。头部断置正壁二层坛上,束髻,戴高花冠,面庞圆润,红色凹点表示白毫,唇红,金色花垫珠宝项圈,肩搭帔帛,着双领下垂式大衣,下着裙,束带扎裙上沿于腰部,右腿抬起,赤脚踏于二层台,右小臂置于右膝,右手断失。左腿下垂,赤足踏于一层坛小圆莲台上。左小臂搁于靠背上,小臂向前下方伸出,手中握一卷状物。面部、身部及衣服皆金黄色,帔帛、领、袖及裙下摆沥粉堆金而成宽花边。二层台座之上层正面涂红。

4. 前壁(南壁)

前壁被窟门分为东西两侧,西侧上沿靠窟门处有一天窗,造像情况自西而东依次如下。(图4-27)

图4-27　云崖寺第7窟前壁西侧造像

（1）风帽菩萨。束高髻,将风帽顶起。红色凹点表示白毫,双目微睁下视,含蓄带笑,鼻梁高挺,鼻尖略下勾,红唇小嘴,脸及下颌圆润饱满。花垫珠宝金色项圈,胸前"人"字纹,项圈上扎宝缯下垂于胸两侧。结跏趺坐,两小臂内收,双手笼袖,平结放于交足处。身、面及衣服皆金黄色,上衣及风帽素净,左臂袈裟边缘有花边,衣袖及裙下摆有沥粉堆金而成宽花边。下身着裙,束带扎裙上沿于腰间。结跏趺坐于南壁二层台基上,衣裙下摆搭于台沿下垂。

(2)倚坐菩萨。菩萨头2011年被锯盗,木桩残露,可见锯痕。金色花垫珠宝项圈,项圈上扎宝缯下垂于胸两侧,再搭于上举的二小臂外侧。着双领下垂式大衣,束带扎下身所着裙之上沿。双手合十于胸前,宽大衣袖从两侧下垂于腿两侧台前。两肩有小发辫,不见来处。衣领、袖口、肩部及裙前摆上有沥粉堆金的宽花边,里裙下摆边缘沥粉堆金而成繁复花边,正面可见处全部绘有璎珞纹坠于裙摆上。依坐,赤足踏于一层台基上。

(3)游戏坐菩萨。束髻,戴高花冠,红色凹点表示白毫,丹凤眼,目光温和前视,小嘴红唇,面部饱满。项圈,其上扎宝缯下垂于胸两侧,左侧缯梢搭于平置的左臂上。右肩正中搭小辫。左腿盘起,右小腿直立赤足踏于二层坛上。双臂前伸,手指交叉抱于右膝下方。两手及右膝处因靠近窟门,被游人抚摸呈红铜色光泽。两手腕戴镯。面部、身部、手镯及衣服皆为金黄色,衣领、袖口及下摆部分沥粉堆金而成宽花边饰。

南壁东侧,上沿正中开一天窗,自东而西,造像情况如下。
(图4-28)

(1)结跏趺坐菩萨。戴花冠(上残),红色凹点表示白毫,双目温和下视,俏鼻小嘴,圆脸。金色花垫珠宝项圈,胸前"人"字纹,项圈上扎宝缯下垂于胸两侧。左肩搭帔帛,着双领下垂式大衣,下身着裙,裙上沿扎于腰间,双手笼袖,相结平置于交足处。面、身、衣皆金黄色,帔帛、领、袖及裙下摆以沥粉堆金而成边饰花纹。头部后有红圈头光,右面壁面自上而下剥落,自其身后至门边墙面保存完整。

(2)倚坐菩萨。头部2011年被盗,可见锯痕。项圈残失,存花垫珠宝。着双领下垂式大衣,项圈上宝缯自两侧下垂,右

图 4-28　云崖寺第 7 窟前壁东侧造像

侧尚在,左侧残失。双手合十于胸前,双腿赤足踏于一层坛的两个六边形小莲台上。衣服正中自腰间有带垂下,身金色,衣袖、领及左肩前摆上有沥粉堆金边饰。前摆正中金花带饰中间为红白相间装饰,下层裙摆现呈黑色,宽大长袖自身两侧下垂搭于台前。

(3)自在坐菩萨。头部 2011 年被盗,见残露木桩上锯痕。金色花垫珠宝项圈,其上所扎宝缯下垂,右侧尚在,左侧已残。胸前"人"字纹,肩搭帔帛。右肩上搭有一截小辫。着双领下垂式大衣,衣上布满沥粉堆金而成花纹及边饰。右腿抬起,赤足踏于第二层坛基上,右小臂肘部置于右膝上,小臂向前左方伸于胸前方,手指全部残失。左腿下垂踏于一层坛上的小六边莲台上。左臂身侧下垂,左手掌拄于二层坛面上。衣纹层层叠叠自二层坛面上搭下,流畅自然。

正壁西侧佛像与西壁之间有造像残件,正中佛像与西侧佛像间有残像三件,似为一菩萨(当为一层坛上菩萨);正中佛像与东侧佛像间亦有残像三件,应为一层坛小方台上侍立菩萨。

正壁中间佛与西侧佛之间的一层坛上小型造像,着双领下垂式佛衣,有白毫相,结跏趺坐,右腿残一角,右手掌心向上平伸于交足处,左臂从腰间前伸,左手断失。像现呈黑色,无座。

东壁佛与其南侧菩萨间二层坛上置一像,头残露木桩,着双领下垂式袈裟,结跏趺坐,右臂前伸身前上举,手断失,左臂下前伸置腿上,掌心斜向上,拇指、食指残,身、衣金色。下为双层仰莲座,衣服下摆搭于莲瓣上下垂。一层坛上结跏趺坐一身小像,头残露木桩,双领下垂,双手合十于胸前,无座。

(二)造像题材

第7窟造像题材主要为五方佛。五方佛又称五佛、五智如来等,有金刚界五佛与胎藏界五佛之别。五佛五智思想是密教金刚乘的根本哲学思想,藏传佛教密宗中以金刚界五佛为核心。金刚界五佛为中央毗卢遮那佛、东方阿閦佛、南方宝生佛、西方阿弥陀佛、北方不空成就佛。据赖鹏举先生研究,莫高窟中唐时期天王堂顶部大日如来与四顶轮王构成"中国已知最早的'五方佛'造像",乃依唐善无畏《佛顶尊胜修瑜伽法轨仪》而造。[①] 山西大同善化寺现存辽金时期五方佛造像,山西大同上华严寺、隰县小西天、北京法源寺皆存明代五方佛造像。各地五佛造像中,除毗卢遮那佛结最上菩提印而居中央外,其余四佛手印不尽相同,与佛典记载也不完全对应,因此很难具体区分。

第7窟正壁大毗卢遮那佛两侧原有两身菩萨,现仅下身残存,如果加上现存的其余十身菩萨,则一共有十二身菩萨像。安岳华严洞石窟中的大窟华严洞,正壁主尊是毗卢遮那

①　赖鹏举:《敦煌石窟造像思想研究》,北京:文物出版社,2009年,第245—246页。

佛与文殊菩萨、普贤菩萨组成的"华严三圣",两侧壁各刻五身菩萨组成"大成菩萨十地",这十地菩萨与正壁的文殊、普贤又合称"十二圆觉菩萨"。

十二圆觉菩萨是密教崇奉的著名菩萨群体。唐代佛陀多罗译《大方广圆觉修多罗了义经》云:十二位菩萨向佛祖请问修行法门,佛为说大乘圆觉清净境界修行法。十二圆觉菩萨依次是:一文殊菩萨、二普贤菩萨、三普眼菩萨(观音菩萨)、四金刚藏菩萨、五弥勒菩萨、六清净慧菩萨、七威德自在菩萨、八辨音菩萨、九净诸业障菩萨、十普觉菩萨、十一圆觉菩萨、十二贤善首菩萨。

将云崖寺第7窟与安岳华严洞比较,可以推测:云崖寺第7窟正壁毗卢遮那佛两侧残存的两身菩萨应就是文殊、普贤,两侧壁及前壁的十身菩萨与文殊、普贤一起构成"十二圆觉菩萨"。除了数量上吻合外,按照造型特征和手中持物情况,云崖寺第7窟的菩萨与"十二圆觉菩萨"也可对应,如右壁主佛右侧菩萨似为金刚藏菩萨,左壁主佛右侧菩萨似为菩眼菩萨,前壁风帽菩萨似为辨音菩萨。

总之,作为云崖寺石窟精华所在且由韩王府支持营修的第6窟、第7窟,以其与安岳华严洞石窟的诸多相似性,反映出两者之间较为密切的关系,这种影响关系是如何超越时间跨度与地域跨度而发生,囿于材料局限难以明确考证。但云崖寺第6窟、第7窟与天水仙人崖石窟明代塑像风格较为接近的事实,[①]以及天水介于安岳与庄浪之间的地理位置,为我们认识安岳石窟对仙人崖石窟的影响问题,提供了比较有益的中间一环。

---

① 董广强:《庄浪云崖寺等石窟的调查简报》,《敦煌研究》2008年第3期,第52页。

如果说"宗教造像是为了宣传宗教的目的而创造的,通过艺术形象表现出宗教的教义,让人民接近、了解乃至信仰它",①则云崖寺石窟并非单纯的石窟开凿,而是云崖寺礼佛场所的延伸,雕凿众多石窟的目的是供养佛像,以备僧俗人等瞻仰礼拜,并为僧众的禅修提供清静庄严的场所。因此,云崖寺与云崖寺石窟是相辅相成的一个有机整体,共同构建了明代中后期六盘山西麓佛教文化中心的形成。

第二节　大　寺　石　窟

一、大寺石窟概况

大寺石窟开凿在大寺峰上,西距云崖寺石窟约 2 公里,现存窟龛 12 个。

第 1 窟,方形平顶窟,敞口,宽 3.66 米,高 3.6 米,进深 3.8 米。三壁前凿出高坛基,造像无存,左右壁壁面上残存云纹,"呈明代风格"。②

第 2 窟,圆拱形浅龛,高 2.68 米,宽 3.04 米,进深 0.6 米。残损严重,龛外崖面上有 13 个拱形桩孔。

第 3 窟,方形平顶窟,敞口,高 3.1 米,宽 3.2 米,进深 2.1 米。正壁凿有通长坛基,高 0.6 米,宽 0.6 米。造像不存,正壁残存壁画痕迹。

第 4 窟,方形平顶窟,敞口,高 3.81 米,宽 4.13 米,进深 4.31 米。正壁凿出通长坛基,高 0.55 米,宽 0.95 米。正壁上现存三身头光、背光,据《庄浪石窟》记载,造像为一佛二菩萨;

---

① 刘慧达:《北魏石窟中的"三佛"》,《考古学报》1958 年第 4 期,第 93 页。

② 程晓钟、杨富学:《庄浪石窟》,第 38 页。

左右两壁上都浮塑了山形、城墙,基本形制与云崖寺第 6 窟相同,有明代风格。①

第 5 窟,方形平顶窟,高 3.2 米,宽 3.66 米,进深 3.25 米。正壁前凿有通长坛基,高 0.95 米,宽 0.8 米。窟内造像不存,墙面岩体裸露,右壁(西壁)上刻有三方题记。第 4 窟与第 5 窟之间长约 13 米崖面上,方形、圆形桩孔密布,原来当有造像或木构建筑。

第 6 窟,圆拱形浅龛,高 4.45 米,宽 4.3 米,进深 0.85 米。龛内石胎泥塑一佛二菩萨,为北周造像。从佛背光及龛楣残存彩绘看,明清时曾加修缮。

第 7 窟,方形平顶窟,敞口,高 5.6 米,宽 6.44 米,进深 5.97 米。凿出高 1.1 米的"凹"形坛基,正壁残存的三身泥塑以及右壁彩绘残迹有密宗风格,似属明清手笔。窟内三壁上各凿出一层通长的肩台,从肩台上现存的约 30 个小莲座看,原来应当塑有千佛。窟外桩孔较多,先前当有木构崖阁建筑。

第 8 窟,长方形平顶窟,敞口,高 3.77 米,宽 9.4 米,进深 4.32 米,造像不存。正壁残存约 2 平方米壁画(图 4-29),主要为佛背光,背光内侧纹带上有一身持剑天王像、半身护法像(图 4-30);背光之间上方壁面彩绘迦陵频伽图像(图 4-31),均为明代作品。从残迹看,壁画可达三层之多。

第 9 窟,方形平顶窟,敞口,高 4.37 米,宽 5 米,进深 8.85 米。三壁前均凿出低坛基,其中正壁坛基上有石雕大型圆台。三壁距地面 3.22 米处又各凿出肩台,可见背光以及造像痕迹。第 8 窟与第 9 窟之间约 50 米崖面上桩孔密集,原来当有造像或崖阁建筑。

第 10 窟,方形平顶窟,敞口,高 2.74 米,宽 2.17 米,进深

---

① 程晓钟、杨富学:《庄浪石窟》,第 38 页。

 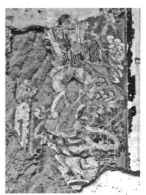

图 4 - 29　大寺石窟第 8 窟正壁残存壁画　**图 4 - 30　大寺石窟第 8 窟持剑天王像**

图 4 - 31　大寺石窟第 8 窟迦陵频伽像

3.26 米。正壁前凿出两层坛基,造像无存。窟外两侧各有一列桩孔,原来当造有窟门。

　　第 11 窟,方形平顶窟,敞口,高 2.53 米,宽 4.1 米,进深 3.28 米。正壁前凿通长坛基,坛基与左右两壁相接处各造出方形低坛基。造像不存,残存壁画模糊不清,窟顶靠近窟门处刻太极图案及忍冬纹图案。

　　第 12 窟,方形平顶窟,敞口,高 2.4 米,进深 3 米。正壁起低坛基,造像无存,窟外见桩孔痕迹。

二、韩王与大寺石窟的关系

　　大寺石窟第 5 窟右壁(西壁)上现存三方刻石题记(图

4-32)。题记一,高 0.22 米,宽 0.16 米,刻字:

　　大明国陕西平凉府/静宁州主山寺住/持寺僧无想/
韩府内臣李/大明嘉靖拾一年

题记二,高 0.31 米,宽 0.29 米,刻字:

　　巩昌卫右所百户黄六/军□见(现)在□□居住/信士
李文得同室人何氏□氏/长男李□□陈氏/同发心舍马一
疋(匹)白艮(银)三/两一劾(钱)化主真□□□/马得山室
人史氏马世盛

题记三,为石匠题名:

　　白水县石匠/杨文孝/王锦

图 4-32　大寺石窟第 5 窟明嘉靖十一年(1532)题记

　　题记一中"韩府内臣李",即是大寺石窟与韩王府关系的
直接证据。韩王支持修凿大寺石窟的具体情形不明,但这则
题记嘉靖十一年(1532)的纪年,比云崖寺石窟第 10 窟韩端王
朱朗锜撰书的《主山云崖寺成碑记》和《云崖刊石撰书碑》刊立

的万历十二年(1584)早了 50 多年。韩端王朱朗锜在《主山云崖寺成碑记》中称，云崖寺及其田地早在洪熙元年(1425)韩王就藩平凉后就已经归于韩府，是一种笼统的说法。关于韩王与庄浪石窟具体关系的确切佐证，在目前所发现的资料中，以大寺石窟第 5 窟中的这则嘉靖十一年(1532)的碑记为最早。当时在位的韩王为韩昭王朱旭櫏，韩昭王是一位性情忠孝、雅嗜诗书、能行德政的贤明藩王。嘉靖元年(1522)彭泽撰文的《重修王母宫碑》中记载了韩昭王对重修泾川县王母宫的支持。据赵时春《塔记》和《东塔寺记》记载，①韩昭王的王妃温氏为给已故的韩昭王祈福，曾于嘉靖二十五年(1546)在平凉府城东郊建成七层琉璃塔(东塔)及东塔寺。大寺石窟第 5 窟的题记又十分确凿地说明了韩昭王对开凿大寺石窟的支持。显然，韩昭王是一位对佛教、道教都比较倾心的宗藩。"韩府内臣"李某，应该是在韩昭王支持修凿大寺石窟时具体负责督修的韩王府代表。

韩王家族对大寺石窟修凿的重视，也带动了周边官绅民众的助缘热潮。甚至连远离庄浪的巩昌府的信众也前来供养。题记二中巩昌卫右所百户等军民人等的布施，只是当时施财助修大寺石窟的众多信士中留下记录的。

由云崖寺石窟中已经可以明确判定为明代的洞窟可以发现，明代云崖寺一带的洞窟形制绝大多数为平面方形或正方形平顶窟。窟内正壁或三壁前凿出坛基，有时还在窟壁上凿出肩台，然后在坛基和肩台上再行造像。从洞窟形制及窟内残存的造像、壁画痕迹分析，大寺石窟第 1、4、7、8、9、10、11 窟也应当为明代开凿。大寺石窟深处关山腹地，而且这些洞窟的规制都比较大，如果没有财力雄厚、地位尊崇的重要人物支

---

① 　(明)赵时春：《赵浚谷文集》卷六，第 333—334 页。

持,要想在远离城邑的石质山体上开凿出诸多石窟,是难以想象的。第 5 窟的题记已经涉及韩府,大寺石窟其他明代窟的修凿也应当与韩王府有非常密切的关系。而且,第 5 窟的开凿还要早于万历十二年竣工的云崖寺的营建,足见明代嘉靖年间大寺石窟以及主山寺佛教的兴盛。关于题记三中"白水县石匠杨文孝、王锦"题名,明朝的白水县属于西安府同州管辖,①白水县石匠跋涉近千里到陇山西麓的庄浪县开凿石窟,从另一个侧面说明了明代中期以云崖寺石窟为中心的庄浪石窟群的大发展。

第三节　西　寺　石　窟

一、西寺石窟概况

西寺石窟西距云崖寺石窟约 2 公里,所在主峰与大寺峰南北相峙,北望可见大寺石窟。现存七个窟龛。

第 1 窟,方形平顶窟,敞口,宽 2.56 米,高 2.51 米,进深 2.45 米。正壁前凿出三层坛基,最低层坛基两端又凿出两个小方台。窟内造像残片随处散落,左壁残存两层壁画,模糊不能辨。

第 2 窟,风化剥蚀严重,现仅见桩孔痕迹。第 2 窟与第 3 窟之间的崖壁上有一碑龛,内藏《万古题名碑》。

第 3 窟,长方形平顶窟,敞口,宽 9.7 米,高 3.76 米,进深 2.41 米。正壁砌通长坛基,高 0.8 米,深 1.4 米,右端塌毁,台基上现存泥塑彩绘须弥座三个。须弥座宽 1.46 米,高约 0.6 米,深 1.12 米。须弥座之台层三面及转角面绘花草纹。3 个

---

① （清）张廷玉等:《明史》卷四二《地理志三·陕西》,第 997 页。

残存须弥座之间残存长方形台座,宽 0.57 米,长 0.7 米,厚 0.1 米,其上原来应塑立胁侍菩萨。须弥座及台基下、地面上散堆造像残片及剥落壁面。须弥座每层两端贴的模制龙纹牌饰多存,与云崖寺第 6、7 窟一致。台基北端现存一残片上,蓝色底子上沥粉堆金而成龙纹,现可见龙身部分。窟外的崖阁建筑已毁,现仅见桩孔。

　　第 4 窟,方形平顶窟,敞口,宽 3.47 米,高 3.55 米,进深 4.1 米。窟内凿出"凹"形坛基。正壁坛基略高于两侧壁坛基,坛基上残存泥塑须弥座,显示原来有三尊造像。坛基及地面上造像残片随处散落。

　　第 5 窟,长方形平顶窟,敞口,宽 1.76 米,高 2.3 米,进深 1.4 米。正壁凿出坛基,高 0.52 米,宽 0.46 米,有造像残迹。

　　第 6 窟,利用天然崖坎补修而成,已残,有桩孔及烟熏残迹,或为僧人、工匠住所。[①]

　　第 7 窟,长方形平顶窟,敞口,宽 1.71 米,高 2.1 米,进深 1.08 米。正壁凿出两层坛基,造像无存。

二、西寺石窟与韩王的关系

　　第 3 窟往南约 4 米处崖面上凿一长方形碑龛,宽 0.67 米,高 1.02 米,深 0.5 米。内存一方石碑(图 4 – 33),碑宽 0.62 米,高 0.91 米,厚 0.11 米,上沿正中有"万古题名"四字。石碑为砂砾岩材质,剥泐严重,现录残存碑文如下:

　　　　　　└────────┘月└────────┘

　　　山西寺立碑

　　　承奉司承奉　　红崖西院僧人如山如意如春

　　　功德主□廷用李进明□□敬马朝山杨守纪马朝进胡

───────────

①　程晓钟、杨富学:《庄浪石窟》,第 45 页。

朝奉□逢

郑廷甫刘武赵□　　　　　　　　廷忠李□得邹文义刑廷章
李世英

助缘　　陈严□□进陈　　　　　　　　　马良王
廷瑞蒙五李登科

王大□王大□王　　　　　　　　沃续蒙四赵时根
李忠李守纪

杨城田经刘朝□赵□马　　　　　　　　王泽权
读王永纪王永进

到□应僧人　　　　　　　　　　　　王
应忠郝守其赵万库

平凉府□□□楫韩九卿马　　　　　　　山
　　　　　　孝王宗义陈得海

邹得福明祥杨　　　　　　　　　
雷保许朝阳消奉

万理□从□□廷甫　　　　　　　　泽辛朝
奉李汝受李文义

　　　　　　李应其　　　　　　　寡
妇郭寡妇李寡妇赵氏

　　　　　　　　　春性觉郑宅曹
氏吴氏

　　　　　　　　　王宅王氏蒙氏
马宅催氏郑氏

□　唐　　　　　　　　　　　明
　　　　　　明鉴真登真荣如智

通遍寨　　　　　　　　宅韩宅彭宅
马宅李宅蔺□王

氏惠氏李氏付氏

韩沟寺住持 [_____] 正王真杲

王 [_____]

[____]

明来号西 　徒真 [_____] 孙 [_____] 如山

如意重孙 [_____]

　　　　　 [_____] 应钟冀英生 □ 叶上胸碑记

　　　　 [_____] 白孝李进禄赵 [____]

韩书僧人真 □ 号 □ 晖石匠孙奉先高 [____]

图 4‑33　西寺石窟《万古题名碑》

　　《万古题名碑》纪年不明，碑文绝大部分为功德主题名，稍有涉及开窟造像的内容也漫漶不能成句。《庄浪石窟》一书中对此碑虽未录文，但程晓钟、杨富学两位先生敏锐地指出，碑末"石匠孙奉先"题目与万历十二年《主山云崖寺成碑记》中的石匠孙奉先为同一人，进而认为西寺石窟始凿于明代万历年间。① 这一见解是精准而重要的,但是《万古题名碑》中还有两处非常重要的记载。

其一,碑中记载有"承奉司承奉"。据《明太祖实录》记载,洪武三年,朱元璋首次分封诸子为亲王,"置王府承奉司,设承奉一人、承奉副二人"。② 洪武二十八年九月复定王府承奉等官职:"亲王府承奉司,掌王府诸事,凡事则呈长史司并护卫指挥使司行之,与内官衙门不相统摄。设承奉正,秩正六品;承奉副,秩从六品。"③自此,明代亲王府下设立承奉司遂成为制度。承奉司成为明代亲王府中设立的重要职能机构,颇具职权,首领为承奉(正)、承奉副。云崖寺一带是韩府官地,《万古题名碑》中所记"承奉寺承奉"为韩王府属官无疑。

其二,碑文起首提到了"红崖西院僧人如山、如意、如春",碑末也出现了"如山、如意"的名字。《主山云崖寺成碑记》中也有"红崖寺住持释子如山"题名。但两碑中对如山的称呼不同,前者记为"红崖西院僧人",后者记为"红崖寺住持释子"。也即是说,《万古题名碑》刻立时如山只是红崖寺西院的一个僧人;而万历十二年(1584)云崖寺营建竣工时,如山已然成为红崖寺住持。显然,《万古题名碑》的创立时间要早于万历十二年(1584)。韩端王于隆庆三年(1569)至万历三十四年(1606)在位,支持开凿西寺石窟的正是韩端王朱朗锜。

此外,从"红崖西院僧人如山"的名字在西寺石窟《万古题名碑》上的位置看,如山是作为立碑人的身份出现的。那么,位于红崖寺西南方位的西寺,在当时显然是红崖寺的西院,而红崖寺本院的规模似乎已经发展得很大。由此可以推断,红崖寺石窟的开凿应该要早于西寺石窟。

---

① 程晓钟、杨富学:《庄浪石窟》,第 25、44 页。
② 《明太祖实录》卷五六,洪武三年九月庚子条,第 1901—1902 页。
③ 《明太祖实录》卷二四一,洪武二十八年九月,第 3513 页。

第四节　红崖寺石窟

红崖寺石窟,位于云崖寺东南约5公里处高崖上,洞窟分布比较集中,现存窟龛14个。

第1窟,长方形平顶窟,敞口,高2.23米,宽5.16米,进深2.23米,窟顶前部及两侧壁残塌严重。造像无存,左壁及正壁残存两层壁画。正壁可见头光及桃形大背光,背光左侧下层壁画见墨线勾绘人物。左壁下层壁画可辨有墨线勾绘立于云中人物三身以及天王、风火轮。以上壁画应该都是明代绘制。

第2窟,俗称文王百子洞,方形平顶窟,敞口,宽4.5米,高约4米,进深5.5米。正壁凿高坛基,上塑佛像,高浮雕背光。左右两壁上分别凿出四层坛台,台外沿均做成屋檐式,台上塑小型神像。窟顶绘太极图案。

第3窟,方形平顶窟,敞口,宽5米,高4.76米,进深9.3米。窟内砌筑"凹"形高坛基,三壁上部又分别凿出通长小坛台。正壁坛基上有砌筑须弥座残存,三壁上均有规则分布的桩孔,造像残片随处散落。

第4窟,在第3窟左上方,高不可攀。据观察,为方形平顶窟,敞口,宽约4.5米,高约3.5米,进深约4米。[①]

第5窟,方形平顶窟,敞口,宽5.13米,高4.3米,进深5.2米。正壁凿出通长坛基,有三尊造像痕迹。三壁上部分别凿出坛台,进深0.9米,距窟顶0.45米,原来都曾塑置小型造像。

---

① 董广强:《庄浪云崖寺等石窟的调查简报》,《敦煌研究》2008年第3期,第50页。

第6窟,方形平顶窟,敞口,宽 2.5 米,高 2.21 米,进深 3.3 米。正壁前凿出两层高坛基,第一层坛基高 0.61 米,第二层坛基高 1.03 米。从遗存造像残件看,原塑像坐第二层坛基,脚踏第一层坛基。窟顶有太极图案。

第7窟,长方形平顶窟,敞口,宽 3.85 米,高 2.45 米,进深 1.7 米。正壁上见桩孔,原来当有三尊造像。

第8窟,方形平顶窟,敞口,宽 2.66 米,高 2.2 米,进深 1.75 米。正壁凿出两层高坛基,第一层坛基高 0.45 米,第二层高 0.51 米。第一层坛基两端与两侧壁相接处,又向前凿出宽 0.35 米的方形低台。窟内岩壁裸露,造像无存。

第9窟,方形浅龛,宽 2.8 米,高 2.2 米,进深 0.68 米。正壁有桩孔。

第10窟,长方形浅龛,残损严重,宽 6.5 米,高 3.28 米,进深约 0.5 米。

第11窟,长方形平顶窟,敞口,宽 3.3 米,高 2.92 米,进深 4.9 米。正壁前凿出低坛基,坛基上残存砌筑须弥座三个。两侧壁前凿出两层坛基,倚坐十六罗汉。两侧壁上部又凿出通长坛台,原来亦有塑像。

第12窟,长方形平顶窟,敞口,宽 5.4 米,高 4.7 米,进深 11.3 米。正壁前凿一方形坛基,长 2.1 米,宽 2.03 米,高 0.53 米,上砌筑残高约 0.8 米须弥座。三壁上开凿出八层通长小坛台,坛台厚 0.15 米,间距约 0.4 米。从残迹看,坛台上依次悬塑宽约 0.17 米的小莲座(图 4-34),莲座上再塑置坐佛。坛台上佛像原有一千多尊,该窟是名副其实的千佛窟。

第13窟,长方形平顶窟,敞口,宽 2.9 米,高 2.06 米,进深 4.22 米。此窟形制比较特别,三壁前凿出"凹"形高坛基,正壁前坛基分为两层,第一层坛基两端又凿出长方形低台。三壁上部分别凿出通长坛台。从背光及桩孔痕迹看,正壁原

图4-34　红崖寺第12窟西壁局部图

有3尊造像,侧壁上下两层坛上分别有13尊和11尊造像。窟顶彩绘八卦太极图(图4-35)。

图4-35　红崖寺第13窟窟顶八卦太极图

　　第14窟,长方形平顶窟,敞口,宽2.43米,高2.73米,进深3.96米。正壁前凿两层坛基。

　　红崖寺石窟基本都为敞口的平面方形或者长方形平顶窟,窟内凿出"凹"形坛基,三壁或两侧壁上部再凿出坛台以塑置小型造像;或者正壁凿出两层坛基,两侧壁无坛基、坛台。

这两种形制的洞窟在云崖寺石窟明代洞窟、大寺石窟、西寺石窟中都能见到。从窟内残存须弥座、莲座、壁画的风格看,与以上三处石窟中明代的同类部件都很一致。因此,红崖寺石窟开凿于明代是毫无疑问的。《庄浪石窟》中将红崖寺石窟中判定为明代开凿的是第 1、3、5 窟,其余洞窟未有明确断代。董广强先生在《庄浪云崖寺等石窟的调查简报》中通过洞窟形制的类比,认为红崖寺内绝大部分洞窟应都是明代开凿。①前文已经论及,西寺石窟开凿时西寺是红崖寺的附院,红崖寺的形成要早于西寺,而西寺石窟的开凿又早于万历十二年(1584)完工的云崖寺大修。目前所见资料中,韩王家族参与庄浪石窟开凿的时间证据,以大寺石窟第 5 窟中遗存的嘉靖十一年(1532)题记为最早。因此可以认为,红崖寺石窟的开凿应该在嘉靖十一年到万历初年之间。

　　需要注意的是,红崖寺洞窟与云崖寺、大寺、西寺明代诸窟的区别主要有两个方面。其一,红崖寺洞窟的形制普遍较大,宽或进深在 5 米以上的洞窟有 7 个之多,特别是塑奉千佛的第 12 窟,宽 5.4 米,进深 11.3 米,高 4.7 米,总面积达 60 平方米,是整个庄浪石窟群中规制最大的洞窟。其二,红崖寺石窟的形制更为复杂,三壁或两侧壁上凿出坛台的情况比较常见,而且坛层增多;正壁坛基也被凿为两层或三层,其中有的第一层坛基两端与两侧壁相接处还凿出较低的方形小台。红崖寺石窟在大寺石窟的基础上又进一步发展,窟形更大,形制更复杂。但到西寺石窟开凿时,因是红崖寺附院,洞窟形制相对而言变得小而简单。

　　红崖寺石窟深处关山腹地,是云崖寺石窟群中距离进山

① 程晓钟、杨富学:《庄浪石窟》,第 41—42 页;董广强:《庄浪云崖寺等石窟的调查简报》,《敦煌研究》2008 年第 3 期,第 52 页。

峡口最远的一处石窟，又开凿在很高的山崖上，攀登极为不易。在如此绝地大规模开凿形制普遍很大的石窟寺，是极其艰难的工程。大寺石窟的全面开凿正是因为得到了平凉韩王的鼎力支持。再者，据乾隆《静宁州志》记载："主山，在州东南一百五十里……隆庆间，居民争利，呈进韩藩。"①可见，红崖寺一带在隆庆年间(1567—1572)确已经成为韩府官地。目前虽无有效资料证明韩王家族与红崖寺石窟的关系，但是我们有理由认为，正是由于素来重视云崖寺石窟群营建的韩王家族的扶植，红崖寺石窟才得以开创，并且修造了整个石窟群中规制最大的洞窟。

红崖寺第3窟外现存清嘉庆四年(1799)《华亭县主山红崖寺重葺功成碑记》碑，记载红崖寺形胜、周围寺院分布以及始于乾隆三十五年(1770)的红崖寺修葺之事。碑中对当时红崖寺的情况有所反映：

> 是山也，上有三清九皇之宫殿，中开千佛竺天之古洞。奇岭三出，绿树蔽日。中建韦陀之亭，列禅于两边，西立磨针之庙，东□□□之□。□□□旧志。盖万古之圣山也。乃代远年旧，殿洞凋零。②

从此碑记载来推测，明代红崖寺石窟的发展，出现了佛、道融合的情形。"三清"指道教信奉的居于三清天、三清境之三位最高尊神——玉清元始天尊、上清灵宝天尊、太清道德天尊。关于"九皇"，道教文献中有三种说法，其一，《道门定制》卷二谓道教供奉的最高神三清与六御为九皇；其二，《太平经》等认为"天有三皇，地有三皇，人有三皇"；《上清河图内玄经》

---

① （清）王烜纂修：《静宁州志》卷一《疆域志·山川》，载凤凰出版社选编《中国地方志集成·甘肃府县志辑》第17册，第41页。

② 程晓钟、杨富学：《庄浪石窟》，第69页。

又以天上的北斗九星为"九皇君"。红崖寺这两处"三清九皇之宫殿"显然是塑奉道教尊神的洞窟。

第五节　韩王开凿庄浪石窟的影响

从现存的可靠资料出发,大寺石窟第 5 窟右壁题记说明,最迟从嘉靖十一年(1532)开始,平凉韩王便开始在庄浪境内支持开凿石窟,当时在位的是韩昭王朱旭櫏。隆庆年间(1567—1572),云崖寺一带居民争利,将其地进献给平凉韩王。[①] 在此前后,韩定王朱融燧或者好佛的韩端王朱朗锜,开始大规模开凿红崖寺石窟和西寺石窟,对云崖寺的营建也已经开始。韩王家族支持开凿的大寺石窟、红崖寺石窟以及西寺石窟,使得云崖寺石窟群又往东延伸了 5 公里,发展到了关山腹地的高崖绝壁。万历八年(1580)至万历十二年(1584),韩端王又支持开凿了云崖寺第 10 窟,继续修凿并完成了第 6 窟和第 7 窟,重建了千佛窟、七佛窟、日月菩萨窟、弥陀殿、观世音殿以及大佛殿、伽蓝殿、祖师殿。

《主山云崖寺成碑记》中还反映了当时云崖寺周围的其他五所寺院,包括朝阳寺、主山寺、耿家寺、红崖寺、到回庵。碑阴的五行铭文,是钦赐韩府官地的四至,是朝廷对韩王府已经占有云崖寺一带的既成事实的认可,也是韩府借以对所占地主权的声明。韩府官地四至,以云崖寺为中心,东距朝阳寺约 20 里,南离关山约 10 里,西至峡口约 6 里,因山寨干柴凹地名已经不存在,北至的距离不明。在由此划定的范围内,存在着竹林寺、金瓦寺、云崖寺、木匠崖、西寺、红崖寺、大寺、殿湾、店峡、朝阳寺等至少 10 处石窟。庄浪石窟中明代开凿的洞窟,

---

① 　(清)王烜纂修:《静宁州志》卷一《疆域志·山川》,第 41 页。

多为供僧人礼佛、禅修之用,石窟周围相应建有完备的殿宇,使得整个建筑群构成了一个完整的寺院。因此,平凉韩王支持营修庄浪石窟,在石窟修凿的同时,还全面营修了各个寺院的佛殿,为僧人礼佛、禅修创造了完善的场所保障,形成了以云崖寺为中心的寺院群落,推动了整个陇山地区佛教的发展和临济宗在陇山一带的传播。云崖寺因此成为以"有古仙人迹"而著称的名胜,每年四月八日佛诞节,周边信众都来大规模朝山奉祀,"鼓乐礼佛"。[①] 而韩王府对这一片寺宇、石窟集中之地的青睐,反映了平凉韩王家族对佛教的笃信以及祈愿佛法能够护佑国运巩固的目的。

同时需要注意的是,道教文化元素在云崖寺石窟群的明代洞窟中一直存在,大寺石窟、红崖寺石窟的一些洞窟中还雕塑了道教或民间信仰的尊神。乾隆《静宁州志》记载:"主山,在州东南一百五十里……上有元武殿、宝莲洞、千佛阁、大雄殿、睡佛寺、准提庵、文昌宫、观音阁并东西长住等处。"[②]嘉庆四年《华亭县主山红崖寺重茸功成碑记》中称红崖寺"有三清九皇之宫殿"。因此,云崖寺石窟群虽然是佛教信仰的产物,以弘扬佛法为主,但同时也表现出了与道教、儒教以及民间信仰合流的特点。

众所周知,中国石窟寺大量开凿于北魏至唐代这一历史时期,唐以后各朝代如辽、宋、西夏、金、元时期,虽有石窟的修建,往往多是在原有石窟的基础上重塑或补绘,或打破关系重新布局,新开石窟比较少。僻居陇山之阴的庄浪县,却在明代出现了大规模开窟造像的风潮,对明代庄浪石窟的了解和研究,将有助于我们对明代佛教发展历史的理解,补充中国石窟

---

① （清）黄廷钰修,吴之珽撰:《静宁州志》卷四《风土志·风俗》。
② （清）王炬纂修:《静宁州志》卷一《疆域志·山川》,第41页。

寺艺术史上明代材料之不足。

庄浪石窟群明代洞窟中,最具特色的凿造方法是在石窟三壁或左右两壁凿出坛台,然后悬塑小莲座(或者直接在壁上凿出小莲座),莲座上再塑置小型造像。在两侧壁凿出小坛台塑像的形式,最早可以追溯到北朝早期。麦积山石窟的北魏早中期洞窟中,普遍造有这种小坛台,如第159窟、第163窟、第93窟等。但自北魏晚期开始,这种做法便逐渐消失。明代庄浪石窟中出现这种造作形式,难寻其来源。① 但是,在窟壁上悬空凿出小莲座,莲座上再造小型造像的做法,见于金代陕北石窟中。陕西富县石泓寺石窟第2窟佛坛四角的方柱上,分层悬空凿出千佛造像,佛结跏趺坐于小莲座上。窟中皇统元年(1141)等题记,确切证明了该窟完成于金代前期。② 陕西合阳县凿成于金贞元二年(1154)的梁山千佛洞,正壁前有两方立柱,四壁及立柱上高浮雕雕刻千佛结跏趺坐于莲花座上。③ 大寺石窟第5窟明嘉靖十一年(1532)题记中出现了"白水县石匠杨文孝、王锦"题名,明代大寺、西寺、红崖寺以及云崖寺明代洞窟的修凿,或在一定程度上受到了陕北石窟的影响。此外,保存完整又最能代表明代庄浪石窟艺术的云崖寺石窟第6、第7两窟,其造像风格与天水仙人崖明代石窟的造像风格比较接近,而就其洞窟形制与造像题材而言,又明显反映出与四川安岳石窟的密切关系。

---

① 董广强:《庄浪云崖寺等石窟的调查简报》,《敦煌研究》2008年第3期,第53—54页。

② 参见李淞《陕西古代佛教美术》,西安:陕西人民教育出版社,2000年,第208—210页。

③ 李翎:《陕西合阳金代梁山千佛洞调查简报》,载氏著《佛教与图像论稿续编》,北京:文物出版社,2013年,第241—249页。

第五章　韩王与明代仙人崖石窟的发展

　　仙人崖石窟,位于甘肃天水市麦积区朱家后川村,在麦积山石窟东北方向,相距约 15 公里。仙人崖石窟主要由西崖、南崖、东崖、宝盖山和献珠峰五部分组成,从南崖千佛岩上最早的造像遗存看,石窟的开凿不会晚于北魏孝文帝景明前后,即公元 500 年左右。[①]乾隆《直隶秦州新志》中有唐代时仙人崖建寺立庙的记载。[②]此后历经宋元而至明清时期,仙人崖的营建臻于兴盛。仙人崖的殿宇及造像涉及儒释道三教,现存明、清时期殿宇 27 座,北魏、宋、明、清各代塑像 197 尊,壁画约 84 平方米,明代铜佛像 5 尊,是甘肃东南部一处重要的石窟寺群和古建筑群。

第一节　明代仙人崖石窟的营建

　　从仙人崖西崖大雄宝殿现存明隆庆四年(1570)《钦赐韩府官地碑》看,仙人崖石窟最迟从明代中期开始被划入韩王

---

① 参见董玉祥《仙人崖石窟(上)》,《敦煌研究》2003 年第 6 期,第 33 页。

② 乾隆《直隶秦州新志》:"仙人山……有灵应寺,唐所修者。"[(清)费廷珍:《直隶秦州新志》卷二《山川·秦州山水》,台北:成文出版社有限公司,1976 年,第 169 页]

官地。

仙人崖石窟各组成部分中,西崖面积最大,自左而右,依次坐落有三官殿、三教祠、喇嘛楼、地藏菩萨殿、财神殿、老君殿、观音殿、华严殿、灵应寺、毗卢殿。其中,塑奉泗州大圣像的喇嘛楼为宋代所建造;老君殿和观音殿,清代始建。

三官殿,是一座依山而建的土木结构悬山顶式建筑,单开间,人字批顶,平面方形。殿高 3.45 米,面阔 3.55 米,进深 3.65 米。正壁砌筑坛基,高 0.7 米,上塑天、地、水三官,三官像高约 1.56 米,皆为倚坐,头戴通天冠,手持笏板。正壁坛基下左右两端各塑立一身书官。左右两壁各彩绘两尊护法神像。此殿始建于明代,是一座纯道教题材的殿宇,据殿内两方顺治七年、道光十四年的墨书题记可知,清代至少曾两次修缮。

三教祠,或称三老殿,三间四柱式殿堂,人字披顶,平面横长方形。殿高 3.7 米,面阔 5.8 米,进深 3.15 米。正壁砌筑坛基,高 0.7 米,进深 1.3 米,坛基上塑释迦、老子、孔子像。释迦像居中,通高 2.45 米,波浪式发髻,着坦胸袈裟,游戏坐于山形台座上。两侧老子、孔子像通高约 1.77 米,皆宽袍长袖,长须垂胸。坛基左右两侧塑结跏趺坐的禅宗初祖达摩、六祖慧能像,均高 1.4 米。右壁内侧彩绘以释迦涅槃、孔子讲学为主题的壁画。左壁内侧绘老子、孔子传道及释迦说法图。三教祠始建于明代,殿顶梁柱上有清顺治五年(1648)重建时墨书题记。

地藏菩萨殿,单间悬山顶式殿堂,平面近方形,人字披顶。殿高 6.15 米,面阔 4.03 米,进深 5.6 米。殿内三壁前砌筑坛基。正壁坛基正中置铜铸地藏菩萨像,两侧塑立闵公及其子道明像。两侧壁坛基上各有 5 尊塑像,均高 1.5 米,总为十殿阎王。左、右两侧壁壁面上各有两层悬塑,上层各塑 5 尊佛像,均高 1 米,总为十方诸佛;下层各塑 5 尊菩萨像,均高 1

米,总为十方诸菩萨。此殿始建于明代,窟门内左上方有道光十四年(1888)墨书碑记,记仙人崖僧人重修三官殿、三教祠和地藏菩萨殿之事,反映了当时对儒释道三教的兼信。

财神殿,殿高 4.7 米,面阔 7.7 米,进深 5.2 米。殿内正壁砌筑坛基,高 0.8 米,进深 1.3 米。坛基正中塑关帝像,高约 2 米,身后彩绘背屏。关帝左侧塑土地神,高约 2 米,左手握鼠;右侧塑药王孙思邈,高约 2 米,英俊少年形象。左右两侧壁现存明代彩绘的供养人两身。此殿始建于明代,清代重修。

华严殿,二柱三间式殿堂,平面横长方形,殿高 5.2 米,面阔 7.15 米,进深 4 米。正壁砌筑坛基,高 0.58 米,进深 1.06 米。坛基正中塑佛像一尊,通高 2.12 米,旋涡纹低平肉髻,游戏坐于山行台座上。佛像两侧塑立男、女供养人各一身,高约 1.7 米。坛基左侧塑文殊菩萨,善跏趺坐于伏卧的青狮碑上;右侧塑普贤菩萨,善跏趺坐于伏卧的白象背上,两尊菩萨像均高 1.95 米。殿内左右两侧壁塑有禅定六祖像,[1]均高 1.1 米。此殿始建于明代。

大雄宝殿,又称灵应寺,三间四柱式殿堂,平面横长方形,殿高 7 米,面阔 11.6 米,进深 5.38 米,在西崖殿宇中规模最大。正壁砌筑坛基,高 0.8 米,进深 1.6 米。坛基上塑三佛,正中为释迦牟尼佛,左右两侧分别为药师佛、阿弥陀佛。释迦

---

[1]　据董玉祥先生《仙人崖石窟(上)》一文,左壁三尊像自内而外有墨书题名"达摩大师""邱恭大师""弘忍大师",右壁三尊像题名后人重修时被白灰覆盖。"禅宗六祖"为初祖达摩、二祖慧可、三祖僧璨、四祖道信、五祖弘忍、六祖慧能。笔者以为:分列两侧的六尊塑像,由内向外其位次应当是左一、右一、左二、右二、左三、右三;现存墨书题名左一达摩、左三弘忍正好符合其位次,由此推断右壁三尊像由内而外依次应为慧可、道信、惠能,如此正合"禅宗六祖"。但是左二题名为"邱恭大师"而非"僧璨大师",暂存疑。

佛像通高 3.87 米,螺纹高肉髻,上着袒右袈裟,作密宗光聚佛顶手印(双手合于胸前,拇指、食指上竖,其余三指内握)。释迦像后高浮塑头光、背光,正上方塑迦楼罗。药师佛,通高 3.65 米,上着双领下垂式袈裟,半跏趺坐于仰莲台上,结禅定印。阿弥陀佛,通高 3.57 米,上着半披式袈裟,半跏趺坐于仰莲台上,右手举起作说法印,左手抚膝。三佛之间塑文殊菩萨、普贤菩萨、日光菩萨与观世音菩萨,均高约 2.15 米。文殊、普贤菩萨在释迦佛两侧,高髻宝冠,上身着僧祇支,下着翻边长裙,分别立于青狮、白象背上。两侧坛基下面两侧各塑立一护法天王像,高 2.1 米。殿内左右两壁上方绘二十四诸天,下方绘十八罗汉,乃清末重绘。殿外柱廊两侧墙壁上镶嵌明代石碑两方,左侧《大明敕赐灵应寺记》,右侧《钦赐韩府官地碑》。大雄宝殿始建于明代,清代重修,是仙人崖西崖规模最大的殿宇,也是西崖建筑群的中心所在。

毗卢殿,悬山顶式木构建筑,人字披顶,平面横长方形,殿高 6.31 米,面阔 9.15 米,进深 5.5 米。殿内正壁砌筑坛基,高 0.55 米,进深 1.35 米,坛基间竖列四柱,使正壁呈三间四柱式。正壁三间内塑三身佛,正中主尊为毗卢遮那佛(法身佛),通高 2.7 米,戴五佛冠,内着僧祇支,外披袈裟,半跏趺坐于仰覆莲式双层莲台上,双手合十于胸前。左侧卢舍那佛(报身佛),通高 2.62 米,螺发高肉髻,结禅定印,结跏趺坐于双层仰莲式束腰须弥座上。右侧释迦牟尼佛,通高 2.63 米,面相衣式与卢舍那佛相同,左手抚膝,右手上举胸前作说法印。三身佛两侧塑立二菩萨像,通高 2.5 米,高髻宝冠,衣饰繁缛华丽。坛基下方左右两侧方台上塑立迦叶、阿难像,生动形象。殿内左右两壁上绘山林,下绘海水,正中彩绘二十四天(左右壁各 12 身),足踏祥云,各个造型不一,特征鲜明,线条流畅,着色合宜,有很高的艺术水准。此殿始建于明代,清代重修。

第二节　韩王与仙人崖石窟的关系

大雄宝殿柱廊两侧嵌立的两方明代石碑,反映了明代初期及中后期仙人崖石窟的发展情况,①特别是《钦赐韩府官地碑》,是目前所发现的能够确切说明平凉韩王与仙人崖石窟之间关系的有力证据。《大明敕赐灵应寺记》碑(图5-1),通高1.6米,额高0.46米,宽0.84米。现录《大明敕赐灵应寺记》碑文如下:

大明敕赐灵应寺记

皇帝敕谕巩昌地面大小官员、军民、诸邑人等。朕惟佛氏之兴,其来已远,西土之人,久事崇信。其教以空寂为宗,以普度为心,化导善类,觉悟群迷,功德之著,无间幽显。有能尊崇其教,以导引夫一方之人,去其昏迷,向慕善道,强不至凌弱,大不至虐小,息争斗之风,无侵夺之患,上下各安其分,长幼各逐其生,同归于仁寿之中,同安于泰和之世,上足以阴翊皇度,下足以劝善化俗,兴隆佛法,一切之人,咸臻静乐。功德所及,岂不远哉!

今以秦州仙人岩华严寺,赐寺名曰灵应。所在官员、军民、诸邑人等,务要各起信心,尊崇其教,听从本寺僧人尕立什加等,自在修行,并不许侮慢欺凌。其常住一应寺宇、田地、山场、园林、财产、孳畜之类,诸人不许侵占骚扰。庶俾佛教兴隆,法门弘振,而一方之人亦得以安生乐业,进修善道。若有不遵朕命,不效三宝,故意生事侮慢欺凌,以沮其教者,必罚无赦,故谕。

---

① 董玉祥先生《仙人崖石窟(上)》一文中,对大雄宝殿柱廊两侧的《大明敕赐灵应寺记》和《钦赐韩府官地碑》皆有录文,但有几处脱漏舛误,本书对此二碑重新录文。

永乐十四年五月初三日。

图 5-1　明永乐十四年《大明
敕赐灵应寺记》

这段碑文的内容可分为前后两部分,前半部分宣示佛教信仰的基本特点以及对一方社会风化的教益;后半部分是明成祖朱棣的敕令,将华严寺赐名灵应寺,并命当地官员、百姓尊崇佛教,不得干扰灵应寺僧人修行,严禁侵占田地、山场、园林、孳畜等一应寺产。此外,还表达了佛教兴隆对一方民众安居乐业、进修善道的益处。永乐年间,明成祖为很多寺院颁布了保护寺产、维护佛教发展的敕谕,很多内容都有相似之处,只是敕谕地方及所要保护寺院不同。例如,永乐十四年(1416)明成祖敕谕保护崆峒山佛教的《敕谕护寺碑》;[①]永乐十三年(1415)明成祖为临洮宝塔寺颁布护寺敕令,"宣谕临洮地面所在官司大小官员、军民、诸色人等,务要尊崇其教,不许侮慢欺凌等";[②]临洮北城广福寺有宣德三年(1428)所颁护敕,西城亦有明正统元年(1436)《安积寺护寺敕碑》等,[③]都

① 砂岩质,通高252厘米,宽96厘米,厚31厘米。此碑两面刻文,《永乐敕碑》为正面碑文,碑阴为明天顺五年题名。碑两面皆大面积剥蚀漫漶,故碑文残缺不全。正面碑首刻双龙戏珠及祥云图案,正中为高34厘米、宽23厘米的圭形碑额,但字迹不辨。碑现存崆峒山东台关帝庙前。
② 张维:《陇右金石录·校补》,第16页。
③ 同上书,第14—15页。

属上述此类情况。值得注意的是，"今以秦州仙人岩华严寺，赐寺名曰灵应"，说明元代云崖寺宗教有长足发展，是秦州一处非常重要的寺院，以致于到了明初时，引起了朝廷的重视，因此才有明成祖敕赐寺名为"灵应"之事。

《大明敕赐灵应寺记》碑额上阳刻兰札体梵字"ॐ मणि पद्मे हूँ"，即"唵嘛呢叭咪吽"六字真言。兰札体梵文自元代开始才从西藏传入内地。可见，仙人崖藏传佛教经有元一代的发展，明代依然占据着重要地位。

元代以来，藏传佛教在西北地区广泛流行。仙人崖南崖有始建于明代而现代重建的三圣殿及十一面观音殿，三圣殿右侧崖壁下的浅龛内，即存有元代密宗题材的三世佛彩绘。《大明敕赐灵应寺记》中提到的"本寺僧人尕立什加"，应当就是信奉藏传佛教、主持灵应寺的藏僧，而当时的灵应寺也应当是一所藏传佛教寺院，明代初期秦州的藏传佛教仍在继续发展。明成祖的这道敕谕，承认并保护了仙人崖佛教自元代以来的发展模式以及寺院经济，为仙人崖佛教的继续发展并臻于繁荣提供了官方保障。

《钦赐韩府官地碑》，通高 1.37 米，额高 0.24 米，宽 0.62 米。（图 5-2）现录《钦赐韩府官地》碑碑文如下：

图 5-2　明隆庆四年《钦赐韩府官地碑》

钦赐韩府官地

巩昌府秦州为不法贪饕等事，蒙钦差整饬巩昌等处抚民兵备分巡陇右道、陕西按察司佥事部案验，蒙钦差巡抚陕西等处地方赞理军务、都察院右副都御史张案验，据本道呈前事合仰本州查照，原断韩府奏争官地，该州委官去地所立石载明，每岁查阅，民间□许侵耕，仍归该府管业。今韩帮雷等奏争已断明正，该州每年即将租粮限十一月征完解府公用等因。备蒙到州，蒙此除遵原行逐年征收外，缘前项地粮，屡奉文行勘已久。今即允拟系钦赐，敬依田地相应刊立界座，以为久便。合谕概官军民，自立石以后，各宜分别四至界畔。但有断明官地，不许军民仍前紊乱中间，租粮历年依限完解，军民不得两相影射。如再似前混赖，本州查究得出或被人讦告，定行重治不恕，故谕通晓施行。计开四至界畔地名于后：

仙人岩古刹华严家佛堂一处，东至燕子关为界，南至静延崖为界，西至水泉坡为界，北至播子山为界。

火地山朝阳寺官地草场一处，东至三股水为界（隔牛坡、鹦鸽沟、五山寺、放马滩、麦磊沟），南至饮马浴为界（双场岘、古道硖、车场沟、后川、坚坪），西至麻松头、回岭、沙湾为界（前川、温家沟、椒土坡沟、杀人沟），北至合河口、蜜槽沟、白花川为界。归空。

隆庆四年十月吉日，知州杜廷栋、王克肖仝立。

住持僧智宽、明睿，庄头老人黄清、张爵，铁笔姜得山。

据此碑记，明穆宗隆庆四年（1570），在秦州钦赐韩府官地有"仙人岩古刹华严家佛堂一处"及"火地山朝阳寺官地草场一处"。朝阳寺在麦积山东南，唐已有之，后来倾颓，清代乾隆年间又重建，所以这里作为"官地草场"划归韩王。至于"仙人岩古刹华严家佛堂一处",从其四至界畔地名来看,[①]至少包含了整个仙人崖。所以,这里的"仙人岩古刹华严家佛堂一处",即以灵应寺为中心的仙人崖及其周围地区。再从"住持僧智宽、明睿"这一点来看,明初仙人崖藏传佛教兴盛的情形似乎已然改变,150多年后晚明时期的仙人崖又恢复到了汉传佛教的主流。

明代仙人崖的佛教遗存除了上述西崖的营建,还有东崖的罗汉堂、梯子洞,南崖玉皇顶的燃灯阁、卧佛洞等。

罗汉堂,始建于明代,清代重新修缮。殿内正壁坛基正中塑释迦牟尼佛,两侧塑文殊、普贤菩萨及二胁侍菩萨。左、右两壁坛基上塑有十八罗汉,姿态各异,生动逼真。

梯子洞,现存三窟。第1窟内塑关帝与药王孙思邈并坐像,为明代风格。第2窟正壁坛基上塑三佛像,左右两壁坛基上各塑三弟子,其上方绘十方佛,窟顶绘有藻井,"视其风格,可能为明末或清初塑绘"。[②] 第3窟,正壁坛基上塑三佛、二弟子及二供养人。

燃灯阁,始建于明代,正壁坛基上塑燃灯佛一尊,左右两壁绘四大天王。

卧佛洞,明代始建,窟内正壁坛基上石胎泥塑释迦涅槃像,身后塑十大弟子环侍哀悼。

由上文可知,仙人崖的明代营建,属佛教的有地藏菩萨殿、华严殿、大雄宝殿、毗卢殿、三圣殿、十一面观音殿、罗汉堂、梯子洞第2窟、梯子洞第3窟、燃灯阁、卧佛洞;属道教的有三官殿;财神殿、梯子洞第1窟反映了在道教影响下对民间

---

① 其东界燕子关,现今的燕子关距仙人崖直线距离约6公里,其余三至地名具体不知,但仅从东界来大概推测,这一处官地至少包括了整个仙人崖。

② 董玉祥:《仙人崖石窟(下)》,《敦煌研究》2004年第1期,第23页。

诸神的信仰;三教祠则是儒、释、道共尊的典型。因此,明代的仙人崖是一座佛、道、儒及民间诸神兼容并存的多元化宗教道场。当然,从众多的佛教营建来看,佛教一如既往地占据着绝对的主导地位。

将仙人崖钦赐给韩府的隆庆四年(1570),是韩端王朱朗锜袭位第二年,韩端王薨于万历三十四年(1606),其后是万历三十九年(1611)至崇祯十六年(1643)在位的末代韩王朱亶塉。因此,仙人崖归韩府后最多只经过了两代韩王,共70余年。韩府与仙人崖的关系,除了《钦赐韩府官地碑》的记载以外,方志中也有明确反映。康熙《陕西通志》记载:"废韩藩坐落秦州仙人崖,原额王田地三百九十五顷。"①此为清朝初年清查明代废藩所占田地时的统计,明确记录了韩王府兼并仙人崖一带田地的面积。康熙《陕西通志》中又有一条记载:"本色草二十五束八分,查系秦州韩藩原额。"②这里所征草料,应该就是来自《钦赐韩府官地碑》中所记"火地山朝阳寺官地草场"。永乐四年(1406)朝廷在平凉置陕西苑马寺,"领长乐等六监、开成等二十四苑,俱在本府及庆阳、巩昌境内"。③陕西苑马寺与韩府同在平凉府城内,韩府能够将仙人崖一带划入王府官地,应当与苑马寺有关。

仙人崖在划归韩府之前的宗教营建与韩王有无关系? 在划归韩府之后,韩王是否支持了仙人崖的营建,如果有,具体是哪些? 诸如此类的详细情况,因为材料缺乏都不能作出具体的说明。

明初仙人崖佛教的昌盛,从永乐十四年(1416)《大明敕赐灵应寺记》中已可窥得一斑,到隆庆四年(1570)将仙人崖钦赐

---

① (清)贾汉复:《陕西通志》卷九《贡赋》,第259页。
② 同上书,第198页。
③ (清)张廷玉等:《明史》卷四二《地理志三》,第1004页。

韩府,其间经历了 150 余年,仙人崖宗教的发展更加繁荣。《钦赐韩府官地碑》称"韩府奏争官地",可见在仙人崖正式划归韩府之前,韩府对其还有一个"侵占"的过程,也就是说韩府与仙人崖的关系早于隆庆四年。韩府宗室在平凉府及陕西一些地方兼并田地的事情已多次发生,所以对仙人崖的夺占只是这种豪横行为在秦州的一幕。但是,平凉韩王对仙人崖的青睐,与其家族历来好佛乐道的宗教情结以及仙人崖佛教的昌盛肯定有莫大的关联。

仙人崖石窟目前最早的造像遗存为北魏中晚期所作,从其艺术风格和造像题材等情况分析,当时的麦积山石窟应该为同一僧团或工匠团体所凿。只是在初创以后未能延续。关于这一问题的原因,正如董玉祥先生所论,仙人崖在北魏中晚期开创之后,未发现西魏、北周、隋唐开窟造像的痕迹,或是因其邻近的麦积山石窟在上述历史时期开窟造像蔚然成风,而仙人崖地处偏僻,故未能继续发展。

而宋元以来,特别是在明清时期,或因麦积山崖面可资开窟的空间已经接近饱和,进一步发展出现了障碍,所以仙人崖得以取代麦积山石窟而迅速崛起,成为秦州一代宗教活动的重要场所。[①] 而仙人崖在明代的迅速发展,一是在元代秦州地区藏传佛教流行的大形势下,仙人崖寺院得以较快发展;二是明初明成祖朱棣御赐寺名,敕谕保护寺院,朝廷的重视为仙人崖的继续发展提供了可靠的官方保障;其三,与韩王家族的支持,并将仙人崖一带划入藩府官地有关。

仙人崖在明代的宗教营建,殿宇众多,造像尺寸普遍较大,而且大多数殿内还有精美的壁画绘制,整体呈现出一种规模宏大、规格较高的面貌。特别是西崖大雄宝殿与毗卢殿等

---

① 董玉祥:《仙人崖石窟(下)》,《敦煌研究》2004 年第 1 期,第 33 页。

殿宇内的造像,与韩王在平凉庄浪支持开凿的云崖寺第6窟、第7窟的造像规制、风格以及技法非常接近。平凉韩王对仙人崖石窟的营建,不仅使其成为韩王家族的家庙,而且也促进了仙人崖三教合流多元化宗教的发展繁荣,在一定程度上延续了麦积山石窟艺术在明代的流变,为明代秦州地区佛教、道教以及民间信仰的发展带来了新的气象。

第六章　韩王佛道营造与陇东地区宗教的发展

第一节　明代之前的陇东宗教

陇东地区作为丝绸之路自河西走廊东入长安的必经之地,佛教发展较早。据《高僧传》记载,东晋十六国以及南北朝时期,出自陇东地区的高僧有竺僧显、释慧虔、释僧䂮、释慧义、释道温、释僧慧。[①] 特别是释僧䂮,"姓傅氏,北地泥阳人……少出家,止长安大寺……通六经及三藏,律行清谨,能匡振佛法",[②]素为后秦国主姚苌、姚兴所知重。姚兴推释僧䂮为国内僧主,统管一国僧尼事务。梁释宝唱《比丘尼传》中

---

① 晋江左竺僧显,"本姓傅氏,北地人。贞苦善戒节,蔬食诵经,业禅为务"[(梁)释慧皎撰,汤用彤校注:《高僧传》卷一一《习禅》,北京:中华书局,1992 年,第 401 页];晋山阴嘉祥寺释慧虔,"姓皇甫,北地人也。少出家,奉持戒行,志操确然"(《高僧传》卷五《义解二》,第 209 页);宋京师祇洹寺释慧义,"姓梁,北地人,少出家。风格秀举,志业强正……备通经义",深受宋武帝刘裕礼遇(《高僧传》卷七《义解四》,第 266 页);宋京师中兴寺释道温,"姓皇甫,安定朝那人……善大乘经,兼明数论……孝建初被敕下都,止中兴寺。大明中,敕为都邑僧主"(《高僧传》卷七《义解四》,第 287 页);齐荆州竹林寺释僧慧,"姓皇甫,本安定朝那人……专心义学。至年二十五,能讲涅槃、法华、十住、净名、杂心等"(《高僧传》卷八《义解五》,第 321 页)。

② (梁)释慧皎撰,汤用彤校注:《高僧传》卷六《义解三》,第 239 页。

记载的释慧木、释净秀也出自陇东。①

　　北魏以来，佛教文化的昌盛使得陇东成为继河西走廊及渭河上游、黄河上游这两处佛教艺术发展的重要区域之后，又一个新崛起的佛教石窟寺的繁盛之地。据现存于合水县张家沟门石窟的造像铭文可知，陇东地区最早的石窟开凿于北魏孝文帝太和十五年（491）。合水的保全寺石窟大约修凿于北魏宣武帝景明年间（500—503）。泾川王母宫石窟从其形制、规模、造像题材以及造像特点来看，与云冈第 6 窟有密切关系，约开创于宣武帝景明年间（500 年前后）。北石窟和南石窟由泾州刺史奚康生主持开凿于宣武帝永平年间（508—512）。华亭石拱寺石窟、庄浪陈家洞石窟、云崖寺石窟等也在北魏时期初创。北魏胡灵太后，安定临泾人，"临朝听政"达 13 年之久，"位总机要，手握王爵"，②在北魏晚期的政治生活中扮演过极为重要的角色。她大力推行佛教，在洛阳立寺建塔，继续营建龙门石窟并遣沙门惠生、敦煌人宋云入印度取经。其父胡国珍等家族成员亦崇信佛教，所以其故乡陇东地区诸多石窟（特别是南石窟、北石窟）的兴建也应与她或胡氏家族有密切关系。北魏时期是陇东各地石窟开凿与发展的黄金时期，这些石窟在此后的西魏、北周时期被继续增修营造，北朝时期陇东石窟共计达到 10 余处，禅修的僧人众多。其中，南、北石窟寺在中国早期"法华三昧"禅法发展上具有重要地

---

① 　梁郡筑戈村寺尼释慧木，"本姓傅，北地人。十一出家"〔（梁）释宝唱撰，王孺童校注：《比丘尼传校注》卷二，北京：中华书局，2006年，第 72 页〕；梁禅林寺尼净秀，"本姓梁，安定乌氏人也"（《比丘尼传校注》卷四，第 164 页）。

② 　（北齐）魏收：《魏书》卷一三宣武灵皇后胡氏传，北京：中华书局，1974 年，第 339 页。

位。① 此外,不少寺院、寺院遗址以及出于陇东地区大量的佛教造像(包括尊像、造像塔、造像碑数类),也在一定程度上反映了北朝时期陇东佛教繁荣发展的面貌和佛教已然深入民间的情形。北朝时期陇东地区的寺院及寺院遗址有北魏永平二年(509)敕建的泾州嵩显寺、泾州水泉寺、平凉宝宁寺、平凉禅佛寺遗址、华亭县谢家庙寺院遗址以及出土成丑儿造像碑的宁县城内佛寺遗址等。至于佛教造像,"甘肃境内佛教石刻造像集中在陇东、陇中,也就是甘肃东部地区"。② 其中,宁县出土的成丑儿造像碑其纪年为北魏太和十二年(488),早于目前所知陇东地区石窟中的最早纪年——太和十五年(491)。

隋唐时期是中国佛教发展的鼎盛时期,陇东佛教在这种大环境下也得到了极大发展。隋文帝于仁寿元年(601)在全国十六州分建舍利塔,泾州大兴国寺即为首选。武则天延载元年(694),这批舍利又以金棺银椁重葬。《续高僧传》及《宋高僧传》中,隋唐时期出自陇东的高僧有释法安、释洪满、释道隐等。③《宋高僧传·唐宁州南山二圣院道隐传》记载:"释道隐,姓王氏,彭原人也。风宇高峙,情性宏淡。少脱尘劳,誓从冲漠。既循师范,因愿游方,得荷泽师顿明心要。迨旋乡土,道声洋洋,慕其法者,若登华阴之市也。匪召员臻,檀施丰洽,

---

① 赖鹏举:《后秦僧肇的"法华三昧"禅法与陇东南北石窟寺的七佛造像》,《佛学研究中心学报》第二期,1997年7月,第211—231页。

② 张宝玺:《甘肃佛教石刻造像》,兰州:甘肃人民美术出版社,2001年,第18页。

③ 隋东都宝杨道场释法安,"姓彭,安定鹑孤人。少出家,在太白山九陇精舍,慕禅为业"[(唐)释道宣撰,郭绍林点校:《续高僧传》卷二六《感通上》,北京:中华书局,2014年,第1015页];隋京师救度寺释洪满,"姓梁,安定人"(《续高僧传》卷二七《感通中》,第1071页)。

只成精舍焉。"①唐代宁州,辖区相当现今庆阳宁县、正宁县一带,彭原即其所领一县。释道隐在洛阳从荷泽宗创立者神会禅师习南宗禅,后归乡里,在宁州一带弘法,并建有道场,可见其影响之大以及中唐时期南宗禅在陇东地区的流行。从现存平凉市崇信县的"尊胜陀罗呢经石幢"来看,②曹溪禅也已经传入陇东。随着仁智禅师创建明慧禅院,崆峒山佛教也于这一时期发展起来。③ 由此,陇东石窟艺术在隋唐时期也得到了高度发展,合水莲花寺石窟、镇原乐山石窟等被开凿,北石窟、南石窟、庆阳县万山寺石窟等继续发展。北石窟现存 295 个窟龛中隋唐时期开凿的就达 214 个。④

五代、宋、金、元时期,合水千佛砭石窟、华池佛石砭石窟、镇原石空寺石窟及玉山寺石窟等被开创。佛塔建造也比较普遍,始建于宋代的华池砖塔、脚扎川万佛塔、双塔寺石造像塔、白马万佛塔、合水造像塔、正宁砖塔、环县砖塔以及西峰砖塔等仍存留至今。合水安平寺石窟出土的一批金大定十八年(1178)佛教造像以及金明昌七年(1196)灵台胜果寺铁钟、泰和元年(1201)庆阳慈云寺女直文铁钟、大安三年(1211)泾川

① (宋)赞宁撰,范祥雍点校:《宋高僧传》卷二九《杂科声德篇一》,第 726 页。元代昙噩的《新修科分六学僧传》记载释道隐,"生彭原王氏,出家住宁州南山二圣院。游方得指诀于荷泽神会禅师。旋乡里说法,开导学者,而声誉益着。檀施四臻,遂成道场,以传不朽"。(《新修科分六学僧传》卷五《慧学·传宗科三·唐道隐》,藏经书院:《卍续藏经》第 133 册,台北:新文丰出版股份有限公司,1995 年,第 514 页)
② 尊胜陀罗呢经石幢,在崇信开元寺,今存。经幢题名中有"本院主曹溪后沙门元安都勾当修造"。张维从经幢题名中官职名号考察,认为此经幢为唐代所立。(张维:《陇右金石录》卷二《唐》,第 40 页)
③ (清)张伯魁:《崆峒山志》,第 62 页。
④ 甘肃省文物工作队、庆阳北石窟文物保管所:《陇东石窟》,北京:文物出版社,1987 年,第 3 页。

王母宫钟、大安年间崆峒山铜钟等文物,则是金代陇东佛教发展的有力见证。崆峒山佛教也于这一时期逐渐趋于兴盛,后周世宗显德五年(958),"崆峒山明慧禅院赐紫";①北宋仁宗庆历二年(1042),崆峒山慧明院主法淳因抵抗西夏有功被赐紫并赐号"志护大师";②元世祖至元十五年(1278),安西王忙哥剌应其相商挺所请,在崆峒山东台建成宝庆寺,并特授商挺"陕西、四川、西夏等路释教统摄"。③ 泾川有《花严海印寺碑》,其一面碑文为八思巴文,乃元世祖忽必烈于至元二十六年(1289)颁发保护泾州花严海印水泉禅寺及僧众的圣旨。元代,藏传佛教与传统佛教在陇东地区并行发展。

　　如果说佛教在甘肃境内早期的传播是自西而东,则道教的流布是从东向西的。陇东地区与道家、道教文化关系密切,《庄子·在宥》篇所记黄帝问道广成子于"空同"被视为道教渊源所在,④岐伯、西王母的传说也与陇东直接相关。东汉后期五斗米道与太平道的创立,标志着道教正式形成。陇东地区受道教影响,当始于汉灵帝以来张修、张鲁在汉中发展五斗米道。张鲁投降曹操后,大批信道的汉中民众(包括依附张鲁奉道的巴氏、賨人等少数民族)相继北迁,其中一部分散居陇右诸郡,促进了道教在甘肃的流播,敦煌地区发现的一枚魏晋时期道教符箓木简即为明证。⑤ 十六国、北朝时期,在关陇一代

---

① 仇非:《新修崆峒山志》"明刊后周赐紫碣柱",第110页。
② 参见(宋)李焘《续资治通鉴长编》卷一三八仁宗庆历二年十二月乙巳条,第3328页。
③ (清)张伯魁:《崆峒山志》,第225页。
④ 文献中关于"崆峒"还有"空桐""空同""空峒"等写法,关于"崆峒"所在有肃州、岷州、汝州等说法,但综合考辨,黄帝问道的"崆峒"在甘肃平凉无疑,这种认识在道教史上也被认同。
⑤ 甘肃省文物考古研究所编:《敦煌汉简》,北京:中华书局,1991年,图版一七六2317A、2317B。

传道的有王嘉等高道,泾川回山创建王母宫,而以终南山为中心形成的楼观道于北朝后期在关陇地区兴盛起来。①

道教在唐代进入全面发展的繁荣时期,陇东道教在这种大形势下也随之发展,崆峒山营建了问道宫、轩辕宫、广成子庙等宫观,②庆阳创立通圣观。③宋代是继唐以后道教发展的又一个高峰时期,平凉崆峒山宫观与泾川王母宫在皇帝及地方官吏的支持下均有大规模重修,宋徽宗从京兆选派法师住持崆峒山,④庆阳、泾川等地出现了正阳观、显圣王庙、宣阳观等宫观。金元时期全真道在陇东迅速发展,秦州人和玉蟾与王重阳共居终南山修道,⑤全真掌教马钰曾西游平凉传道两年,而丘处机龙门布道时陇东弟子有赵道坚、李冲虚、卢志清等。崆峒山作为"教源所在"已被明确认可,问道宫由全真门人与平凉官绅整修一新。⑥

第二节   韩王佛道营造对陇东
宗教发展的影响

自明代洪熙元年(1425),韩恭王朱冲㸅携韩府宗室就藩平凉府以来,以平凉为中心,包括巩昌府、凤翔府、岷州卫等周

---

① 任继愈主编:《中国道教史》,上海:上海人民出版社,1990 年,第222—226 页。

② (清)张伯魁:《崆峒山志》,第 61、65 页;(宋)乐史撰,王文楚点校:《太平寰宇记》卷八,第 145 页。

③ 陈垣编纂,陈智超、曾庆瑛校补:《道家金石略》,北京:文物出版社,1988 年,第 241—242 页。

④ 见元代《重修崆峒山大什方问道宫碑》、北宋《重修回山王母宫颂》,二碑今分别存于崆峒山、王母宫。

⑤ (元)秦志安:《金莲正宗记》卷二,载《道藏》第 3 册,文物出版社,1988 年,第 351 页。

⑥ 陈垣编纂,陈智超、曾庆瑛校补:《道家金石略》,第 811—812 页。

边地区的政治、经济、军事、社会、民生等均受到了极大影响，而且这种作用持续了 200 余年，直到明朝灭亡仍余波未平。韩王家族对以上地区的强烈影响中，以对宗教文化的影响最有特点，而且遗存下来的考古文物资料也最为丰富。

宣德元年(1426)，初到平凉的韩恭王朱冲㷒在营造宫室的同时，还在陕西都司的支持下，在岷州营建藏传佛教寺院广福寺。韩王家族积极参与甘肃宗教文化发展的传统由此发端。此后，韩王家族在甘肃东部地区对宗教文化发展的参与主要集中体现在以下四个方面。

其一，在平凉府城及其周围的寺观营建。成书于嘉靖三十九年(1560)的《平凉府志》中记载了与韩府相关的 9 座寺院，包括韩王及韩府郡王为各自王府营建的家寺：韩二府寺、韩六府寺、东塔寺及褒四府寺、乐平慈化寺、本为民间所立而后被韩府购得得以大规模起寺造像的段家寺、为了方便韩府宗室女眷的信仰需要而营建的崇福寺，以及与韩王府属官有关的胡承奉寺及张和尚寺。[①] 文物题记上所反映的韩府家寺还有通济寺，该寺为皇帝御赐寺名，建有藏经阁，规模很大。据赵时春的《塔记》和《东塔寺记》记载，[②]韩昭王朱旭櫏的王妃温氏曾于嘉靖二十五年(1546)，在平凉府城东郊建成七层琉璃塔——东塔，并以塔为中心，创建了东塔寺。东塔现在仍然保存完好，为七级八角筒体楼阁式砖塔，通高约 33.3 米。此外，据清代《五家村重修乾丰寺关帝庙碑记》反映，襄陵顺清王朱融焚于嘉靖二十九年(1550)在泾川县奉旨修建了乾丰寺。

韩王家族在平凉府城周围的道教营建，据明代《演玄观

---

①　(明)赵时春：《平凉府志》卷三《寺观》，第 357—358 页。
②　(明)赵时春：《赵浚谷文集》卷六，第 333—334 页。

碑》记载,弘治四年(1491)素来信奉道教的襄陵恭惠王朱范址
在平凉府城西北方向建成演玄观,成为平凉府城最为宏阔的
道观和最大的道教活动场所。嘉靖元年(1522)《重修王母宫
碑》记载,正德至嘉靖年间,泾州士绅重修王母宫时,韩昭王朱
旭櫏"亦乐施助,期终其事"。据嘉靖《平凉府志》记载,平凉府
城哈指挥宅与平凉府道纪司所在的神霄宫及玉皇阁、老君庵
相邻。成化初,哈昭又将天台观迁至玉皇阁后。嘉靖时期,哈
指挥宅及颓废的天台观被市于韩王府,在韩昭王朱旭櫏的支
持下,以上道观继续得以发展。据明代《敕授韩府内职官李甫
墓志铭》记载,韩端王朱朗锜于万历十六年(1588)以来,在平
凉南山一带营建了五龙宫、通玄观、三教堂等宫观。此外,万
历三十三年(1605),韩端王朱朗锜还在平凉府城东门外重建
了东岳庙,当时创立的"东岳泰山行祠"石牌坊,现仍保存
完好。

　　其二,韩王家族对崆峒山的持续营建,极大地促进了明代
崆峒山上宗教文化的发展,形成了寺院以及宫观群落的主体
格局,上承宋元以来崆峒山上宗教文化发展之风气,又加以改
观和创建,为崆峒山后来的发展提供了十分重要的基础营建
和宗教活动场所。

　　据嘉靖《平凉府志》记载,嘉靖初年崆峒山被西德王朱融
熿占据,后因山寺纠纷,崆峒山僧人将寺山土地进献给韩定王
朱融燧,韩王于是成为崆峒山的焚修香火主。[1] 韩王家族在
崆峒山的营建自此开始明显增多。据嘉靖二十四年(1545)
《建三天门铁索碑记》以及《新建南天门铁索记》记载,在以韩
定王朱融燧为主导的韩府宗室的大力支持与鼓动下,以平凉
卫各级官员以及平凉一带信众为辅,共同施资修建了南天门

---

[1]　(明)赵时春:《平凉府志》卷三《寺观》,第 357—358 页。

和三天门处的登山石磴,并在石磴两旁树立桩柱,连以铁索,使上山之路变得十分便捷,极大方便了信众的朝山活动。此后,韩王及韩府宗室又继续为崆峒山施造铁桩、铁索,在山之南麓的泾水上建桥,目的也是为了保持登山之路的畅通。

崆峒山现存凌空塔,与东塔形制相近,始建于万历十三年(1585),韩端王朱朗锜及韩府宗室应该支持了此塔的建造。据明代《新建藏经阁碑》记载,万历十八年(1590),万历皇帝生母慈圣皇太后李氏为崆峒山颁赐了经律论三藏,韩端王朱朗锜十分重视,捐资在真乘寺专门修建藏经阁以便保存。万历皇帝对此事也非常关注,曾敕谕崆峒山僧众务必珍护赐经。明天启二年(1622)《创修十方禅院碑记》,反映了韩府宗室及地方信众支持崆峒山僧人创修十方禅院。

虽然崆峒山归于韩府的时间在嘉靖年间,但据清代《崆峒山志》记载,宣德年间韩恭王朱冲𤊨曾重修问道宫,此当为韩王家族在崆峒山的最早营建。嘉靖三年(1524)及万历年间,韩王及韩府宗室又对问道宫进行了两次重修。嘉靖三十九年(1560),韩定王朱融燧王妃郭氏支持重修了崆峒山最为核心的宫观群落——金城,进一步发展了崆峒山真武奉祀的规格。现存韩藩香炉及"回光返照"铜镜,都很好地反映了韩府宗室对金城真武殿的供养。万历二十九年(1601)《新建飞仙楼记》,提到了韩王及韩府宗室助修飞仙楼一事。万历四十一年(1613),末代韩王朱亶塉支持在崆峒山最陡峻的雷声峰营建了奉祀雷神的雷祖殿,而当时创建的九光殿石牌坊现为崆峒山保存最为完整的明代建筑。

崆峒山作为韩王家族焚修祝延的道场,在韩府宗室以支持营建为主要扶植方式的持续助力之下,士绅百姓的信仰朝供也被极大地带动起来,共同促进了崆峒山金城宫观群落的形成、佛教寺院的扩展和朝山斋醮活动的兴盛,使得崆峒山佛教、道教都得到了长足发展,特别是由于官方意识形态的强烈影响,以真武大帝为主祀之神的道教宫观群落不断扩大,扭转了崆峒山上佛教建筑多于道教建筑、佛教盛于道教的局面,使崆峒山成为了一座名副其实的道教名山。

其三,除了在平凉府城周围以及崆峒山的大量宗教营建外,韩王家族在庄浪关山腹地进行的石窟寺开凿也是明代陇山一带佛教发展的盛事。从大寺石窟第 5 窟嘉靖十一年(1532)的题记看,最迟从这一时期开始,平凉韩王就开始了在云崖寺一带的石窟开凿活动。从西寺石窟《万古题名碑》以及各石窟寺形制演变的规律来分析,韩王又先后支持修凿了红崖寺石窟和作为红崖寺附院的西寺石窟。韩王府在庄浪关山腹地的石窟寺营建,带动了周边民众的信仰活动。

从云崖寺石窟第 10 窟内现存的万历十二年(1584)《主山云崖寺成碑记》和《云崖刊石撰书碑》来看,从万历八年(1580)至万历十二年(1584),韩端王朱朗锜招请临济宗僧人真晓和尚住持云崖寺,开凿了云崖寺第 10 窟,完成了云崖寺石窟群中保存最完好、最能代表明代庄浪石窟艺术的第 6 窟和第 7 窟,修缮了云崖寺其余石窟和崖下殿宇,使整个寺院焕然一新。同时,《主山云崖寺成碑记》碑阴的"钦赐韩府官地四至",明确了云崖寺一带为韩府官地的事实。韩王家族的营建,形成了以云崖寺为中心的寺院群落,为临济宗在此传承提供了有力的护持,为陇山一带佛教以及道教、民间信仰的发展开创了新的局面。

其四,位处甘肃东南部的天水仙人崖,自北魏中后期开窟造像后,再未有显著的延续发展。元代秦州一带藏传佛教的发展,明初明成祖保护仙人崖寺院的敕谕,特别是平凉韩王家族对仙人崖道场的重视以及营建,极大地刺激了明代仙人崖石窟的发展,使其在麦积山石窟出现发展障碍的历史时期乘机迅速崛起,发展成为秦州一带重要的宗教活动场所,并呈现出三教合流的多元化宗教文化面貌。明代仙人崖道场的繁荣,在一定程度上延续了麦积山石窟艺术在明代的流变,为明代秦州地区的佛教、道教以及民间信仰的发展带来了新的气象。

　　韩王支持甘肃东部地区宗教发展,与其家族本身的宗教信仰有关。韩王家族的佛教信仰由来已久,由于明太祖、明成祖对河湟洮岷地区藏传佛教的护持,岷州佛教在明初呈现出繁荣发展的趋势,而班丹嘉措、班丹扎释等岷州高僧与明成祖的密切关系,使得岷州一带佛教的影响闻于皇室宗亲,当时仍居南京而还未就藩平凉的韩恭王朱冲㸅也深受影响,后来其初到平凉,便利用朝廷支持的营造宫室的人力物力去在岷州营建广福寺。这昭示了韩王家族佛教信仰的渊源,成为韩王在甘肃扶持佛教的发端。此后,韩王家族开展了一系列支持佛教的活动。而陇东地区得天独厚的佛道文化资源、源远流长的宗教文化底蕴,又为韩王家族热衷于宗教营建活动提供了绝佳的客观条件。

　　明代宗藩制度是一个独特的混合体,藩王们"分封而不锡土,列爵而不临民,食禄而不治事……贤才不克自用,知勇无所设施",[①]实际上是一群爵高位显但无实权的贵族。加之明成祖以后藩禁制度甚严,亲王就藩后几乎不得进京,甚至藩府之间也不能往来。这就不仅断绝了宗藩们在政治、军事上的抱负,某种程度上也降低了他们的社会地位,影响了正常的人伦亲情,"从社会心理角度来看,精神上的痛苦,自身存在的无足轻重之感以及社会性的孤立隔绝使明代的许多藩王变得不

---

① (清)张廷玉等:《明史》卷一二〇《诸王五·庄烈帝诸子》,第3659页。

太正常。他们中许多人甚至以自杀终了。当然,他们所需要的是一丝精神上的抚慰。因此,包括道教在内,宗教自然就成为藩王的宣泄途径"。① 故而,有明一代,很多藩王修学好古,著书不辍,或钻研音律,热衷佛老,参与了很多文化或宗教活动。据王岗先生统计,明代的 53 个亲王府和 578 个郡王府中,"计有出自 43 个亲王府及 107 个郡王府的 295 位藩王(171 位亲王和 124 位郡王)被记载参与了道教活动"。② 基于这样的背景,我们就不难理解,特殊的政治处境、尊贵的皇族身份以及相对优越的经济条件等,都是影响韩王家族崇信佛道并持续支持陇东宗教发展的重要因素。

从现存资料看,韩王对甘肃东部地区宗教发展的参与,主要体现在营建上,而营建又包括新创和重修两种情况。在积极参与宗教营建的背后,肯定还有参与其他宗教活动的信仰行为,由于基础资料的缺乏,目前对此并不能给出详尽明晰的论述。韩王家族 200 余年连续性的营建,固然是一种助力和机遇,极大地推动了明代陇东地区宗教文化的继续发展,参与并影响了民间宗教圆融三教诸神来建构具有实用主义色彩的多神信仰模式和神灵体系,促生了宗教艺术的全面繁荣。但明代平凉一带过于敬信佛老的风气,同时也造成了物质财富的耗费、僧道人士的鱼龙混杂、社会风俗的不良流变等负面影响,引起了以儒家积极入世精神立身的士人的不满。因此,在勾索这段韩王家族参与明代甘肃东部宗教发展的历史时,不仅要厘清其积极的建设性意义,也要兼顾这种过度迷信风潮对社会的多面性影响。

---

① 王岗著,秦国帅译:《明代藩王与道教：王朝精英的制度化护教》,第 45 页。
② 同上书,第 52 页。

结　　语

　　甘肃是丝绸之路上连接中原与西域的孔道,历史上为中西文化交流的津梁、多民族发展融合的舞台,因之也是多种宗教繁荣并行之地。陇东地区东近关中,南临汉中,西接河西走廊,位处丝绸之路西出长安的首冲,因地缘优势,佛教、道教不但发展较早,而且历来繁盛,宗教底蕴深厚,宗教遗存丰富,是甘肃宗教文化发展的一个重要区域。

　　明朝立国后,朱元璋分封诸子于名都大邑以"藩屏国家"。永乐年间,原封辽宁开原的韩王改封平凉,韩王在平凉共传十王(追封三王不计在内),历时218年,对明代平凉府及其周边地区的政治、经济、文化、民生等产生了深远影响。但目前所见与韩王有关的考古文物遗存,多与宗教有关。从今甘肃平凉、天水等地众多宗教文化遗存来看,明代平凉府城众多佛道寺观的创立、崆峒山的大规模营建、庄浪石窟群的修凿以及天水仙人崖道场的兴旺等,这些彰显着明代陇东地区宗教繁荣的盛事,都与韩王密切相关。本书从碑刻、石窟、佛塔等多种类型的考古文物资料入手,结合有关文献记载,对明代韩王扶持佛教、道教及民间信仰发展的情形进行客观、全面的考察。同时,观照当时西北地区宗教发展的历史背景,讨论了明代韩王的宗教营建及其对陇东地区宗教发展的影响。

　　以宣德元年(1426)韩恭王朱冲𤊨在岷州营建广福寺为始,韩昭王朱旭櫏、韩定王朱融燧、韩端王朱朗锜、末代韩王朱亶堷等历代韩王,在明代平凉府城周围创建或重修了东塔寺、通济寺、演玄观、东岳庙、王母宫等30余处佛寺道观,充分反映了韩王自创宫观寺院、王府女眷崇信佛道以及王府宗室与官民共建寺观的情形。

由于朱明皇室崇祀真武传统的强烈影响,韩王将原本佛教繁荣发展、作为家族焚修祝延之所的崆峒山,建设成为主祀玄天大帝的真武道场,促进了崆峒山以金城为中心的道教宫观群落的形成,更是极大地刺激了官民朝山斋醮活动的兴盛,逐渐改变了崆峒山的宗教格局,使其成为名副其实的道教名山。

在陇山西麓,以原有寺院为依托,韩王持续性地支持开凿了庄浪云崖寺、大寺、西寺等石窟,形成了以云崖寺为中心的石窟寺群,是我国晚期石窟艺术发展中罕见的大规模开窟造像事件,延续和发展了陇东地区石窟艺术的繁荣。

明代中晚期,韩府将秦州仙人崖一带纳入王府官地,明代以灵应寺为核心的仙人崖道场发展由此迎来了新的契机,出现了三教合流的多元化宗教繁荣。

明代韩王家族对陇东地区宗教发展的影响,以韩王为主导,韩府郡王、女眷等其他宗室成员以及韩府属官积极参与,带动了地方官民的信仰,使得水陆法会、黄箓大醮非常流行。佛教发展中的新情况是出现了临济宗的传承,而道教则以全真道华山派及正一道为主流,同时体现出三教融合、民间信仰发展活跃的情形。

韩王的宗教营建与宗教仪式实践,尽管有的属于在地方层面履行国家礼仪的属性,但绝大部分是出于家族或个人的动机。就营造的主体、时间、位置、宗教属性而言,韩王家族的佛道营造呈现出的基本特点是:宣德至正德的近百年时间里,初到平凉就藩的韩恭王朱冲㷬通过对广福寺和问道宫的营修,不仅拉开了韩王家族佛道营造的序幕,而且显示出佛道并重的特点,但随后继任的韩怀王朱范圯、韩靖王朱范圿、韩惠王朱徵钋、韩悼王朱偕㳃、韩康王朱偕灂,或在位时间太短,或致力于向朝廷奏讨财物,韩王家族的佛道营造不多(佛寺多于道观),规模有限,分布集中于平凉府城周围,而且韩王与各府郡王共同参与营造的情况比较常见,这些营造以就近满足韩王府及各郡王府成员日常信仰为主要目标。嘉靖至天启初年的百年时间里,依次经历了韩昭王朱旭櫏、韩定王朱融燧、韩端王朱朗锜、末代韩王朱亶塉,这四任韩王在位时间普遍较长,宗教营造具有佛道并重、兼及民间信仰的特点,营造的数量、规模、频率均明显上升,而且形成了崆峒山、庄浪石窟、仙人崖三大中心,营造活动往往呈现出以韩王为主导、其他宗室成员参与的模式。

韩王对陇东地区宗教发展的支持,不仅与其家族信仰传统、官方意识形态的主导、明代宗藩特殊的政治处境和相对优裕的经济条件有关,更为主要的是,陇东地区的宗教文化资源有其得天独厚的地域特征,而这一点正是形成韩王支持宗教发展的形式、内容和影响不同于其他宗藩的客观原因。当然,明代陇东地区宗教的发展也因此打上了韩王家族的历史印记,出现了新的发展趋势,对清代乃至当代陇东地区的宗教文化都产生了深远影响。

明代韩王的宗教营建问题既涉及明代西北地区宗教史与宗教艺术研究范畴,又关乎西北区域史和明代宗藩研究体系,笔者的知识储备与分析视角必然不能完全把握这一问题的研究全貌。再者,传世文献特别是记载韩王宗室历史信息最为丰富的《明实录》中,关涉韩王与宗教的内容极少,因此本书的研究主要依靠已发现的考古文物资料来支撑,而且对这些实物资料的采用都是以有无与韩王相关的题记或者与文献记载是否对应的标准来判断的，因此必然会遗漏一些实际出自韩府但并无可靠信息来准确证明的资料，这一缺失再加上已经湮没在历史尘埃中的资料和将来可能会新发现的其他资料，都对本书的研究具有修订或补充意义。

参 考 文 献

一、古籍

（汉）司马迁：《史记》，北京：中华书局，1963年

（汉）焦延寿：《焦氏易林》，《丛书集成初编》本，上海：商务印书馆，1937年

（汉）班固：《汉书》，北京：中华书局，1962年

（南朝宋）范晔：《后汉书》，北京：中华书局，1965年

（南朝梁）任昉：《述异记》，《丛书集成初编》第2704册，北京：中华书局，1991年

（南朝梁）释慧皎撰，汤用彤校注：《高僧传》，北京：中华书局，1992年

（南朝梁）释宝唱撰，王孺童校注：《比丘尼传校注》，北京：中华书局，2006年

（唐）杜佑：《通典》，北京：中华书局，1988年

（唐）李吉甫撰，贺次君点校：《元和郡县图志》，北京：中华书局，1983年

（唐）释道宣撰，郭绍林点校：《续高僧传》，北京：中华书局，2014年

（唐）玄奘译：《大阿罗汉难提蜜多罗所说法住记》，载《大正藏》第49册

（宋）志磐：《佛祖统纪》，载《大正藏》第49册

（宋）道诚：《释氏要览》，载《大正藏》第54册

（宋）赞宁撰，范祥雍点校：《宋高僧传》，北京：中华书局，1987年

（宋）李焘：《续资治通鉴长编》，北京：中华书局，1985年

（宋）乐史撰，王文楚等点校：《太平寰宇记》，北京：中华书局，2007年

（元）脱脱等：《宋史》，北京：中华书局，1977年

（元）苏天爵辑撰，姚景安点校：《元朝名臣事略》，北京：中华书局，1996年

（元）祥迈：《至元辨伪录》，《大正藏》第52册

（元）昙噩：《新修科分六学僧传》，载《卍续藏经》第133册

（元）秦志安：《金莲正宗记》，载《道藏》第3册

（明）宋濂等：《元史》，北京：中华书局，1976年

《明实录》，台湾"中研院"历史语言研究所校印，1963年

（明）朱元璋：《高皇帝御制文集》二十卷，嘉靖十四年序刊本，东京大学东洋文化研究所藏

（明）申时行等：《明会典》，载《续修四库全书》编纂委员会编《续修四库全书》第789册，上海：上海古籍出版社，2002年

（明）朱勤美：《王国典礼》，载北京图书馆古籍出版编辑组编《北京图书馆古籍珍本丛刊》第59册，北京：书目文献出版社，1998年

（明）李春芳：《宗藩条例》，载北京图书馆古籍出版编辑组编《北京图书馆古籍珍本丛刊》第59册，北京：书目文献出版社，1998年

（明）赵时春：《赵浚谷文集》，载《四库全书存目丛书》编纂委员会编《四库全书存目丛书·集部》第87册，济南：齐鲁书社，1997年

（明）赵时春：《赵浚谷诗集》，载《四库全书存目丛书》编纂委员会编《四库全书存目丛书·集部》第 87 册，济南：齐鲁书社，1997 年

（明）赵时春：《浚谷先生集》，载《四库全书存目丛书》编纂委员会编《四库全书存目丛书·集部》第 87 册，济南：齐鲁书社，1997 年

（明）赵时春：《浚谷集》，载《中国西北文献丛书》编辑委员会编《中国西北文献丛书》第 6 辑《西北文学文献》第 3 卷，兰州：兰州古籍书店，1990 年

（明）胡缵宗：《鸟鼠山人后集》，载《中国西北文献丛书》编辑委员会编《中国西北文献丛书》第 6 辑《西北文学文献》第 4 卷，兰州：兰州古籍书店，1990 年

（明）朱常涝辑：《古今宗藩懿行考》，载《四库全书存目丛书》编纂委员会编《四库全书存目丛书·史部》第 117 册，济南：齐鲁书社，1996 年

（明）张瀚撰，盛冬铃点校：《松窗梦语》，北京：中华书局，1985 年

（明）佚名撰，（清）常茂徕增订，孔宪易校注：《如梦录》，郑州：中州古籍出版社，1984 年

（清）张廷玉等：《明史》，北京：中华书局，1974 年

（清）陈梦雷编：《古今图书集成》，上海：中华书局，1934 年

（清）永瑢、纪昀等撰：《四库全书总目》，台北：台湾商务印书馆，1986 年

（清）毕沅：《续资治通鉴》，北京：中华书局，1957 年

（清）胡聘之：《山右石刻丛编》，载《石刻史料新编》第 1 辑第 20 册，台北：新文丰出版公司，1977 年

（清）智观巴·贡却乎丹巴绕吉著，吴均等译：《安多政教

史》,兰州:甘肃民族出版社,1989 年

《无上九霄玉清大梵紫微玄都雷霆玉经》,载《道藏》第
1 册

《洞玄灵宝五岳古本真形图》,载《道藏》第 6 册

《灵宝玉鉴》,载《道藏》第 10 册

《七佛八菩萨所说大陀罗尼神咒经》,载《大正藏》第 21 册

二、方志

（明）李贤等:《大明一统志》,天顺五年内府原刻本

（明）陈循等:《寰宇通志》,载郑振铎编《玄览堂丛书续
集》第 38—79 册,国立中央图书馆影印,1947 年

（明）马理:《陕西通志》,载全国公共图书馆古籍文献编
委会编《中国西北稀见方志续集》第 1—2 册,中华全国图书馆
文献缩微复制中心,1997 年

（明）赵时春:《平凉府志》,载《中国西北文献丛书》编辑
委员会编《中国西北文献丛书》第 1 辑《西北稀见方志文献》第
41 卷,兰州:兰州古籍书店,1990 年

（明）赵时春:《平凉府志》,中央民族大学图书馆藏明嘉
靖刻本,载《四库全书存目丛书》编纂委员会编《四库全书存目
丛书·史部》第 189 册,济南:齐鲁书社,1997 年

（明）杨经:《固原州志》,银川:宁夏人民出版社,1985 年

（清）贾汉复:《陕西通志》,载首都图书馆编《首都图书馆
藏稀见方志丛刊》第 15—27 册,北京:国家图书馆出版社,
2011 年

（清）刘于义、沈青崖:《陕西通志》,载《中国西北文献丛
书》编辑委员会编《中国西北文献丛书》第 1 辑《西北稀见方志
文献》第 1—5 卷,兰州:兰州古籍书店,1990 年

（清）许容等:《甘肃通志》,载《景印文渊阁四库全书》第

557—558 册,台北：台湾商务印书馆,1986 年

（清）安维峻：《甘肃全省新通志》,载《中国西北文献丛书》编辑委员会编《中国西北文献丛书》第 1 辑《西北稀见方志文献》第 23—26 卷,兰州：兰州古籍书店,1990 年

（清）佟希尧修,马魁选纂：《华亭县志》卷上《方舆·疆域》,载全国公共图书馆古籍文献编委会编《中国西北稀见方志》七,中华全国图书馆文献缩微复制中心,1994 年

（清）余谠：《岷州卫志》,载《岷州志校注》,甘肃省岷县志编纂委员会办公室编印,1988 年

（清）汪元綑：《岷州志》,载《中国地方志集成·甘肃府县志辑》第 39 册,南京：凤凰出版社,2008 年

（清）陈如平：《岷州续志采访录》,载《岷州志校注》,甘肃省岷县志编纂委员会办公室编印,1988 年

（清）黄居中：《灵台县志》,载《中国西北文献丛书》编辑委员会编《中国西北文献丛书》第 1 辑《西北稀见方志文献》第 42 卷,兰州：兰州古籍书店,1990 年

（清）王烜：《静宁州志》,载凤凰出版社选编《中国地方志集成·甘肃府县志辑 17》,台南京：凤凰出版社,2008 年

（清）黄廷钰修,吴之珽撰：《静宁州志》,载全国公共图书馆古籍文献编委会编《中国西北稀见方志·七》,中华全国图书馆文献缩微复制中心,1994 年

（清）张延福：《泾州志》,载《中国西北文献丛书》编辑委员会编《中国西北文献丛书》第 1 辑《西北稀见方志文献》第 42 卷,兰州：兰州古籍书店,1990 年

（清）郑濬：《平凉县志》,载《中国西北文献丛书》编辑委员会编《中国西北文献丛书》第 1 辑《西北稀见方志文献》第 43 卷,兰州：兰州古籍书店,1990 年

（清）费廷珍：《直隶秦州新志》,载《中国方志丛书·华北

地方·第五六三号》,台北:成文出版社有限公司,1976年

（清）刘星修,王介石纂:《榆次县志》,康熙二十三年（1684）刻本

（清）钱之青修,张天泽纂:《榆次县志》,清乾隆十三年（1748）思凤塘刻本

（清）张伯魁:《崆峒山志》,载《中国方志丛书·华北地方》第三五二号,台北:成文出版社有限公司,1970年

（民国）郑震谷等:《华亭县志》,载《中国方志丛书·华北地方·第五五四号》,台北:成文出版社有限公司,1976年

平凉市地方志编纂委员会:《平凉市志》,北京:中华书局,1996年

平凉市地方志编纂委员会、平凉地区志编纂委员会编:《平凉地区志》,北京:中华书局,2012年

泾川县县志编纂委员会:《泾川县志》,兰州:甘肃人民出版社,1996年

仇非主编:《新修崆峒山志》,兰州:甘肃人民出版社,1996年

国家重点风景名胜区崆峒山管理局:《崆峒山新志》,兰州:甘肃文化出版社,2008年

曹建魁:《崆峒山道教志》,平凉崆峒山道教协会,甘出准028字总790号（2009）08号

仇非主编:《崆峒佛教志》,兰州:甘肃文化出版社,2007年

三、金石图册

陈垣编纂,陈智超、曾庆瑛校补:《道家金石略》,北京:文物出版社,1988年

张维:《陇右金石录》,甘肃省文献征集委员会校印,

1943 年

张维：《陇右金石录补》，载国家图书馆出版社辑《地方金石志汇编》第 27 册，北京：国家图书馆出版社，2011 年

政协甘肃省平凉市崆峒区委员会编：《崆峒金石》，甘肃人民美术出版社，2014 年

吴景山：《崆峒山金石校释》，兰州：甘肃文化出版社，2014 年

吴景山：《泾川金石校释》，兰州：甘肃文化出版社，2016 年

张怀宁主编：《平凉金石录》，西北大学出版社，2021 年

甘肃省文物工作队、庆阳北石窟文物保管所编：《陇东石窟》，北京：文物出版社，1987 年

张宝玺：《甘肃佛教石刻造像》，兰州：甘肃人民美术出版社，2001 年

刘长久：《安岳石窟艺术》，成都：四川人民出版社，1997 年

王达军摄影：《安岳石窟》，成都：四川美术出版社，2008 年

安岳县文物管理局编：《安岳石刻导览》，北京：中国文史出版社，2008 年

四、专著

方诗铭、王修龄：《古本竹书纪年辑证》，上海：上海古籍出版社，1981 年

陈垣：《南宋初河北新道教考》，北京：中华书局，1962 年

陈鼓应：《庄子今注今译》，北京：中华书局，2008 年

程晓钟、杨富学：《庄浪石窟》，兰州：甘肃文化出版社，2003 年

胡文和：《安岳大足佛雕》，北京：文物出版社，2008 年

杜斗城：《陇右高僧录》，兰州：兰州大学出版社，1993 年

杜斗城：《河西佛教史》，北京：中国社会科学出版社，2009 年

杜斗城：《杜撰集》，兰州：兰州大学出版社，2013 年

樊光春：《西北道教史》，北京：商务印书馆，2010 年

甘肃省文物考古研究所编：《敦煌汉简》，北京：中华书局，1991 年

郭朋：《明清佛教》，福州：福建人民出版社，1982 年

李修生主编：《全元文》，南京：凤凰出版社，2004 年

李凇：《论汉代艺术中的西王母图像》，长沙：湖南教育出版社，2000 年

李凇：《陕西古代佛教美术》，西安：陕西人民教育出版社，2000 年

李翎：《佛教与图像论稿续编》，北京：文物出版社，2013 年

林健：《明代肃王研究》，兰州：甘肃人民出版社，2005 年

刘毅：《明代帝王陵墓制度研究》，北京：人民出版社，2006 年

刘光华主编：《甘肃通史》，兰州：甘肃人民出版社，2009 年

路志霄、王干一选编：《陇右近代诗钞》，载《中国西北文献丛书·西北文学文献》第 20 册，兰州：兰州古籍书店，1990 年

南炳文主编：《佛道秘密宗教与明代社会》，天津：天津古籍出版社，2002 年

潘谷西主编：《中国古代建筑史》第 4 卷《元明建筑》，北京：中国建筑工业出版社，2009 年

卿希泰、唐大潮：《道教史》，南京：江苏人民出版社，2006 年

卿希泰主编：《中国道教史》，成都：四川人民出版社，1996 年

任继愈主编：《中国道教史》，上海：上海人民出版社，1990 年

任继愈主编：《佛教大辞典》，南京：江苏古籍出版社，2002 年

任宜敏：《中国佛教史：明代》，北京：人民出版社，2009 年

王毓铨：《莱芜集》，北京：中华书局，1983 年

张德信：《明史研究论稿》，北京：社会科学文献出版社，2011 年

张泽洪：《道教斋醮科仪研究》，成都：巴蜀书社，1999 年

张润平、苏航、罗炤编：《西天佛子源流录：文献与初步研究》，北京：中国社会科学出版社，2012 年

梁景之：《清代民间宗教与乡土社会》，北京：社会科学文献出版社，2004 年

祝世林：《平凉古代史考述》，平凉地区地方志编纂委员会办公室，甘新出 028 字总 367 号

祝世林：《平凉古代史考述外编》，平凉地区地方志编纂委员会办公室，甘新出 028 字总 568 号（2002）07 号

王岗著，秦国帅译：《明代藩王与道教：王朝精英的制度化护教》，上海：上海古籍出版社，2019 年

Richard G. Wang, *The Ming Prince and Daoism: Institutional Patronage of an Elite*, Oxford and New York: Oxford University Press, 2012.

五、论文

蔡美彪：《泾州水泉寺碑译释》，载元史研究会编：《元史

论丛》第三辑，北京：中华书局，1986 年

程晓钟：《庄浪云崖寺石窟内容总录》，《敦煌研究》1998 年第 1 期

邓锐龄：《〈贤者喜宴〉永乐时尚师哈立麻晋京纪事笺证》，《中国藏学》1992 年第 3 期

丁明俊：《元安西王阿难答皈依伊斯兰教及其影响》，《世界宗教研究》1991 年第 1 期

董新林：《明代诸侯王陵墓初步研究》，《中国历史文物》2003 年第 4 期

董玉祥：《仙人崖石窟（上）》，《敦煌研究》2003 年第 6 期

董玉祥：《仙人崖石窟（下）》，《敦煌研究》2004 年第 1 期

董玉祥：《仙人崖石窟新发现》，载云冈石窟研究院编：《2005 年云冈国际学术研讨会论文集·研究卷》，北京：文物出版社，2006 年

董广强：《庄浪云崖寺等石窟的调查简报》，《敦煌研究》2008 年第 3 期

郭永利：《明肃藩王妃金累丝嵌宝石白玉观音簪》，《敦煌研究》2008 年第 2 期

黄彰健：《论皇明祖训录颁行年代并论明初封建诸王制度》，《历史语言研究所集刊》第三十二本，台北："中研院"历史语言研究所，1961 年

黄冕堂：《明代贵族庄田的土地问题》，《中国古代史论丛》第二辑，福州：福建人民出版社，1981 年

林健：《兰州明肃王府遗迹、遗物调查研究》，《陇右文博》2005 年第 1 期

刘毅：《甘肃榆中明肃庄王陵墓调查》，《中原文物》2012 年第 3 期

刘慧达：《北魏石窟中的"三佛"》，《考古学报》1958 年第

4 期

刘玉林：《泾川王母宫建筑的有序传承》，《平凉日报》
2014 年 11 月 11 日

刘永明、赵玉山：《"黄帝问道广成子"对道教和道教的影
响——兼议陇东与道教文化》，《天水师范学院学报》2008 年
第 6 期

刘满：《秦汉陇山道考述》，《敦煌学辑刊》2005 年第 2 期

刘淑芬：《经幢的形制、性质和来源——经幢研究之二》，
《"中研院"历史语言研究所集刊》第六十八本第三分，台北：
"中研院"历史语言研究所，1997 年 9 月

刘毅：《明代亲王陵墓玄宫制度研究》，《华夏考古》2010
年第 3 期

洛阳博物馆：《洛阳西汉卜千秋壁画墓发掘简报》，《文
物》1977 年第 6 期

蒋祖缘：《明中后期藩王的大土地占有——兼论王府占
有的工商业和税课》，中国社会科学院历史研究所明史研究室
编：《明史研究论丛》第四辑，南京：江苏古籍出版社，1991 年

曲梅英：《简述仙人崖石窟艺术》，《丝绸之路》2010 年第
16 期

施连山：《明肃王墓考略》，《西北史地》1997 年第 4 期

宋法仁：《明肃王对兰州的贡献》，《甘肃社会科学》1993
年第 4 期

宋纲：《平凉市崆峒山宝塔概述》，《丝绸之路》2009 年第
1 期

孙作云：《洛阳西汉卜千秋墓壁画考释》，《文物》1977 年
第 6 期

汤开健：《宋〈岷州广仁禅院碑〉浅探——兼谈熙河之役
后北宋对吐蕃的政策》，《西藏研究》1987 年第 1 期

王纪潮：《明代亲王葬制的几个问题》，《文物》2003 年第 2 期

王毓铨：《明代的王府庄田》，中国科学院历史研究所编：《历史论丛》第一辑，北京：中华书局，1964 年

王元林：《浅谈泾州水泉寺碑及相关问题》，《考古与文物》2006 年第 5 期

杨富学、程晓钟：《明代庄浪石窟及其艺术价值》，《佛学研究》2000 年

曾召南：《宋元明皇室崇信真武缘由刍议》，《宗教学研究》1996 年第 2 期

张文举：《崆峒山凌空塔考辨》，《丝绸之路文论》2006 年上半年版（总第 13 期）

张钦仲：《明代平凉〈演玄观记〉碑考略》，《陇右文博》2014 年第 2 期，第 66—68、75 页

张萍：《麦积山石窟艺术的延伸——浅论仙人崖石窟艺术》，《丝绸之路》2004 年 S2 期

张泽洪、熊永翔：《道教西王母信仰与昆仑山文化》，《青海社会科学》2010 年第 6 期

赵逵夫：《宋代西和高僧海渊》，《天水师范学院学报》2006 年第 1 期

［美］巫鸿著，李淞译：《论西王母图像及其与印度艺术的关系》，《艺苑》1997 年第 3 期

Richard G. Wang, Ming Princes and Daoist Ritual, *T'oung Pao*. 2009, Vol. 95, pp. 51 - 119.

刘云军：《两宋时期东岳祭祀与信仰》，北京师范大学博士学位论文，2008 年

张鹏：《崆峒山道教研究——以营建为中心的考察》，兰州大学硕士学位论文，2013 年

附　　录

附录一　图版目录

市崆峒区委员会编《崆峒金石》,兰州:甘肃人民美术出版社,
2014年,第136页)

图2-8   韩府书办蒋和施造佛像背部铭文(采自政协甘
肃省平凉市崆峒区委员会编《崆峒金石》,兰州:甘肃人民美
术出版社,2014年,第136页)

图2-9   明代平凉府城演玄观位置标示图(底图采自明
赵时春撰《平凉府志》,载《中国西北文献丛书》编辑委员会编
《中国西北文献丛书》第1辑《西北稀见方志文献》第41卷,兰
州:兰州古籍书店,1990年,第259页)

图2-10   演玄观主要建筑分布示意图(笔者绘)

图2-11   明代"东岳泰山行祠"石牌坊(采自政协甘肃省
平凉市崆峒区委员会编《崆峒金石》,兰州:甘肃人民美术出
版社,2014年,第118页)

图2-12   明代"东岳泰山行祠"石牌坊左次间骑马雀替
浮雕图案(笔者摄)

图2-13   明代平凉府城东岳庙位置标示图(底图采自明
赵时春撰《平凉府志》,载《中国西北文献丛书》编辑委员会编
《中国西北文献丛书》第1辑《西北稀见方志文献》第41卷,兰
州:兰州古籍书店,1990年,第260页)

图2-14   明代《敕授韩府内职官李公墓志铭》(平凉市博
物馆曹敏女士提供)

图2-15   明嘉靖元年(1522)《重修王母宫碑》正面、碑阴
(笔者摄)

图3-1   崆峒山后周显德五年石经幢明代题刻标示图
(底图采自吴景山《崆峒山金石校释》,兰州:甘肃文化出版
社,2014年,第1页)

图3-2   永乐《敕谕护寺碑》碑阴西德王题名标示图(底
图采自吴景山《崆峒山金石校释》,兰州:甘肃文化出版社,

附录二　韩王家族营建佛教寺塔统计表

寺塔名称	营建主体	营建时间	所处位置	记载来源	备注
广福寺	韩恭王朱冲𤊾	宣德元年	岷州城内	《明宣宗实录》卷一九;《明史》卷一一八《韩王朱松传》	
韩二府寺	韩王府	宣德至嘉靖间	平凉城外纸房沟	嘉靖《平凉府志》卷三《寺观志》	
韩六府寺	韩王府	宣德至嘉靖间	平凉城北门外	嘉靖《平凉府志》卷三《寺观志》	
段家寺	韩王府	宣德至嘉靖间	平凉城外东北	嘉靖《平凉府志》卷三《寺观志》	
乐平慈化寺	乐平王府	宣德至嘉靖间	平凉城西门外	嘉靖《平凉府志》卷三《寺观志》	
崇福寺	韩府宗室	宣德至嘉靖间	平凉城内	嘉靖《平凉府志》卷三《寺观志》	尼寺
胡承奉寺	韩府宗室	宣德至嘉靖间	平凉城外郿岘	嘉靖《平凉府志》卷三《寺观志》	
张和尚寺	韩府宗室	宣德至嘉靖间	平凉城外岨谷河西南岸	嘉靖《平凉府志》卷三《寺观志》	葬故承奉无祀者
褒四府寺	褒城王府	正统至嘉靖间	平凉城东北郭	嘉靖《平凉府志》卷三《寺观志》	
东塔及东塔寺	韩昭王妃温氏	嘉靖十四年至二十五年	平凉城东	《赵浚谷文集》卷六《东塔寺记》、《塔记》	现存平凉市宝塔梁

续　表

寺塔名称	营建主体	营建时间	所处位置	记载来源	备注
通济寺	韩王府	嘉靖至崇祯间	平凉城	崇祯三年通济寺造像	造像现存平凉市崆峒区博物馆
乾丰寺	襄陵王朱融焚	嘉靖二十九年	泾川县五冢镇	乾隆三十九年《五冢村重修乾丰寺关帝庙碑记》	碑存泾川县五冢村
五台寺	西德康惠王朱融焳	嘉靖初年	崆峒山中台	嘉靖《平凉府志》卷三《寺观志》	
凌空塔	韩府宗室	万历初年	崆峒山中台	万历十四年凌空塔宝瓶,万历三十一年《新建藏经阁碑》	宝瓶与碑均存崆峒山中台
真乘寺藏经阁	韩端王朱朗锜	万历十八年	崆峒山中台	万历三十一年《新建藏经阁碑》	藏慈圣李太后赐经
十方禅院	韩府宗室	万历末至天启初	崆峒山中台	天启二年《创修十方禅院碑记》	碑存崆峒山南台
观音祠	韩端王府内官李甫	万历年间	平凉城南	万历三十七年《敕授韩府内职官李公墓志铭》	墓志存平凉市博物馆
大寺	韩昭王朱旭櫏	嘉靖十一年	庄浪云崖寺	大寺第5窟嘉靖十一年题记	
云崖寺	韩端王朱朗锜	万历八年至十二年	庄浪云崖寺	万历十二年《主山云崖寺成碑记》《云崖刊石撰书碑》	碑存庄浪云崖寺石窟第10窟
西寺	韩端王朱朗锜	万历年间	庄浪云崖寺	万历年间《万古题名碑》	碑存庄浪西寺石窟

附录三　韩王家族营建道教宫观统计表

宫观名称	营建主体	营建时间	所处位置	记载来源	备注
问道宫	韩恭王朱冲𪒠	宣德年间	崆峒山南麓	天顺《大明一统志》卷三五,嘉庆《崆峒山志·寺观志》	
王母宫	韩昭王朱旭櫏	正德十一年至嘉靖元年	泾州回中山	嘉靖元年《重修王母宫碑》	碑存泾川县王母宫
关庙	韩王府、襄陵王府	弘治二年	平凉城内	张维《陇右金石录补》卷二《重修关庙碑》	
演玄观	襄陵恭惠王朱范址	弘治元年至四年	平凉城西门外	弘治四年《演玄观碑》	碑存平凉柳湖公园
金城宫观群落	韩定王朱融燧妃郭氏	嘉靖三十九年	崆峒山金城	嘉靖三十九年《韩王夫人郭氏重修金城碑》	碑存崆峒山金城
五龙宫	韩端王朱朗锜	万历十六年	平凉城外东南	万历三十七年《敕授韩府内职官李公墓志铭》	墓志存平凉市博物馆
通玄观	韩端王朱朗锜	万历十六年	平凉城外东南	万历三十七年《敕授韩府内职官李公墓志铭》	墓志存平凉市博物馆
三教堂	韩端王朱朗锜	万历十六年	平凉城外东南	万历三十七年《敕授韩府内职官李公墓志铭》	墓志存平凉市博物馆

宫观名称	营建主体	营建时间	所处位置	记载来源	备注
雷神祠	韩端王府内官李甫	万历年间	平凉城南	万历三十七年《敕授韩府内职官李公墓志铭》	墓志存平凉市博物馆
东岳庙	韩端王朱朗锜	万历三十三年	平凉城东	万历三十三年"东岳泰山行祠"石牌坊	石牌坊今存平凉市宝塔梁
飞仙楼	襄陵温恪王朱朗鏆及韩府宗室	万历二十八年至二十九年	崆峒山	万历二十九年《新建飞仙楼记》	碑存崆峒山金城
雷祖殿	末代韩王朱亶塉及韩府宗室	万历四十一年至四十四年	崆峒山雷声峰	雷祖殿万历四十三年、四十四年碑记	碑存崆峒山雷祖殿
问道宫	韩端王朱朗锜或朱亶塉	万历年间	崆峒山南麓	嘉庆《崆峒山志·寺观志》	
金城宫观群落	末代韩王朱亶塉	天启元年	崆峒山金城	天启元年《敕赐崆峒》匾额,康熙三十二年《重修崆峒山大顶金殿圣父圣母后楼黄篆两廊功德碑记》	匾额、碑记今存崆峒山金城

后　　记

自 2005 年仲秋入学至今,不觉已在兰州大学度过了十年光阴。自 2008 年 10 月份保研算起,拜在杜斗城先生门下也已整七个年头。保研联系导师时,我对专业和前途是混沌迷茫的,完全是出于对先生人格魅力及授课风采的仰慕,才去敲开先生家门。现在看来,当时的选择于我来说竟是一种莫大的幸运。

首先,对恩师杜斗城先生致以最深的感谢!先生涉猎广博,学养渊深,治学严谨,对与明代韩王有关的文物古迹颇为关注,2009 年 12 月份即教我搜集关于韩王的资料。后来我以《明代韩王与陇东佛教》为题完成硕士学位论文,但由于资料及自身认知上的不足,仍存在一些问题。蒙先生不弃,2012 年招收我为博士生,并建议继续完善资料,对明代韩王与陇东宗教发展的问题进行系统研究。在博士论文资料调查与具体写作的过程中,先生一直给予我全力帮助和悉心指导。此外,先生还在甘肃散见佛教造像调查以及河西走廊、甘南、陇南的学术考察活动中,注意训练我们的实践能力;并在学术论文的写作与发表上,给我诸多教益。先生秉性刚正,风度高严,待学生又极温仁宽厚,对我优柔拖沓的性格非常包容,几无苛责,而且经常设身处地地考虑到我们生活上的各种困难,尽力为我们提供帮助,减轻负担。同时感谢师母陶秀琴女士!师母不仅在生活上对学生十分照顾,也经常关心我论文的进展,并告诉我许多为人处世的道理和对待生活的态度。恩师与师母慈厚无私的教导与关爱，我铭感于心。

　　兰州大学考古学及博物馆学研究所的魏文斌教授、王冀青教授、郭永利副教授和吕春林老师，在学业上也曾给予我诸多教导；甘肃省博物馆贾建威馆长、甘肃简牍博物馆王琦馆长，在百忙之中对我的学位论文进行了审阅，并应邀参加论文答辩。对以上诸位老师，表示诚挚的谢意。

　　感谢在调查论文资料中所有给予我大力帮助的诸位师长和朋友。他们主要是平凉市崆峒区政协文史办张文举先生，崆峒山文管所张钦仲先生，崆峒山道管会薛晓刚道长，首都师范大学历史学院张鹏博士，庄浪县云崖寺旅游管理局马爱民副局长、综合办公室李小军主任，平凉市延恩寺塔文管所李春林所长，泾川县王母宫文管所陈善学所长。特别是张钦仲先生和张鹏博士，他们及时而慷慨的帮助使我深受感动。再次感谢诸位的善意与热忱。

　　还要感谢各位同门、同学以及朋友们的支持和关心。

　　对于全力付出，默默支持我一路坚持学业的家人，表示深深的感谢。你们的辛苦与不易我最清楚。

　　博士学位论文的完成也宣示我在兰州大学学习生活的结束，告别的日子总是交织着斑驳的回忆与莫名的感恋。从萃英山下充满田园风光的榆中校区别致地开始，经过医学校区和一分部的曲折流转，最终在树木葱茏掩映着历史沉潜的本部校区画上句号，我在兰大求学的十年也算是一种圆满。感谢兰州大学的接纳和培养，祝福母校自强不息，坚峻辉煌！

　　从来处来，向去处去。

　　感谢高考，感念兰大。

吴通

2015 年 11 月 22 日凌晨

又 记

　　本书是在我博士论文的基础上改定而成，往日求学情形依然历历在目，给我鼓舞。故谨以论文的"致谢"附为后记，以再次感谢给予我支持的诸位师长友亲。

　　另外，对关切并支持本书出版的西北民族大学历史文化学院赵学东教授、段小强教授、周松教授，以及在联络出版、编辑审校方面给予大力襄助的上海古籍出版社陈丽娟老师、张祎琛老师，表示特别感谢！

吴通
2022 年 6 月 9 日

图书在版编目(CIP)数据

明代韩王佛道营造研究 / 吴通著. —上海：上海
古籍出版社，2024.3
ISBN 978-7-5732-0770-8

Ⅰ.①明… Ⅱ.①吴… Ⅲ.①佛教史-研究-甘肃-
明代 Ⅳ.①B949.2

中国国家版本馆 CIP 数据核字(2023)第 218953 号

明代韩王佛道营造研究

吴 通 著

上海古籍出版社出版发行

(上海市闵行区号景路 159 弄 1-5 号 A 座 5F　邮政编码 201101)

(1) 网址：www.guji.com.cn

(2) E-mail：guji1@guji.com.cn

(3) 易文网网址：www.ewen.co

上海商务联西印刷有限公司印刷

开本 890×1240　1/32　印张 9.75　插页 3　字数 228,000
2024 年 3 月第 1 版　2024 年 3 月第 1 次印刷
ISBN 978-7-5732-0770-8

B·1330　定价：52.00 元

如有质量问题,请与承印公司联系